U0915695

天朝梦碎

鸦片战争前后的中西大碰撞

覃仕勇◎著

中央党校出版集团◎大有书局

图书在版编目（CIP）数据

天朝梦碎：鸦片战争前后的中西大碰撞 / 覃仕勇著
. -- 北京：大有书局，2020.10
ISBN 978-7-80772-013-3

Ⅰ. ①天… Ⅱ. ①覃… Ⅲ. ①中国历史—古代史—清后期 Ⅳ. ① K252

中国版本图书馆 CIP 数据核字 (2020) 第 185153 号

书　　名	天朝梦碎：鸦片战争前后的中西大碰撞 TIANCHAO MENGSUI：YAPIAN ZHANZHENG QIANHOU DE ZHONGXI DA PENGZHUANG
作　　者	覃仕勇 著
责任编辑	武　波
出版发行	大有书局 （北京市海淀区长春桥路 6 号　100089）
综 合 办	（010）68929273
发 行 部	（010）68922366
经　　销	新华书店
印　　刷	北京盛通印刷股份有限公司
版　　次	2020 年 10 月北京第 1 版
印　　次	2020 年 10 月北京第 1 次印刷
开　　本	170 毫米 ×240 毫米　16 开
印　　张	22.75
字　　数	320 千字
定　　价	56.00 元

本书如有印装问题，可联系调换，联系电话：（010）68929022

鸦片战争前之国内情形

吕思勉

中国既遭遇旷古未有之变局，是时之情形如何，自应加以检讨，今分社会及政治两方面述之。

社会方面：（一）中国人对外之观念，本属宽大。《尚书大传》述越裳氏来朝，周公谓政教不加，君子不受其贡贽，此为古代之见解。降及汉代，匈奴呼韩邪单于来朝，萧望之不欲其受臣礼，犹沿此等见解之旧。自永嘉之乱，中国人颇受其压迫，对外之观念稍变。辽金侵入，汉人之受压迫弥深，见解之变亦弥甚，遂有所谓尊王攘夷之说（尊王攘夷之观念，发生于北宋之世，实晚唐时裂冠毁冕之反响，亦沙陀、契丹等侵入，有以激之使然也，至南宋而此观念益形发达。胡安国之《春秋传》，可以为其代表）。对外之观念，寖流于褊狭。（二）且民族主义，须有智识以行之（民族主义，推至极端，实有弊害，唯有能受理性之支配，方可收其利而不受其害）。而宋学末流入于空疏，加以科举之流毒，空疏更甚，遂至于外情茫无所知，而一味盲目排斥，几与愚民无异。（A）且如古代交通不便，各地方之风俗亦不同，以君主一人之野心，劳民伤财，妄事开拓，实无益而有损，故以勤远略为戒。然后世（甲）防御，（乙）防御性质之攻战及要点之据守，则迥非其伦矣。乃至清代，西人东来后，有以讲究边防，研求外情之说进者，迂儒犹以为勤远略而反对之。（B）又如古代工业，墨守成规，而其时社会，严禁奢侈，故有作奇技淫巧以疑众者杀之说。欧西机械，或益民用，或资国防，迥非其伦，乃亦以为奇技淫巧而妄加反对。此等锢蔽之见解，深入其心，加以（子）

外力之压迫，（丑）宗教之畏恶，动于感情，劫于群众，其见解之牢不可破也遂弥甚。士人如此，愚民受其诱导，其盲目自更不待言矣，遂致新机之启辟甚难，仇外之风潮屡起。

政治方面，则一概沿闭关时代之旧，于竞争极不适宜。其最甚者，（一）行政机关组织之不善，盖自贵族阶级崩溃以后，官僚代之而居治者之位置，凡阶级之性质，恒欲剥削他阶级以自利，君主之责任，则在调和两者之间，而求其平衡，故为治最要之义，在能监督官吏，不使虐民太甚，政治遂偏向此路发达。治官之官日多，治民之官日少，夫无治民之官，则无治事之官，而百事皆废矣。况于真正办事者，尚非官吏，而实为人民自己。近代亲民之官，必称州县（州指散州言），实即古代之国君，仅能指挥监督，而不能真办事，何者，势有不及，力亦不逮也。真办事者，实惟县以下之自治职，而（A）官吏每向此等人压迫，以图自利。（B）又平民生活，极为痛苦，其狡猾者，乃与官僚阶级相结托，以鱼肉平民。于是地方自治之职，本古士大夫之流，日受压迫，沦于厮养，自治之权，渐入土豪劣绅之手，凡有兴作，无不诒害于民，言治者遂以清静不扰为惟一方术，寖至百事皆废，其或迫于时势，必须有所举办，亦皆有名无实，所谓纸面上有，实际则无也。（甲）政治组织机关之坏，至清代而达于极点，因（1）督抚，（2）藩臬，（3）自藩臬分出之道，（4）府直隶州厅，（5）县及散州厅，实际乃有五级，抑压甚而展布难，亲民之官，即使按法奉事上司，已觉不逮，况乎非法之伺应而婪索多耶？（乙）又清代政治偏于安静，不肯擢用奇才异能及年少有为之士，而专以例督责其下（此由鉴于明代之弊而然）。例非吏不能悉，遂至大权操于胥吏之手，而欲有所兴作益难。（二）至于为官吏之人，则以正途为尚。（甲）明清两代，所谓正途者，率由科举出身，科举本属良法，惟在唐宋时代，已不能尽切于实用，至明清又将前此之分科，悉并为一，事实上科举已非普通人所能应，乃不得不放弃一切，而只看几篇四书文，而其所谓四书文者，又别成为一种奇异而不合理之体制。即四书亦不必真通，而其体制，却颇足消磨精力，士人遂致一物不知。（乙）清代又因筹款屡次开捐，末年更裁减其价，以广招徕，于是仕途之流品益杂。其知识及道德水准，较之正途出身者，更形低下，末年官方之大坏，职出之由。（三）以兵力论，则（甲）中国承平时代，只可谓之无兵，何者？凡事必有用，人乃能聚精会神以赴之。若其为用渺不可知其在何时，未有不以怠玩出之，而寖至于腐败者也。此为心理作用，受时势之支配，无可如何之事。历代注重军政，若宋明之世者，其兵力虽云腐败，兵额尚能勉强维持。清代则文恬武嬉，兵额多缺，而为武员侵蚀其饷。存者亦不操练，一以武员之怠荒，一以兵饷太薄，为兵者不得不兼营他业以自治，更无操练之余暇也。（乙）近代火器发明，实非人力所能敌，亦为兵事上一大变。（四）兵事如此，（甲）边防自更废弛，（乙）对于藩属之控制，亦自更粗疏矣。（五）又中国近代，富力与西洋各国相差太远，社会经济落伍，赋税之瘠薄随之。清代经常收入，恒不过四千数百万，即其末年，亦不过七八千万，尚安能有所举措耶？

在此情势之下，不能不遭一时之困难也决矣。

（本文选自吕思勉《中国近代史》）

目 录

第一章　各说各话的交涉，暴露的是外语人才奇缺　01

1. 没翻译人才，一份外交函就成老大难　01

2. 变味的译文，自大心理制造了“朝拜”　08

3. 翻译做了手脚，“平等外交”成为空壳　15

4. 中西礼仪之争，根源是彼此不了解　21

5. 被篡改的“国书”　24

6. 一次“世纪交涉”就这样被毁掉了　29

7. 乾隆皇帝给英国国王乔治三世下的一道谕旨　34

第二章　英国在广州管理商务的那点事儿　39

1. 英国人不死心，使团又来了　39

2. 翻译的问题解决了，中西礼仪上的分歧还没达成共识　42

3. 天朝的朝贡贸易体制　48

4. 要大班不要官员　53

5. 一封难以投递的禀帖　58

6. 座位的布置就那么重要　69

7. 首任驻华商务总监督就这样告别人世了　71

第三章　都是鸦片惹的祸　79

1. 说说鸦片的前世今生　79
2. 这鸦片烟，要怎么禁才能禁绝　84
3. 林则徐来了　88
4. 林则徐的办法　95
5. 外商们的对策　101
6. 义律正式出场了　106
7. 离奇的施压方式　112

第四章　具结风波　119

1. 为什么就不肯具结　119
2. 虎门销烟　124
3. 林大人“睁眼看世界”，到底都看到了些什么　129
4. 林大人写给英女王的一封信　133
5. 鸦片为什么会越禁越多　139
6. 边衅，有还是没有　145
7. 那些眼花缭乱的捷报　152

第五章　鸦片战争打响了　161

1. 如在云雾里的道光帝　161
2. 原来只是一次大规模的上访活动　166
3. 义律的困境　171
4. 交凶事件发酵　175
5. 那些捷报的真相之一　180
6. 那些捷报的真相之二　183

7. 英国人正式宣战了 188
8. 坚船和利炮 195
9. 是上访还是战争 200

第六章　发生在广州的和与战 207

1. 英国人在谈判桌上的诉求 207
2. 两个入戏已深的人 212
3. 要命的谕旨 216
4. 沙角大战 222
5. 还是和谈吧 227
6.《穿鼻草约》签订了吗 233
7. 虎门大战 238
8. 伊里布“收复”定海 242
9. 老将杨芳是真颟顸还是假糊涂 250
10. 广州大战 257
11. 发生在三元里的大事件 262

第七章　战火向北燃烧 269

1. 厦门之战 269
2. 定海之战 279
3. 失镇海 286
4. 奕经的心思 289
5. 五虎闹浙东 293
6. 十可虑 298
7. 耆英出山 303
8.《南京条约》签订 312

9. 解读中英《南京条约》（一） 317
10. 解读中英《南京条约》（二） 322
11. 追订中英《虎门条约》 329
12. 解读中英《虎门条约》 335

参考文献 **351**

第一章

各说各话的交涉，暴露的是外语人才奇缺

1. 没翻译人才，一份外交函就成老大难

公元 1792 年，发生了著名的“马戛尔尼访华”事件。

这原本是一件可以改变中国发展进程的大事件，可是，当政的清廷政府却白白地错失了这样一次与西方文明、先进技术交流和对话的机会。

错失机会的表面原因，似乎是缺乏沟通双方的翻译人才。其实，其根源却是清廷政府的“闭关锁国”政策。这个政策导致清廷政府的闭塞、愚昧、狂妄、自大、唯我独尊，看不起世界上任何其他国家——当然就不屑于培养翻译人才了。

让当时的清廷政府万万没有料到的是，这一事件，为以后震惊世界的鸦片战争埋下了幽微而深远的一笔。

马戛尔尼，全名乔治·马戛尔尼（George Macartney），苏格兰人奥青雷克·马戛尔尼的后裔。1737 年出生于爱尔兰的利桑诺尔，1759 年于都柏林的三一学院毕业，先后在荷兰、俄国、印度等国工作，曾任驻俄国公使与叶卡捷琳娜二世签订商务条约，出任过爱尔兰事务大臣、加勒比岛屿总督、印度马德拉斯省督等职。

1792 年 9 月 26 日，英国政府任命马戛尔尼为正使正式出使中国，这是西欧各国首次向中国派出正式使节。

从 1640 年资产阶级革命的爆发到 1688 年的“光荣革命”，英国资产阶

级确立了立宪君主制，牢牢占据了国内的统治地位。从此，英国资产阶级奉行殖民扩张政策，极力发展海外贸易。

英国国土有限，人口不多，但商品经济发展迅猛，18 世纪 70 年代又爆发了工业革命，国内对原料产地和新产品销售市场的需求更加迫切。同时，美国独立战争使英国失去了北美 13 个殖民地。这样一来，庞大生产力促使英国必须挣脱国内市场的束缚，把市场投向更广大的空间。

中国，位于西方人地理概念中的“远东”，物产丰富，市场潜力巨大，成了英国亟须开辟的新市场。

英国先是建立起以印度为重心的第二大英帝国殖民地，但英国人认为，印度的前途取决于中国，征服中国市场将会帮助英国解决在印度行使主权的费用。但是，中国以广州为唯一通商口岸的单口贸易对英国的目标是个极大的障碍，这促使英国迫切希望通过外交途径使中国开放更多的口岸。

实际上，中国的单口贸易不但对英国的经济发展是个极大的障碍，对中国自身而言，其所造成的障碍和弊端更大。别的不多说，单看新中国自 20 世纪 80 年代以来，由于国家致力于发展开放型经济，很短时间内，就形成了全方位、多层次、宽领域的对外开放格局，中国经济出现了突飞猛进的势头，以 2004 年为例，该年进出口总额为 11547.7 亿美元，净增数 2300 多亿美元，比 1978 年增长了 55 倍，成为第三贸易大国，仅次于美国、德国。这可真是一个惊人的数字。

可惜，在以农业生产为主导的封建时代，又在清廷政府“闭关锁国”政策的遮蔽之下，统治者对商品经济竟然是这样一无所知。乾隆二十四年（1759 年），两广总督李侍尧奏请制订《防范夷商规条》，规定“防夷五事”。即：永行禁止外国商人在广州过冬，必须冬住者只准在澳门居住；外商到粤，“宜令寓居行商管束稽查”；禁止中国商人借领外商资本及外商雇请汉人役使；严禁外商雇人传递消息；于外国商船停泊处拨营员弹压稽查。“防夷五事”将对外贸易严加管理，有了明确的法规，使闭关政策成为制度。

英国为了打开中国市场，准备派遣使团前往中国。

马戛尔尼

首先承担起这个使命的是凯思卡特使团，但凯思卡特暴病去世，该次遣使行动宣告流产。

接下来的是马戛尔尼使团。

1792年（即乾隆五十七年）9月，英王乔治三世以给乾隆皇帝祝寿为名，向中国派出了由马戛尔尼任正使、乔治·斯当东（George Staunton）任副使的庞大使团。

乔治·斯当东是医学和法学双料博士，在很长时间里伴随在马戛尔尼身边，充当马戛尔尼的副手、搭档。

此外，使团中的成员都是英国上层社会各个领域里的精英才俊，包括外交官、青年贵族、物理学家、天文学家、美术家、哲学家、医师、乐师、技师，人数多达近百人，算上士兵、仆役和水手，使团人数则有近700人。

使团领航的是一艘有64门大炮的一流军舰“狮子”号，另外还有一艘载重量为1200吨的“印度斯坦”号大货船、一艘小型护卫舰“豺狼”号，携带着英王乔治三世给乾隆皇帝的信件和大批代表西方科技文明的礼品。

英国派遣该使团访华，目的是通过与清朝最高当局谈判，扩大对华贸易，同时搜集中国情报，评估中国的国力。

谈判内容是七个请求：

一、要求签订正式条约：开放宁波、舟山、天津、广州之中一地或数地为贸易口岸。

二、允许英国商人比照俄国之例在北京设一仓库以收贮发卖货物，在北京设立常设使馆。

三、允许英国在舟山附近一岛屿修建设施，作存货及商人居住。

四、允许选择广州城附近一处地方作英商居留地，并允许澳门英商自由出入广东。

五、允许英国商船出入广州与澳门水道并能减免货物课税。

六、允许广东及其他贸易港公表税率，不得随意乱收杂费。

七、允许英国圣公会教士到中国传教。

在发现新大陆之前，中国和英国可以说是世界上距离最远的两个国家，在漫长的历史岁月中，这两个国家没有发生过任何交集。

距离上的相隔，文化的差异，生活习性、风俗、礼仪等等就会出现巨大的不同。

这次访华，访华团最大的问题就是语言的交流。

这的确是个令人头痛的问题。

马戛尔尼找来找去，竟然在整个英国都找不出一个懂汉语的人。[1]

没办法，马戛尔尼只好委派自己的副使斯当东到欧洲大陆全力寻找翻译人员。

---

[1] 斯当东：《英使谒见乾隆纪实》，叶笃义译，商务印书馆 1963 年版。

斯当东铁鞋踏破，走遍了巴黎、歌德堡、歌本哈根及里斯本，和马戛尔尼在英国寻找的结果一样，一个合适的人选也找不到。

怎么办？

最后，通过高人指点，斯当东这才得知，意大利那不勒斯道会的一所华人书院里有专门学习传道的中国留学生。

真是谢天谢地！

斯当东赶往意大利，终于在那所书院里找到了两名刚完成传道训练的中国天主教士。

这两个中国天主教士，一个名叫李雅各（Jacobus Li，又叫 Jacob Ly，Poumb 先生），另一个名叫周保罗（Paolo Cho）。

李雅各的汉名叫李自标，生于乾隆二十五年（1760 年），原籍甘肃武威，乾隆三十八年（1773 年）与另外七人一起到欧洲学习，此年恰好完成了学业。[1]

周保罗的名字则没出现在宗教史学家方豪所考证的道光朝以前赴欧洲留学的学生名单内，估计属于私自出国，其籍贯、来历等均不详。

实际上，无论是李雅各还是周保罗，这两个人都不懂英语。

开什么玩笑？不懂英语，还担任什么中英外交翻译？！

斯当东没有开玩笑的心思，为了物色合适的翻译人员，他已经筋疲力尽，但始终找不到一个精通中英双语的人！

只能退而求其次了。

李雅各和周保罗既是中国人，又在意大利生活，学习天主教义，可以说，已经掌握了汉语、意大利语及拉丁语三种语言了。

从这个角度来说，他们应该能够担任中文、意大利文、拉丁文的翻译工作了。

拉丁语曾经是欧洲知识分子的交际语言，使团中的很多人，包括马戛尔

[1] 在清廷有关马戛尔尼来访的文件里，李雅各的名字变成了“娄门”，这其实是“Poumb”一个不太准确的音译。

尼本人，都精通拉丁语。

这就足够了——至少，使团和翻译人员之间都掌握了一门共同的语言：拉丁语。

有了拉丁语，就可以以之为中介，在中英文间进行转译。

说实在话，若非迫不得已，马戛尔尼是万不愿意聘请这样两个非专业且不对口的翻译员的。

因为，这两人除了不懂英语外，中文水平也不高。

马戛尔尼了解到，这两个人都是中国穷苦人家的孩子，没接受过中国系统的传统教育，只不过为了混口吃的，才不远万里来到国外学习传教，中文水平非但不高，且因在国外生活多年，就连汉语口语的表达也退化了不少。

还有，他们都是中国人，则在为英国人服务和工作的过程中，就会不可避免地带上自己的情感倾向。

但既然没有合适的人选，马戛尔尼就只能聘用他们了。

这就是马戛尔尼使团组建过程中出现的最大尴尬和无奈。

为了保证这两名翻译者的工作质量，马戛尔尼给他们开出了高薪：每人 150 镑。这在当时是很高的报酬了。

不过，马戛尔尼对周、李二人不满意，而周、李二人也不是很愿意替马戛尔尼工作。

读到这，也许有读者会觉得奇怪，咦，做翻译工作，不错啊，身份光鲜亮丽，社会地位高，报酬也高，为什么不呢？

因为在李雅各和周保罗生活的那个时代，担任翻译工作，是很容易被人误会为“汉奸”的。误会为“汉奸”还在其次，主要是会有危险。

早在 1617 年 1 月，英王詹姆士一世（James I，1566—1625）就有过和中国建交的想法，曾经就应该怎样拓展中英商务事宜给当时的中国皇帝明神宗写过一封信。但信送到中国，别说信没能译成中文，就连传递信件的人也没有，因为私传外邦信件，那是会掉脑袋的。

乾隆二十四年（1759 年），也曾经出现过一件严重影响中英双方交往的“洪任辉事件”。

洪任辉是英国东印度公司职员，在广州任职，为了扩大贸易范围，打开一个自由贸易的新局面，他按英国东印度公司要求，由广州出航，北上天津，想通过到京师状告粤海关监督李永标纵容家人属吏敲诈勒索、征收陋规杂费等事，从而达到开辟新贸易港的目的。结果却惹得乾隆雷霆震怒，将代写状文的刘亚遍处决，判决洪任辉澳门“圈禁三年”，三年后驱逐回国，就连那个帮助洪任辉向朝廷转交状文的天津官员，也被砍了头。

此外，乾隆明确下谕“内地人代写呈词者尤应严厉其处分”。

经此一事，谁敢轻率给英国人做事？

所以，使团能找到两个愿意担任翻译角色的中国人，已经是阿弥陀佛了。

不过，令人高兴的还不止这个，就在使团准备离港前夕，竟然来了一个姓安的和一个姓王的中国传教士请求随船回国。

这就使使团意外地多获得了两名翻译人员。

然而，令人稍感遗憾的是，这两人的水平和李雅各、周保罗也是半斤八两，相差无几。唯一值得安慰的是那个姓安的神父能写一手漂亮的中文毛笔字！

翻译队伍是这样的一个阵容，则凡是从马戛尔尼方面撰拟的文件就不得不先以英文写成，再交由使团中精通拉丁文的人翻译成拉丁文，然后由翻译队伍里面这四个不懂英文的中国人翻译成中文。

一句话，每份文件都必须经过两重翻译程序，备有三份以上的文本。

三份必备的文本分别是：英文、拉丁文、中文。

可能会备上的第四份文本为法文文本，因为这时欧洲的外交习惯是以法文作为国际通用外交语言。

毋庸置疑，那些通过重重转译后的语句，并且是由这样一些半瓶子醋的翻译人员来担任翻译，所要表述的意思肯定是会发生巨大变化的。这就注定了这一次中英两国间的交流不会顺利，更不会愉快。

翻译工作中的第一件至关重要的任务就是把一封以英王佐治三世名义写

成、经英国外相邓达斯审定通过、发给乾隆的国书翻译为中文文本。

翻译这样一份关系到两国交往的正式国书，对拉丁文和中文水平都不是很高的翻译团队来说，可不是一件容易的事，真够他们忙活一阵子的了。

而且，会翻译成什么样子，当乾隆皇帝读到时会是什么样的一种表情，实在值得期待。

2. 变味的译文，自大心理制造了“朝拜”

马戛尔尼使团于1792年9月26日从英国朴次茅斯军港出发，将沿欧洲、非洲海岸南下，经过南非好望角进印度洋，入亚洲海域，由马六甲海峡驶入南中国海，然后沿中国大陆海岸线北上。

这么算来，要顺利抵达北京，乐观估计，也得花上一年半载工夫。

先不提周保罗、李雅各等人在航程中怎么殚精竭虑地翻译这份国书，也不说使团在茫茫大海中饱经什么样的风浪，且说说清廷这边的情况。

这时的大清帝国已经走进了“康乾盛世”的末期，沉浸在一片“落日的余晖”中。由于长期实行闭关锁国政策，清朝当政者对世界的巨大变化和西方的科学文明竟然浑然不觉，尽管英国已经成为称霸全球的“日不落帝国”，国势蒸蒸日上，英王乔治三世被称为“西方第一雄主”，但清廷政府根本就不知道英夷所在的具体位置，遑论对英国发展现状的了解了。

清廷宫廷里描绘的中国地图是由五大卷并列排在一起的，中央的一大片土地标着“中国”，围绕在周围的仿佛全是些随意点缀上去的小岛，分别名为“英格兰”、“德意志”、“法兰西”、“美国”、“俄罗斯”和“非洲”等。

在清廷高层的眼里，中国就是世界的中心，其他人都是蛮夷，其开化的程度完全取决于与中国的距离。

清廷高层的这种认知，英国政府也是有所觉察的。

为了让清廷方面有充足的心理准备，当然，最根本的目的是为保证访

马戛尔尼使团画家威廉·亚历山大笔下的绿眉毛船

华工作圆满成功，英国政府早就在乾隆五十七年（1792 年）四月，即使团出发前的五个月，指令东印度公司董事长弗兰西斯·培林（Franciccus Baring）事先给清廷两广总督打招呼，知会马戛尔尼奉命访华事宜。

弗兰西斯·培林于是通过商船给清廷两广总督送了一封正式信件。该信件一式两份，一份是用英文写成，另一份则是拉丁文译本（没有中文译本，弗兰西斯·培林在迫切间找不到会写中文的译员）。

信件经过几个月的漂洋过海，终于在当年 10 月 18 日到达了广州，由一个名叫“啵啷哑哩免质臣”的英国专员递交到广州洋商蔡世文的手里。

蔡世文接到这样一封信，感到事情非同小可，马上和“啵啷哑哩免质臣”一同携信向时任署理两广总督的郭世勋禀报：英国人要派遣使臣来华。

为了搞清楚英国使团来华目的，郭世勋要做的第一件事就是赶紧找人把那两份信件都翻译出来。

其中的拉丁译本由一位中国通事翻译，英文文本则交由行商与英国专员一起翻译。

在当时，广东通事绝大多数都没有正式学习过英语。（即使到了19世纪，住在广州的美国商人威廉·亨特仍坚持说，通事们除了自己的母语外，什么别的语言也不懂。）

所以，要翻译信件的英文文本，比较麻烦。

但这两封信件最终还是被翻译出来了。

由英文文本所译的译文为：

> 英咭唎国总头目官管理贸易事百灵（指弗兰西斯·培林——笔者注）谨呈天朝大人，恭请钧安。我本国国王，管有呀兰地嘧吨、佛兰西、嗳仑（指大不列颠、法兰西、爱尔兰——笔者注）等三处地方，发船来广贸易。闻得天朝大皇帝八旬大万寿，本国未曾着人进京叩祝万寿，我国王心中十分不安。我国王说称："恳想求天朝大皇帝施恩通好。凡有我本国的人来广，与天朝的人贸易，均各相好，但望生理愈大，饷货丰盈。"今本国王命本国官员公辅国大臣吗嘎尔呢（指马戛尔尼。下同——笔者注），差往天津。倘邀天朝大皇帝赏见此人，我国王即十分欢喜，包管英咭唎国人与天朝国人永远相好。此人即日扬帆前往天津，带有进贡贵重物件，内有大件品物，恐路上难行，由水路到京，不致损坏，并冀早日到京。另有差船护送同行。总求大人先代我国王奏明天朝大皇帝施恩，准此船到天津，或就近地方湾泊。我惟有虔叩天地保佑天朝大人福寿绵长。
>
> 西洋一千七百九十二年四月二十七日。[1]

由拉丁文译本所译译文：

[1] 《译出英咭唎国西洋字样原禀》，见中国第一历史档案馆编：《英使马戛尔尼访华档案史料汇编》，国际文化出版公司1996年版。

禀请天朝大人钧安。敬禀者：我国王自管三处地方，向有夷商来广贸易，素沐皇仁。今闻天朝大皇帝八旬万寿，未能遣使进京叩祝，我国王心中惶恐不安。今我国王命亲信大臣公选妥干贡使吗嘎尔呢前来，带有贵重贡物，进呈天朝大皇帝，以表其恭顺之心。惟愿大皇帝恩施远夷，准其永远通好，俾中国百姓与外国远夷同沾乐利，物产丰盈，我国王感激不尽。现在，吗嘎尔呢即自本国起身，因贡物极大极好，恐由广东进京，水陆路途遥远，致有损坏，令其往赴天津，免得路远难带。为此具禀，求代奏大皇帝，恳祈由天津海口，或附近地方进此贡物。想来必蒙大皇帝恩准。谨禀。

西洋一千七百九十二年四月二十七日。[1]

对比着读了这两份译文，郭世勋知道了英国使团主要是送贺礼来给乾隆贺寿，松了口气，却也不敢怠慢。岂知这些英夷是不是打着贺寿的幌子像33年前的洪任辉那样上京告御状？如果再出现那种情况，自己岂不是吃不了兜着走？！

于是，郭世勋和粤海监督盛住一面和英国专员协商，希望行团到来后，即从广州上岸，而不是直接去天津，又或者，由广东安排人员，特别是翻译人员陪同进京，好相机行事；一面火速将翻译好的两封信件及原英文文本、拉丁文译本一起呈报朝廷。

郭世勋还给乾隆上了一份奏折，里面着重提到了“国事字禀二纸”，即分别从拉丁文和英文翻译过来的两封信件。

可以想象得到，乾隆老爷子读到郭世勋所说的“该国王因前年大皇帝八旬万寿，未及叩祝，今遣使臣吗嘎尔呢进贡”及“臣伏思前年恭遇皇上八旬万寿，中外胪欢。凡边塞夷王酋长，骈集都下”等句时，心情一定大为畅快。

然而，郭世勋也用不着高兴太早。

[1] 《译出英咭唎国西洋字样原禀》，见中国第一历史档案馆编：《英使马戛尔尼访华档案史料汇编》，国际文化出版公司1996年版。

因为，在乾隆爷看来，以上只是郭世勋的一面之词，难免会夹杂有许多奉承之语，他是不会轻信的。

的确，在这年年底，乾隆读到了郭世勋所上奏折及由郭世勋呈上的两封信件译稿后，表现得异常冷静。

他没有被兴奋冲昏了头，为了慎重起见，另外安排在京传教的西洋传教士按照信件的原件再重新翻译一遍，以求证郭世勋进呈信件译本的准确性。

和广州相比，京师所拥有的外语资源要丰富得多。

清朝继承了明朝的制度，同样设有会同馆和四译馆，这两个馆主要负责办理朝贡及翻译事宜，汇聚了许多来华留京的耶稣会教士。这些耶稣会教士大都通晓多种欧洲语言，并对欧洲国家的情况十分熟悉。清朝初期，著名的耶稣会教士就有汤若望、南怀仁、徐日升、张诚等人。

而在乾隆朝，云集在京师的耶稣会教士更多，有钱德明、索德超、安国宁、贺清泰、潘廷璋、巴正茂、德天赐、罗广祥、梁栋材等久享盛名的翻译大师。

遗憾的是，这些翻译大师都不精通英文。

不过，不是还有拉丁文本嘛，翻译拉丁文本，也同样能窥知英国人来华的意图。

这些符合翻译资格的耶稣会教士们通过对原拉丁文译本逐字逐句的翻译和核对，基本上认同郭世勋所提供的从拉丁文译本翻译成的中文译本，认为郭世勋的中文译本与原拉丁文译本所表达的意思“大概相同”。[1]

这下，乾隆放心了。

非但放心，虚荣心也得到了极大的满足。

这些“英夷”，与大清朝相隔万里，竟然有向化之心，写了这样一封谦卑恭谨的信件，不辞万里，远涉重洋，前来给朕祝寿，真是其情可嘉，难得难得！

---

[1] 见故宫博物院编：《掌故丛编》第1辑，和济印刷局1928年版。

那么，我大清王朝也不能在英国人面前掉份子！

乾隆分别在这年的十月二十日（公历 12 月 3 日）和改年的正月十八日传谕各督抚护送英使进京，敕令沿海各地在英使到达之日，必须予以热情接待，并提供各种便利。[1]

乾隆的谕旨一下，各地官员纷纷回复，众口齐呼，高歌颂德，称这是“皇上德威远播声教覃敷”致使“远夷早遂瞻天嵩视之诚”。下面摘录一份由直隶总督梁肯堂所呈报的奏折：

> 臣仰见皇上德威远播声教覃敷，似此海隅外夷人亦不避重洋，输诚入贡。当航海献瑞之时，正劲旅凯旋之候。熙朝盛事，亘古罕闻。臣实不胜踊跃欣忭之至。优查该使臣马戛尔尼等既由天津进口登陆，初履中华之土，得近日月之光，似宜量加犒赏，以励其向化之诚。

读罢此奏，乾隆也是醉了，飘飘然提朱笔批道：“若该贡使等于六、七月内始到，维时带往热河，与蒙古王公及缅甸贡使等一体宴赉观剧，较为省便。”

一时间，举国都沉溺在“九天阊阖开宫殿，万国衣冠拜冕旒”的皇清盛世、天朝上国的睡梦当中，毫丝没觉察到来自西方强大力量的挑战。

其实，现在我们把郭世勋等人捣鼓出来的中译本跟现在珍藏在博物馆里英国东印度公司董事长弗兰西斯・培林所发英文版信件原函仔细对照，就会发现其中存在着巨大的问题。

当然，原信中英国为了补祝乾隆八十寿辰而派遣使团到中国来，并趁机讨论有关两国商贸事宜的主题是从译本中正确传达出来了。但一个极为严肃的问题是：在原函和译文间，中英两国的地位有着明显的不同。

按照当事人斯当东的记录，东印度公司特别在信中写“英王陛下为了

[1] 斯当东：《英使谒见乾隆纪实》，叶笃义译，商务印书馆 1963 年版。

增进两个朝廷间的友好往来，为了发展于两国都有利的贸易关系，决定派遣马戛尔尼勋爵为全权特使赴北京访问”，着重强调了在平等的原则下进行交往。

现在我们查看英文原件，也是这样子的。

在原信里，中英两国地位是对等的。并且，信的开头，英国人就骄傲地宣布了，英国是世界上的强国！其行文是这样的：

> Our most gracious sovereign，his most excellent majesty George the Third，King of Great Britain，France，and Ireland，&ca. &ca.whose fame extends to all parts of the world……（我们那最高贵的国王，那统治大英、法国、爱尔兰等等最至尊无上的佐治三世，他的威名远播全世界的每一个角落……）

另外，原函中所表述的中国并不是什么天朝大国。对于中国，中国皇帝和北京朝廷，只是用了普通的、中性的词来形容，如“the Chinese Empire（中华帝国）”、“the Emperor of China（中国皇帝）”、“the Cour of Pekin（北京朝廷）”，根本就没有什么“天朝大皇帝”、“素沐皇仁”之类的恭敬无比的称呼，也没有“进贡”、“贵重贡物”这样的字眼，更不会出现将马戛尔尼称为“贡使”的表达。

由北京西洋传教士所翻译出来的译本，谦卑程度是比郭世勋版译本少一点，但“天朝大人”、“恩准赏收”等语还是屡见不鲜。[1] 之所以这样，北京西洋传教士的泰斗级人物钱德明神父在他的记述《鞑靼中国朝廷》中就明确指出：“只有那些被认为俯首归顺的外国使团才被中国接受。”

---

[1] 《英国总头目官百灵为派马戛尔尼进贡请准赏收的禀文译稿》，见中国第一历史档案馆编：《英使马戛尔尼访华档案史料汇编》，国际文化出版公司 1996 年版。

3. 翻译做了手脚，“平等外交”成为空壳

将英国人写的东西全部交由中国一方的人来翻译，原意就会变汁变味，这是弗兰西斯·培林和马戛尔尼等人完全预料得到的。

弗兰西斯·培林手下没有会写中文文字的翻译，明知是这种结果，也只能如此了。

而对马戛尔尼来说，使团里既然招来了四个会写中文文字的翻译人员，尤其还有一个写得一笔漂亮中文书法的安神父，那么，那封以乔治三世名义写成的国书的翻译问题就得格外重视了。

这封国书，是绝对不能交给中国方面的翻译员来译的，更不能让清廷指定的在京传教士（如葡萄牙籍传教士德索超和法国籍传教士贺清泰等）来充当使团的翻译，不然，遭到糟蹋还在其次，搞不好，还会被某些居心叵测的别国传教士恶意歪曲呢。

所以，在漫长的航程里，马戛尔尼一直带领着这四个翻译员充分发挥集体的智慧，共同译写这封意义非凡的国书。

三个臭皮匠，顶一个诸葛亮。

时间推移到 1793 年 6 月，澳门已经在望了。

国书也已经译写出来，并且经过了反复修改，马戛尔尼这才郑重其事地将它与国书原文一同封存入一个外镶钻石的木盒，秘不示人。[1]

安神父、王神父和周保罗，认为翻译工作已经结束，到了澳门，就下船离开使团了。

安神父、王神父也就算了，周保罗可是使团专门正式聘请来的，这还没到目的地，为什么就急匆匆地要离开?

事实上，这份国书主要也是这三个人完成的，四人翻译团中的李雅各的汉语书面表达能力极差，无法充任笔译工作，也就没有参与到笔译工作中来。

---

[1] 见马戛尔尼：《一七九三乾隆英使觐见记》，刘半农原译，林延清解读，天津人民出版社 2006 年版。

这三个人要走了，只剩下李雅各，显而易见，他们的离开和参与翻译国书有关！

所以，对他们的离开，马戛尔尼表示理解。

马戛尔尼认为：他们三人是在翻译国书过程中客观真实地表达了原函要表达的内容，没能向中国皇帝表现出“过分”的尊敬，慑于当年“洪任辉案”中刘亚遍被杀的教训，为了免除清政府的迫害，提前逃跑了。

想到这一层，马戛尔尼不由暗叫侥幸，侥幸李雅各没有参与到国书的翻译工作中，四个翻译好歹还剩下一个，否则，接下来的访华活动就难以开展了。

可是，在周保罗等人离开后，留下的李雅各还是感受到了巨大的压力。

从这天起，他换上了英国军装，佩带佩刀，改用英国名字柏仑白（Plumb），并乔装成了西洋人。

周保罗等人虽然走了，但令马戛尔尼和斯当东等人稍感安慰的是，以后的翻译工作也并不是只有李雅各一个人奋斗。因为，在长达十个月的航海旅途中，斯当东的儿子小斯当东竟然跟随李雅各学会了中文！

当然，小斯当东的中文水平主要还是只限于说，对于笔画繁多、稀奇古怪的中国文字还是难以驾驭的。

而在澳门，马戛尔尼又意外地得到了两名义务翻译员。

两名义务翻译员是法国遣使会的神父安纳和拉弥额特，都会说一些中文，想到北京传教，正好搭上了马戛尔尼的顺风船。

并且，在澳门，教道院里的传教士还给马戛尔尼介绍了一位会说中文和葡萄牙语的人做仆人，这个人也是可以担任翻译工作的。

但马戛尔尼已经得到了安纳和拉弥额特的加盟，又有新学了不少汉语的小斯当东和原来的李雅各搭档，翻译团又重新拥有了四个人，考虑到日本也是一个待开发的新市场，就另外派人带领那个可以充当翻译员的仆人往日本去了。

从澳门到天津还有很长的一段航程，接下来在船上的主要翻译工作是翻译礼品清单。

马戛尔尼为清政府精心挑选了毛瑟枪等武器，望远镜、地球仪等天文学仪器，钟表以及一艘英国最先进的110门炮舰模型等礼物。

有了这样一份大礼，马戛尔尼对这次外交的成功有充分的自信。

既然礼品的数量这么多，就要整理出礼品清单。

礼品清单必须对各种礼品做简单介绍，其中包含许多科学知识和许多新名词，其翻译工作对这几位中国人的翻译能力绝对是一个挑战。

其实，翻译礼品清单的工作从英国启航之日起就动手在做了，可到了澳门时还未译好，有些译好的又译得不尽如人意，现在，有了安纳和拉弥额特的加盟，翻译工作在航程中又继续进行下去了。

除了把礼品翻译为中文，小斯当东的家庭教师赫托南也认真地译写了一份拉丁文版礼品清单，这样做的主要目的是希望让在华的西洋传教士“通过拉丁文看看中国文字有何错误和书写格式是否合适”。

可见，马戛尔尼特别看重这些礼品及为礼品所开列的清单。

且看看法国历史学家佩雷菲特在他所著《停滞的帝国》里对马戛尔尼的心理描写：

> 他认为，为了增加礼品的光彩，最好用“东方”风格来介绍这些礼品。不过，他所谓“东方”风格，只是他自己对“东方”风格的看法——描述时要用夸张手法。但他忘了中国人送礼的习惯是先贬低所赠礼品的价值，以免受礼的人感到羞辱。但是，马戛尔尼打死也不愿意说自己带来的礼品“只是一些纪念品”、“小意思”、“我们穷国的一些小玩意儿”。他想：“如果赠送一些只能满足一时好奇心的时髦小玩意儿，那是有失礼貌的。因此，英王陛下决定挑选一些能显示欧洲先进的科学技术，并能给皇帝陛下的崇高思想以新启迪的物品。”

翻译出来的礼品简介有：“天体运行仪，它代表宇宙，而地球只是其中的一个小点。这是天文学和机械学最佳结合的产品。该仪器准确地模仿地球的各种运动，月球绕地球的运行；从仪器上还可看到太阳的轨道，带 4 颗卫星的木星，带光圈及卫星的土星等。这架天体运行仪最后还能模拟各天体的蚀、合和冲。它指出人们观察时的确切月、周、日、时和分。该仪器是欧洲最精美的，它所设计的天体运行情况可适用一千多年。

“一个地球仪。它上面标有地球的各大洲、海洋和岛屿。人们可从上面清晰地看到各个君主的国土、首都以及大的山脉。该地球仪标有受英王陛下之命在世界各地远航所发现的新地方，并画出所有这些远征的航海路线。”

在进行礼品清单翻译的同时，马戛尔尼不忘让翻译团加上一些政治因素，甚至是恫吓：“欧洲其他国家都承认英国是世界上最强大的海洋国家，因此英王陛下想在给皇帝陛下派遣使团的同时派遣几艘最大的船只，以示敬意。但鉴于黄海里有暗礁，而欧洲的航海家又根本不熟悉这段航路，英王陛下不得已派遣一些较小的船只。另外，英王陛下赠送给皇帝陛下英国最大的、装备有最大口径的火炮 110 门的‘君主’号战舰的模型。”

这样介绍的目的，是想让清朝皇帝知道，这次使团乘坐的“狮子”号及其他 4 艘护航舰只是大英国强大海军舰队的微不足道的一部分。伦敦方面可以派遣它的强大舰队开赴广州，如果大英帝国的使者在中国得不到应有的尊重，那么……

礼品介绍中还专门提及了榴弹炮、迫击炮以及手提武器：卡宾枪、步枪、连发手枪。这也是为了暗示英国武器的绝对优势，但同时也是为了谨慎地大量推销世界上最好的兵器。

当然，礼品介绍中也提及“削铁而不卷刃的利剑”——这是在委婉地介绍英国特种钢方面的优势。

接着，礼品介绍又同样详细并同样浮夸地谈了赫歇耳望远镜、秒表、韦奇伍德瓷器、帕克透镜、布料……

礼品介绍中还包括许多油画：“王室成员”和“著名人士”的画像；“城市、教堂、城堡、桥梁、陆战与海战、船坞、赛马等真实写生画”。

……

可以想象，从英文到拉丁文再到中文的双重翻译过程中会遇上多少曲折与困难。

这样的翻译工作是否成功呢?

不成功。

使团于1793年7月底到达天津大沽口。

负责接收礼物的清廷钦差大臣徵瑞对照清单清点礼物过后，在奏折中指出："错字很多。"

而且，无论马戛尔尼和他的翻译团在描述礼品时倾注了多么多的热情，写得多么详细，中国官员只用礼品单上的号码作为标志。甚至，中国官员并不问这些礼品有什么用，他们所看重的是：礼品的数目必须与清单所记相符，一件也不能少。

最让马戛尔尼感到不痛快的是，在英使提供的礼品清单上，中国官吏一律把"礼"字改为"贡"字。礼品装进了中国的运输船，船上的旗幡上还全都用中文写上了刺目的大字："英咭唎贡使"。

马戛尔尼意识到"这是一种解释，但没有解释对"。他向徵瑞抗议："我的使命不是充当临时的使者来进贡表示归顺的。我作为首任常驻大使派往中国，并给皇帝带来了礼物。"

马戛尔尼的意思是，英国与大清帝国是两个各自独立的超级大国，双方之间不是藩属关系，自己这次出使的名义是祝寿，并不是朝贡。

但抗议无效，"英咭唎贡使"几个大字就高高飘扬在中国的运输船上，从天津一路飘扬到了北京。

在大清官员们看来，普天之下，莫非王土，整个天下都是乾隆皇帝的，没有谁可以跟皇帝平起平坐，你来天朝，除了进贡之外，是没有别的原因的。

其实，乾隆这时并不在北京，而在热河行宫（即今承德避暑山庄）避暑。

礼品清单早由大清官员天津道员乔人杰经驿道递送到了热河。

对于马戛尔尼在礼品清单上自己给自己封的“头衔”——“missus dominicus”，乾隆专门找来传教士询问。传教士解释“missus dominicus”的意思是“君主特使”，相当于中文的“钦差大臣”——最早是由查理大帝使用过的一个词。

乾隆听了大为不满，提起朱笔批示说：“此不过该通事仿效天朝称呼，自尊其使之词。无论该国正副使臣总称为贡使，以符体制。”并于8月6日下谕：“在今后的一切译本中，一律改为贡使或藩使。”

因此，在中国的所有文献中，马戛尔尼无一例外地被称为“贡使”，礼品被称为“贡品”。

清廷上下，都不把马戛尔尼当成两国间的访问大使，而认定他只是个负责运送贡品的人。

那天，翻阅过礼单上的礼品数量和名目，乾隆满脸不屑，又提朱笔批示道：“单内所载物件，俱不免张大其词。此盖夷性见小，自以为独得之秘，以夸炫其制造之精奇。着徵瑞于无意之中向彼闲谈：尔国所贡之物，天朝原亦有之，庶该使臣不敢居奇自炫。”[1]

得了乾隆的指示，钦差大臣徵瑞在与英使会谈时就真的背书一样对马戛尔尼说：“至尔国所贡之物，天朝原亦有之。”

1793年8月24日，礼品运到了北京，其中一部分需要安装于圆明园，中国工匠在没得到英国技师许可之前就要动手打开包装箱，英国方面的人员担心他的操作不符合规程会损坏箱内礼物，上前制止说：“此系英国送来之礼物，英国钦使尚未交卸，汝等不宜妄动。”

钦差大臣徵瑞再度像背书一样说：此系英国进呈之贡品，安可唤作礼物？

英国人员争辩说：“英国与中国处于对等之地位，只能唤作礼物，不能称为贡品。”

为了这个，两人争得脸红耳赤。

---

[1] 佩雷菲特：《停滞的帝国——两个世界的撞击》，生活·读书·新知三联书店1993年版。

最后，是清廷老臣郭景升出面劝解说："唤作礼物亦未尝不可，何必为此无谓之争。"

4. 中西礼仪之争，根源是彼此不了解

将礼物硬说成是贡品，已经让马戛尔尼感到很不愉快了。

但更大的不愉快还在后面。

由于中英两国相距遥远，分属东西方不同文明，关于外交礼仪问题，英国政府早就考虑到了。英国国务大臣敦达斯在马戛尔尼临行前就曾告诫他："你一到便要受到接见，你要服从中国朝廷的礼仪，既不要损害自己君主的尊严，又不要被礼节上的小事束缚住手脚。你要尊重礼仪，尊重礼仪的同时又不损害我们的体面。"[1]

但，真正接触到实质性的问题，就让马戛尔尼犯难了。

1793 年 8 月 19 日，通州协副将王文雄、天津道员乔人杰作为清廷陪同官员就跟马戛尔尼严肃而认真地谈到觐见乾隆皇帝时的礼节问题。

王、乔二人斩钉截铁地说，三跪九叩之礼那是必不可少的。

马戛尔尼却不同意，说："我奉我大英帝国皇帝的命令前来与贵国修好，贵国怎么可以强行使我改变我国原有的礼节？再者说了，就算强行改变了，因为没经过系统训练，不能娴熟自如，就会有临场发挥失常的危险，那时，岂不是失礼于贵国？所以，说来说去，还是不要改为好。"

呵呵，你是担心动作不熟练，到时出现差错？

这个简单，我们来教你！

王、乔二人于是耐心而详细地给马戛尔尼讲解动作要领，嘴里一再强调中国礼节容易掌握，并直接跪倒在地板上做示范，要求马戛尔尼跟着学。

马戛尔尼不干，说："拉倒吧，我国的礼节万不能改，贵国的礼节我也

[1] 佩雷菲特：《停滞的帝国——两个世界的撞击》，生活·读书·新知三联书店 1993 年版。

用不着学习。”

当日，三人不欢而散。

目送王、乔两人走了，马戛尔尼在自己的日记中（这完全是私人日记，他没想过日后会被公之于众）若有所思地记：王、乔两位大人吩咐我的译员李雅各神父先学习，意欲让李神父作为我学习的榜样。可惜李神父虽是中国人，却只听我一个人的话。两位大人这样要求他，他却来征询我的意见，我的意见是：不必。李神父便拒绝，不跪拜，两大人由是大不快意。

1793 年 8 月 29 日，马戛尔尼以英国使团正使名义照会清廷：大英帝国皇帝为西方第一雄主，我承大英帝国皇帝的诏命而来，应当以大英帝国皇帝为本位，我服从大英帝国皇帝的命令与贵国臣民服从贵国皇帝的命令道理是一样的。现在的觐见礼节，我准备用觐见大英帝国皇帝的诚挚之礼，如果贵国坚持要我改用中国礼节那也未尝不可，但必须请贵国派一大臣，职位与我相当者，到使馆对着我大英帝国皇帝、皇后两陛下的肖像行一遍觐见中国皇帝的礼节，则我也可以该礼觐见中国皇帝。

清廷钦差徵瑞看了这份照会内容，像触电一样跳起来，惊呼道：“这怎么可能？！”

作为中方陪同人员的王、乔二人却认为大可以满足马戛尔尼这一要求，说：“真如贡使大人所说，我等二人愿意立即向贵使皇帝、皇后行三跪九叩之礼。”

马戛尔尼先是一愣，然后遗憾地摇头表示王、乔二人的职位与自己不在同一级别，婉言谢绝。

1793 年 9 月 9 日早晨，徵瑞再次携王、乔二人同来，劝马戛尔尼勉从天朝的礼仪，不必再固执前议。

马戛尔尼也就再次重申说：“我是奉西方独立帝国皇帝的命令前来与贵国修好的钦差大使，与贵国附庸国君主所派遣的贡使不一样，贵国一定要用中国礼节相迫，则我万死不能遵奉。”

双方争执多时，仍然没有结果。

1793 年 9 月 10 日早晨，三人又再次来到马戛尔尼下榻的使馆处讨论行礼大事。

马戛尔尼态度很坚决，说："此事不必多说，就事论事，如果钦差大使对别国皇帝行礼重于对本国皇帝所行之礼，这事儿根本说不过去。如果一定要强行相加，还是那句话，请贵国派一大臣，职位与我相当者，到使馆对着我大英帝国皇帝、皇后两陛下的肖像行一遍觐见中国皇帝的礼节，则我也可以该礼觐见中国皇帝。"

这日的争论，又是不欢而散。

乾隆听了徵瑞等人的汇报，气得又是吹胡子又是瞪眼睛。

这是从哪儿钻出来的英夷，真是骄横无理，朕就不信治不了你！

当日，乾隆就下了一道手谕，说："今该使臣到热河后，迁延装病观望，许多不知礼节。昨令军机大臣传见来使，该正使捏病不到，止令副使前来，并呈出一纸，语涉无知。当经和珅面加驳斥，词严义正，深得大臣之体。现令演习仪节，尚在托病迁延。似此妄自骄矜，朕意深为不惬。已令减其供给，所有格外赏赐，此间不复颁给；京中伎剧，亦不预备，俟照例筵宴，万寿节（指乾隆八十三岁寿辰——笔者注）过后，即令该使臣等回京。"[1]

此谕令一下，英国使团上上下下就被饿肚子了。

英国使团的随员安德生（也译作安德逊）在其《随使中国记》中写道："钦使（指马戛尔尼——笔者注）得一消息，谓中国人已决定一种办法，倘钦使不肯用中国礼节，即减缩钦使及其部下员役之食物，令人人饿至无可奈何，然后向华官自请改用华礼。"

但马戛尔尼宁愿饿肚子，也不肯改变初衷，他对使团成员说："就算在英国，我也不会向大英国王叩头，不要说叩九次，连一次也不叩，行礼也只行单膝下跪礼，能够让我双膝下跪的，只有上帝，对，是上帝。所以，我决不对别国君主施行高于本国国君的礼节。"

---

[1] 佩雷菲特：《停滞的帝国——两个世界的撞击》，生活·读书·新知三联书店 1993 年版。

最终，让人意想不到的是马戛尔尼奉上的国书缓和了争执的紧张气氛。

国书与礼品清单的性质大不一样。

礼品清单并无多少机密，7月底使团刚刚抵达天津，马戛尔尼就大大方方地把礼品清单出示给了清廷接待副使乔人杰和王文雄。

但国书则不同，马戛尔尼把国书看得很重要，不肯轻易示人。

1793年7月30日，清廷接待专员徵瑞第一次见到马戛尔尼，就提出要查看“表文”（在清廷一方的眼里，马戛尔尼带来的不是国书，而是进贡的“表文”），马戛尔尼当场就拒绝了，他说国书原文和译稿都锁在一个金盒子里，必须亲手呈交给中国皇帝。[1]

此后，虽然清方接待官员曾多次要求查看国书，马戛尔尼亦均一一婉拒。

从8月21日至9月1日，使团被安置在北京期间，也出现过好几个愿意真心帮助马戛尔尼的西洋传教士，其中就包括比较有名望的罗广祥，但生性谨慎的马戛尔尼为了避免节外生枝，还是婉言谢绝了。

马戛尔尼不愿过早出示国书的主要原因，就是担心其他欧洲国家的在华传教士会从中作梗，影响到自己的访华使命。

然而，在使团抵达热河之后的9月8日，在中堂大人和珅的一再要求下，国书译件被迫从金盒子中取了出来，呈现在和珅的眼前。

令使团高兴的是，和珅“看过之后似乎相当满意”[2]。

那么，这份让和珅“看过之后似乎相当满意”的国书中文译本到底写的都是些什么呢?

5. 被篡改的“国书”

实际上，这份国书中文译本文笔很蹩脚，蹩脚到了令人忍俊不禁的程度。

[1] 斯当东：《英使谒见乾隆纪实》，叶笃义译，商务印书馆1963年版。

[2] 同上。

下面我们一起来欣赏这封令人忍俊不禁的国书中文译本：

英咭唎国王热沃尔日敬奏中国大皇帝万万岁：热沃尔日第三世，蒙天主恩英咭唎国大红毛及佛朗西依拜尔呢雅国王、海主，恭惟大皇帝万万岁，应该坐殿万万年。

本国知道中国地方甚大，管的百姓甚多，大皇帝的心里常把天下的事情、各处的人民时时照管，不但中国地方，连外国的地方都要保护他。他们又都心里悦服，内外安宁。各国所有各样学问、各样技艺，大皇帝恩典都照管他们，叫他们尽心出力，又能长进生发、变通精妙。

本国早有心要差人来，皆因本境四周地方俱不平安，耽搁多时。如今把四面的仇敌都平服了，本境平安，造了许多大船，差了许多明白的人，漂洋到各处。并不是想要添自己的国土，自己的国土也够了，也不是为贪图买卖便宜，但为着要见识普天下各地方有多少处，各处事情物件可以彼此通融，别国的好处我们能得着，我们的好处别国也能得着。恐各处地方，我们有知道不全的，也有全不知道的。从前的想头要知道，如今蒙天主的恩可办成了，要把各处的禽兽、草木、土物各件都要知道，要把四方十界的物件，各国相互交易，大家都得便宜。是以长想着要将各国的风俗礼法明白了。

如今闻得各处惟有中国大皇帝管的地方，一切风俗礼法比别处更高，至精至妙，实在是头一处，各处也都赞美心服的。故此越发想念着来向化输诚。

此时不单大西洋都平安，就是小西洋红毛邻国的人，他没有理，同本国打仗，也都平复了。如今本国与各处全平安了，所以趁此时候，得与中国大皇帝进献表贡，盼望得些好处。

从前本国的许多人到中国海口来做买卖，两下的人都能得好处。

但两下往来，各处都有规矩，自然各守法度。惟愿我的人到各处去，安分守规矩，不叫他们生事。但人心不一样，如没有一个人严严管束他们，就恐不能保其不生事。

故此求与中国永远平安和好，必得派一我国的人，带我的权柄，住在中国地方，以便弹压我们来的人。有不是，罚他们，有委屈，亦可护他们。这样办法，可保诸事平安。

我如今为这些缘故，特差一个人到中国来照管这些事情。要得一妥当明白的人，又有才学，又有权柄，又要到得大皇帝跟前对答上来的。故此我所派的热沃尔日吗哩格德呢公哩萨诺吧咙（指马戛尔尼——笔者注），是本国王的亲戚，忠信良善，议国事的大臣，身上带的两个恩典的凭据，从许多博学人里挑出来一个大博学的人。他从前办过多少大事，又到俄罗斯国出过差，又管过多少地方办事，又到过小西洋本噶拉等处属国地方料理过事情。这就是此次派的正贡使，到大皇帝驾前办事。因他能办差使，表文上有本国的印信为凭。所以叫他将表文呈进。在大皇帝驾前说话，如自己说话一般。如今求大皇帝见他，即同见我，与他说话，即同与我说话一样，施恩典看待他。

我又恐正贡使到那里或有别的缘故，所以又派一副贡使临时替他，也与正贡使一样。热沃尔日寻沃纳多当东（指斯当东——笔者注），这也是个体面人，他的博学会办事，与正贡使一样的。故此从前派他在海岛平复过许多的事情，又到小西洋痕都斯坦国与那第博苏渥尔当王讲和过事。因他能办这些事，能出力，故此派他同去，预备着好替正贡使办事。再求大皇帝也与正贡使一样恩待他。

如今我国知道大皇帝圣功威德、公正仁爱的好处，故恳请将所差的人在北京城切近观光，沐浴教化，以便回国时奉扬德政，化道本国众人。至所差的人，如大皇帝用他的学问巧思，要他办些事，做些精巧技艺，只管委他。或在内地办不出来，还好寄信来，在大西洋各地方采办得出来的。

我本国的人，或是在中国管的地方住着，或是来做买卖，若是他果能安分小心，求大皇帝加恩，他们都好仗着洪福承受厚恩。他们若得了不是，即该处治。若并无不是，自然常受大皇帝的恩典。

贡使起身，亦详细嘱咐他在大皇帝前小心敬慎，方显得一片诚心，能得大皇帝喜欢，下怀亦得喜欢。

惟有祷求全善天主保护大皇帝常享太平之福，庇佑英咭唎国永远平安受福。

天主降生一千七百九十二年

英咭唎国王热沃尔日三十二年[1]

就这样一封国书，抛开内容不说，就其文字表现能力来说，是非常低下的。用的非常浅白的白话字眼，像口语，更像呓语，重重复复，喋喋不休，文理不通，语句拗口，语病很多，既不是当时惯用的书面语，更没有一丝一毫国书的格式。一句话，这是一篇蹩脚的译文，译者的中文水平很低，压根不懂中国政府公文惯常的书写用语。

语言蹩脚还是其次的。

重要的是通篇译文竟然流露出一股诚惶诚恐的情绪，就像一个地位低下的奴仆在苦苦哀求主人的怜悯和施恩。

不妨比较一下国书的英文原本——只看开头就好了：

His most sacred majesty George the Third, by the grace of God King of Great Britain, France and Ireland, sovereign of the seas, defender of the faith and so forth, to the supreme emperor of China Kien—long worthy to live tens of thousands and tens of thousands thousand years, sendeth greeting.[2]

---

[1] 《英咭唎国王表文译文》，见中国第一历史档案馆编：《英使马戛尔尼访华档案史料汇编》，国际文化出版公司 1996 年版。

[2] H. B. Morse, The Chronicles of the East India Company Trading to China, 1635—1844, Vol. II, London: Oxford University Press, 1926, pp. 244-247.

英文版原信的开头，佐治三世以极为尊贵的言辞自称，称自己除了是大不列颠、爱尔兰和法兰西的最高统治者，更是海上的霸主，信念者的捍卫。究其本意，就是想告诉乾隆，我，佐治三世的地位和你是平等的。

可是，在中文译本里面，“海上的霸主”被“国王、海主”所代替，而对“中国大皇帝”除了诚惶诚恐、屡次重复的“万万岁”一词所修饰外，还多次用了“恳请”、“敬慎”、“祷求”、“沐浴教化”等臣服状态的词语。

还有，那些原本着意拔高使团团长马戛尔尼地位的修饰语尽管写得繁花似锦、极尽铺陈，到了翻译者的手里，全一股脑儿给删减了，成了一个“办事”、“出差”和四处“料理过事情”的跑腿角色。

而且，英文原书中丝毫没有遣使来朝贡的意思，但在中译本中全都无一例外地译成了“贡使”！

最妙的那一句：“如今本国与各处全平安了，所以趁此时候，得与中国大皇帝进献表贡，盼望得些好处。”这样一句，怎能让和珅读了不感到满意？

原本，英文版原信结尾有一段是很重要的：

> We have particularly instructed our embassador to take every method in his power to mark our regard and friendly disposition to your imperial majesty, and it will give us the utmost satisfaction to learn that our wishes in that respect have been amply complied with and that as we are brethren in soverignty, so may a brotherly affection ever subsist between us.

表达的意思为：

> 我们由于各自的皇位而似兄弟。如果一种兄弟般的情谊永远建立在我们之间，我们会极为愉快。

佩雷菲特在他的《停滞的帝国》中就不无讥讽地写道：“自称是乾隆的

兄弟和朋友——这位唯一的天子难道会有兄弟和朋友吗？寥寥数语中竟有如此多无法原谅的失礼之处！”

其实，乔治三世对乾隆称兄道弟并非轻佻表现，这是当时欧洲各国君主间交往最常强调的关系。文艺复兴时期，欧洲各国文学都以拉丁文学为主体，各国君主间的通信，称呼用的就是“表亲”、“兄弟”。所以说，英王乔治三世这样称呼乾隆是遵循他所知的欧洲风俗，尽了十足的礼仪，热切而诚恳地表示了一位欧洲君主对中国八十岁老皇帝的善意。

不过，这些话，翻译者直接无视，压根就不译，反偷换成了：“贡使起身，亦详细嘱咐他在大皇帝前小心敬慎，方显得一片诚心，能得大皇帝喜欢，下怀亦得喜欢。”

就因为这封国书处处以敬仰臣服者自居，称赞：“中国地方甚大，管的百姓甚多，大皇帝的心里常把天下的事情、各处的人民时时照管，不但中国地方，连外国的地方都要保护他。”“一切风俗礼法比别处更高，至精至妙，实在是头一处，各处也都赞美心服的。故此越发想念着来向化输诚。”那么，乾隆就没理由不把马戛尔尼等人当成前来天朝朝贡的远方夷人了。

现在，我们在英文原件的对照下就不难发现，马戛尔尼使团的英国致清廷的国书本意是想表达两个超级大国间的对话，从而结成两个超级大国间的交好，进而达到强强双赢的局面。

可是，因为翻译者有意无意的篡改，国书的平等对话情形已经改变，在中国皇帝的眼里，成了其惯常看到的属国“表文”。

那么，这样的篡改，马戛尔尼使团到底有没有觉察呢？

没有。

6. 一次“世纪交涉”就这样被毁掉了

使团所聘译员周保罗及随团同行的华人安神父和王神父迫于清廷严酷的文字狱，在翻译国书时不由自主地过分恭维乾隆皇帝，用他们自身的恐惧和惶恐取代了国书原文那种彼此尊敬的语气。正因为这样，他们担心被英国使团发现而进行问责追究，所以才在澳门找借口匆匆离去。

可笑的是，马戛尔尼原以为他们是客观如实地反映了国书原函的精神，担心遭到清朝皇帝严厉的惩处和追究才提前离开的。哪里想得到事实正好相反，周保罗等人担心的反倒是他们这边的追究！

从这儿也可以看得出，李雅各之所以不参与翻译国书事务，并不是他的笔译能力比不上另外那三人，而是他和周保罗等人之间从一开始就达成了某种“协议”，他远离书面翻译工作就是为了掩护周保罗他们离开。

这样，马戛尔尼对国书译文就不会产生怀疑，而由于使团极力避免其他西方国家介入，国书及译文一直深藏不露，那些懂中文的在华西洋人士无缘看到英国国书及其译文，译文的错误就一直存在着——终马戛尔尼一生，也未曾发现。

这么一来，尽管马戛尔尼一直为维护英国的荣誉在外交礼仪问题上争执不休，但他们根本就没想到，在他们自己呈上的国书里，国书上的每一言每一语都已向乾隆皇帝弯曲下了高贵的膝头。

和珅读过国书中文译本后的第三天，即 1793 年 9 月 11 日，认为“英夷贡使”已经让步了的乾隆皇帝下达一封这样的诏书，称：“昨因英咭唎国使臣不请礼节，是以拟于万寿节后即令回京……今该使臣等经军机大臣传谕训诫，颇知悔惧。本日正副使前来，先行谒见军机大臣，礼节极为恭顺。伊等航海远来，因初到天朝，未谙体制，不得不稍加载抑。今既诚心效顺，一遵天朝法度，自应仍加恩视。”

事实上在过去两天中，马戛尔尼根本就没有做出什么让步。

马戛尔尼始终是那句话：“如果贵国同意派一职位与我相当的大臣，到使馆对着我大英帝国皇帝、皇后两陛下的肖像行一遍觐见中国皇帝的礼节，则我也可以该礼觐见中国皇帝。”

但，读过了英国国书中文译本的乾隆就是认定了英贡使“颇知悔惧”、“礼节极为恭顺”、“今既诚心效顺”了。

这日中午，钦差大臣徵瑞和颜悦色地对马戛尔尼说：“行了，现在朝廷已经决议了，觐见皇帝时就请贵使行英国礼仪罢，只是，英国礼仪到底是怎么样的一种礼仪？”

马戛尔尼突然听徵瑞说清廷同意免除行中国礼，不禁大为高兴，说：“英国礼非常简单，单跪一足，引手伸嘴，握着皇帝陛下的手用嘴唇轻轻一吻，仅此而已。”

徵瑞听了，嘴老半天合不拢，半晌，这才哆哆嗦嗦地说：“老天，这……这……这怎么使得？这在我国皇帝面前万万使不得，万万使不得。”

马戛尔尼看到徵瑞的反应，乐了，说：“怎么使不得？我以觐见本国皇帝的礼节觐见贵国皇帝，属于万分恭敬，怎么使不得？”一句话没说完，就单跪一足，拉过徵瑞的手就要当场做示范。

徵瑞本能地后退，挣脱马戛尔尼的手，咕嘟着说：“以中国风俗说来，拉了皇帝的手就亲，那是大不敬，还是请贵使免去拉手亲嘴之举，用双足下跪代替这个环节罢。”

马戛尔尼听了，本来嘟起要吻徵瑞手的嘴努得老高，说：“我早就说过不用中国礼了，这双足下跪岂不就是中国礼？这种礼仪，你们可以使用，我却万不能使用。”

徵瑞只得服软，说：“好好好，既然这样，双足、单足都不管它了，你那拉手亲嘴的举止必须免掉。”

马戛尔尼哈哈大笑，说：“这个听从你们的安排，但你们务须记住，这是你们自己的意见，不是我的意见。我本来是想向贵国皇帝行个全礼的，却不得不屈从你们的意见，这才改为了半礼。”

下午，中堂大人和珅接见了英国使团，并正式宣布：“凡是中国风俗，贵使认为不能适应的我天朝大国不做勉强，来日觐见时，贵使可用英国礼仪，不必改用天朝礼。贵国皇帝的手书也由贵使面呈。”

至此，礼仪之争才告一段落。

1793 年 9 月 14 日早上七点，马戛尔尼一行终于得偿所愿地见到了乾隆皇帝。

下面，我们来看看《停滞的帝国》一书关于觐见过程的描写：

> 所有人——朝臣、鞑靼亲王（指满族皇族——笔者注）、附庸国使臣——都在叩头：屈膝下跪三次，每次俯伏三次，前额触地九次。
>
> 所有的人都这么做，除了英国人，他们只将一条腿屈膝跪地。
>
> 马戛尔尼勋爵回避这个礼节，认为这是使他的国家丢脸的事。他希望以他称之为“大海的统治者”和“世上最强大的君主”之使者的名义，成为有史以来世界各国第一个向天朝委派常驻使团的大使，第一个以平等身份同中国商谈事务的大使。

使团随行画师 W. 亚历山大用西方的写实手法绘制了使团觐见的画卷。画面里，英使团成员（实际上受到乾隆皇帝接见的只有四个人：马戛尔尼、斯当东、李雅各、小斯当东）赫然是单足跪地。

清廷方面也有记录：“上御万树园（即避暑山庄——笔者注）大幄次，英咭唎国正使马戛尔尼，副使斯当东等人觐。并同扈从王公大臣，及蒙古王贝勒贝子公额驸台吉，暨缅甸国使臣等赐宴，赏赉有差。”这段文字还专门附了一首御制诗，题目是《红毛英咭唎国王差使臣马戛尔尼奉表贡至，诗以志事》，诗开头的两句是：“博都雅（葡萄牙）昔修职贡，英咭唎今效尽诚。”该诗，还作为特别赠品送给了使团。

清廷御史管世铭在《韫山堂诗集》中也有诗记其事，云：“一到殿庭齐膝地，天威能使万心降。”

这些材料，就会使没在现场的人对马戛尔尼到底是双足跪还是单足跪产生了不同的讲解。

到了今天，这事儿还是一笔糊涂账。

由此可见，如此短暂的一项外交礼仪，中英双方竟然有着截然不同的解读。

佩雷菲特在《停滞的帝国》中说：“英国人认为单腿下跪是一个大国国

马戛尔尼使团朝觐见乾隆皇帝

王的特使对大国皇帝表示尊重的合适方法。而在中国人眼里，这是一个粗俗的人表示臣服的粗野方式，即便如此，这至少说明它已经表示臣服。就这么一项外交礼仪，英国人按自己的说法向英国人解释：表示独立。中国人也按自己的说法向中国人解释：表示臣服。对这跪在地上的一条腿各人有各人的真理。”

双方这种心态下的和谈注定不会愉快，交好也只能成为梦想。

所以，当马戛尔尼代表英国政府向清政府提出了七个请求，要求签订正式条约以满足“开放宁波、舟山、天津、广州之中一地或数地为贸易口岸”等要求后，毫无意外地遭到了乾隆帝的拒绝。

该年 9 月 21 日，使团回到北京。

10 月 7 日，和珅向使团交呈了乾隆帝的回信和回礼。随后，使团离开北京，经京杭大运河往杭州等地参观。

11 月 9 日，使团抵达杭州。

12 月 9 日抵达广州，两广总督在广州送行。

之后，使团在澳门停留了一段时间，并于 1794 年 3 月 17 日离开中国，9 月 6 日回到英国朴次茅斯军港。

世界近代史是以西方人发现新航线和开辟新市场为开始的，马戛尔尼使华本来可以成为中西文化交流史上的一道亮丽的风景线，进而改变中国历史发展的进程，使中国可以更早地加入到奔流澎湃的世界发展史中去的，却因为中国统治者的无知自大、狂妄闭塞，对西方的迅猛发展麻木不仁、无动于衷，从而无知无觉地错过了这一机会。

多少年后，当人们回首这段往事，都会提出这样或那样的假设，如果当时清廷能够和英国达成平等贸易的协议，开放包容、兼收并蓄，则一部屈辱的近代史就可以改写，中国也就不是现在的中国了。

然而，历史是不容假设的。

那个时代，清廷的“制度犹如台球那样结实——它是那么完整、精确、苛求”（佩雷菲特语），要突破它出来或要打开它进去，任何意见和建议甚至改良改革都是难以达到目的的。除非狂风暴雨、电闪雷击，才可能使现状得以改观。

所以，无论马戛尔尼使团付出怎么样的努力，无论他们表现得多么完美，他们的使命都是无法成功的。

7. 乾隆皇帝给英国国王乔治三世下的一道谕旨

马戛尔尼离华时曾断言：中国是“由一个老迈、疯狂、至高无上的好战分子带领着，幸好有一群精明强干、机智灵敏的官员，想方设法地使政府得以维持下去”。他预测，如果用一些庸才来管理这个政府，这艘政府之舟就将漂泊无依，“直到在岸边撞成碎片”。

在这一次中英正式接触过程中，英方代表马戛尔尼对中国是这样一个印象，那么，作为中方代表的乾隆是怎么看待六万英里之外的大英帝国的呢？来看看通过马戛尔尼带回给英国国王乔治三世的一道谕旨就知道了。

该谕旨大意如下：

奉天承运大皇帝特别告知英咭唎国王：

朕欣赏你虽远在重洋，却倾心向往天朝制度、渴望得到天朝教化，从而不远万里派使者恭恭敬敬上表，备足了礼物给朕拜寿，这种行为已经足够表达了你们的忠心。朕翻阅了表文，表文中的词句情真意切，国王的恭顺之诚意跃然纸上，很是值得表扬。所有奉表上贡的正副使臣，念他们是奉你使命远涉重洋，朕以礼相待并格外施恩。朕令大臣带他们去参观瞻仰天朝文明，赐他们以丰盛宴席，并接连给他们赏赐，以示安抚。（同来天津）已经回到宁波珠山的六百多名管船役使，虽然没能到京，朕一视同仁，均赏厚礼，使得大家能普沾恩惠。

至于国王你在表章中恳请朕准许你派一人久居我天朝，照管你国的买卖，这与天朝体制不合，断不可行。向来西洋各国有愿意来天国当差的，都准其来京；但来了以后，就要穿我天朝服饰，遵我天朝规矩，安置在朝堂之内，永远不准再回本国。这是我天朝的定制，想必国王你是知道的。今天国王你请求朕准派一人居住在京城，即使此人不像在京当差的西洋人那样从此不回本国，朕也不能任由其自由往来和自由联络，所以说，这事对你们并无所益。

天朝所管的地方广远，凡外藩使臣到京，其衣食行住都得遵守一定体制，从来没有听其自便的先例。今天你若硬要派人来京城，来人与天朝言语不通，服饰殊异，朕实在无从安置。若将来人与在京当差的西洋人同等看待，命令他们一律改变服饰，天朝又不愿强人所难。

将心比己，如我天朝也要派人常住你国，恐怕你们国家也不能接受吧？何况西洋国家这么多，又不止你一国，如果都像国王你这样来恳请朕，都要派人留京，朕岂能一一答应？这件事断断难准。朕不可能因为国王你一人之请，而更改天朝百多年的法度。

至于国王你说派人来京城是为了照料买卖，那么，你的国人在澳门照料买卖也不是一天两天了，天朝对这些人一直以礼相待，恩视有加。像从前葡萄牙、意大利等国也曾经屡次遣使来朝以“照料买卖”为名请朕关照。天朝看在他们真诚的分上，就多加体恤。凡遇到这些国家贸易方面事务，无不照料备至。前次广东商人吴昭平有拖欠洋船银两之事，朕还亲自过问，命管事总督从官库中支用银两代为清还，并将拖欠者重重治罪。想必这件事你们国家也应该知道。放心吧，你们的买卖有我们在照料着，根本没有必要派人留京，更没有必要为此事要让朕做出断不可行的越例之举！何况你们派人驻在京城，京城距离澳门贸易处差不多有一万里，他又怎么照料得到呢？

如果说，派人来天朝的另一个原因是仰慕天朝文化，让他可以在天朝学习天朝的礼仪道德文明，可是天朝的礼法与你国是不相同的，就算他肯学，也因为你国已有不同于天朝的风俗制而不能效法，所以说，学会了也没什么用处。

天朝抚有四海，朕的心思都放在励精图治之上，对奇珍异宝并不看重。你国王这次进贡了各种货物，朕念你一片诚心诚意，就让管事部门收纳了。其实天朝德威远泽宇内，千邦万国争着抢着要给天朝进贡宝物，各种各样的贵重物品通过水陆渠道云集中国，可谓无所不有。这些，你的使者应该亲眼见到了。也就是说，我国从不稀罕奇巧之物，对你国的货物也无特别需求，是以你所请求派人留京一事，既与天朝制度不合，朕更觉得对你们没有实际好处。

朕通过这道谕旨把话都挑明了，现在令你国使者（马戛尔尼）按照安排回国，国王你应当认真领会朕的心思，对天朝要更加诚信归附，并立誓永远恭顺，朕的恩义就能长长久久地施加给你的国民，让大家共享天朝太平之福。

除了正副使臣以下的各官及翻译官、士兵、仆役人等，朕都按其等级另有清单赏给各种物件。

现在使者（马戛尔尼）启程归国，朕又特颁敕令，除了按常规仪礼赏赐给你文绮珍物外，再加赐彩缎罗绮、文玩器具等诸类珠宝，均附有清单。

皇恩浩荡，全都是朕对你们的关怀。特发谕旨。

美国学者特拉维斯·黑尼斯三世和弗兰克·萨奈罗在所著的《鸦片战争：一个帝国的沉迷和另一个帝国的堕落》中说："英国使臣离开中国之后，皇帝给大英帝国国王写了一封生硬的信，丝毫没有表现出外交上的委婉，一个自足帝国的自信展露无遗。"

佩雷菲特由此不无遗憾地说："如果这两个世界能增加它们间的接触，能互相吸取对方最为成功的经验；如果那个早于别国几个世纪发明了印刷与造纸、指南针与舵、炸药与火器的国家，同那个驯服了蒸汽并即将驾驭电力的国家把它们的发现结合起来，那么中国人与欧洲人之间的文化交流必将使双方都取得飞速的进步，那将是一场什么样的文化革命呀！"

然而，由于文明的区隔，由于制度的差异，更由于统治者的愚昧、腐败与自大，历史走向了另一面，中英两国从 1840 年起，开始了长达百年血与火的历史。

第二章

英国在广州管理商务的那点事儿

1. 英国人不死心，使团又来了

马戛尔尼访华的目的没能达到，可以说是铩羽而归。

对于马戛尔尼访华的失败，英国政府大出意外。

这根本不合情理嘛。

想想看，开放关口，就可以促进贸易、增加税收、促进市场的繁荣，这……这大清帝国怎么就看不到这些好处？为什么要跟钱过不去？

大英政府里的官员经过认真的分析和总结，最后一致认为问题出在翻译上。

语句翻译不到位，言辞不能达意，双方就不能在贸易问题上达成一致。肯定是这样。大清帝国的市场潜力巨大，不能轻易放弃！

英国政府尽管不死心，但以当前的条件论，他们的确找不到合格的翻译人员。

他们只好耐心等待着合适的机会，等待着合格翻译人员的出现。

等待中，时间从 1794 年推移到了 1815 年。

在这 20 年的时间里，欧洲大陆发生了影响世界格局的拿破仑战争——拿破仑称帝统治法国期间爆发的各场战争。

法国大革命中，法王路易十六惨遭处决，这让欧洲各王室大感不安。奥地利、萨丁尼亚、那不勒斯王国、普鲁士、西班牙和英国等国王室在兔死狐悲之余，担心本国国民会效仿法国发起大革命，害怕自己会落到路易十六的下场。为此，他们结成了反法同盟，准备彻底扼杀和毁灭法兰西共和国，扑灭法国革命，恢复欧洲大陆的封建统治秩序。

然而，他们面对的是在军事天才拿破仑带领下的法国军队，屡战屡败。

挫败了反法同盟的拿破仑在法国的人气指数则一路飙升，俨然成了法国民众的全民偶像。他本人遂于1799年11月9日的雾月政变中推翻了督政府，夺取了法兰西政权，并于1803年5月18日废除法兰西共和国，改建帝制，自封为皇帝。

拿破仑实施了全民征兵制，先后五次击败了由奥地利、英国、普鲁士、西班牙、葡萄牙、俄国等国缔结起的反法同盟军，法国国势迅速崛起，雄霸欧洲。

1807年6月，拿破仑逼迫俄国和普鲁士两国缔结法俄和法普和约，成功地统治了欧洲大陆的大部地区，其本人的声望和势力如日中天。

然而，1812年，拿破仑军队入侵俄国的失败成了拿破仑帝国的转折点。

该年6月，拿破仑以俄国破坏“大陆封锁”为由，集结大军60余万人入侵俄国。

在莫斯科，法军陷入了战争的泥潭，被俄国军民的全民游击战所围困，欲战不得，欲罢不能，最终在西撤途中遭到俄军的重拳出击，几乎全军覆没。

经此一败，拿破仑帝国国势江河日下，一蹶不振。

1814年4月11日，拿破仑向第六次反法同盟军宣布无条件投降，13日在巴黎枫丹白露宫签署退位诏书。

流亡在外的路易十八重新成为法兰西王国国王，波旁王朝复辟。

1815年3月，拿破仑东山再起，赶走了路易十八，百日王朝开始。

欧洲各国闻讯，迅速组成第七次反法同盟，在比利时滑铁卢战役中全歼拿破仑大军，将拿破仑流放于圣赫勒拿岛。

至此，法兰西第一帝国宣告覆灭，一个大革命时代终结。

拿破仑战争虽然以拿破仑的失败而告终，但它动摇了欧洲封建制度的基础,唤起了欧洲民族觉醒,促进了欧洲资本主义发展,加速了欧洲的历史进程。

而拿破仑战争的终结，也使法国失去了它在欧洲大陆上的领导地位，取而代之的是英国。

英国的强大，配合英国庞大并成熟的工业经济，使它成为首个真正的超级大国，并让欧洲在未来一百多年迎来了不列颠的和平时期。

可以说，英国成为全欧，乃至全球最强大的国家。

而英国皇家海军也毫无疑问地取得了全球性的海上霸权。

在拿破仑战争期间，英方担心法国会突然抢占远东的澳门，动摇自己在远东的贸易地位。为此，英军曾先后在 1802 年与 1808 年两次占领澳门，以向法国示威。

英国这种无视澳门主权归属的行为理所当然激怒了清政府，中英双方在 1808 年一度发生了军事冲突，不过，规模尚小。

此外，英军还公然进兵属于清朝藩属的尼泊尔，中英两国间的摩擦有加剧之势。

1815 年，拿破仑战争结束了，英国在欧洲的影响更加强大，对扩大世界范围市场的需求也更强，英商扩大中国市场的呼声愈来愈高。

在此背景下，英政府组建了使团访华，试图敦请清政府废除多年来“以官制商，以商制夷”的公行制，增加通商口岸，扩大贸易自由。

这支访华使团的正使为威廉・皮特・阿美士德（William Pitt Amherst）。

此人乃是将门之后，其父为英国中将，一个叔父为海军上将，另一个叔父比较有名——英国名将陆军元帅杰夫里・阿美士德男爵。

杰夫里・阿美士德男爵曾任弗吉尼亚和英属北美洲总督等职，于 1797 年去世，因为膝下无子，其贵族爵位就由威廉・皮特・阿美士德继承。

威廉・皮特・阿美士德早年入读牛津大学基督教堂学院，先于 1793 年取得文学学士学位，后于 1797 年以文学硕士学位毕业。

受到叔父杰夫里・阿美士德的影响，威廉・皮特・阿美士德对外交事务有着浓厚的兴趣,曾在 1809—1811 年任驻那不勒斯宫廷使节,是英国外交官。

阿美士德使团与上次马戛尔尼使团相比，其有着强大的翻译阵容。

此次访华，威廉·皮特·阿美士德的副使之一就是当年马戛尔尼使团副使斯当东之子，当年使团的小侍童、小斯当东（George Thomas Staunton）爵士。

这位当年的侍童现在已经是英国东印度公司驻广州特别委员会主席，在中国生活了20多年，能说一口流利的汉语，并独立翻译出了《大清律》，称得上是一个地道的中国通。

小斯当东之外，还有一位在中国待了25年，名叫罗伯特·马礼逊（Robert Morrison）的英国汉学家。此人是西方派到中国大陆的第一位基督新教传教士，在中英文化交流上有多项首创之功。世界上第一部英汉字典——《华英字典》就是他编辑出版的。他还是第一个把《圣经》译成中文的人。他还以自己的医学知识在澳门开办了第一个中西医合作的诊所，并展开了基督新教在中国的宣教历史。

一句话，罗伯特·马礼逊称得上是“一本活着的中英字典”。

其余的随行人员如埃利斯、德庇时等，都在中国混迹多年，对中国国情非常了解。

2. 翻译的问题解决了，中西礼仪上的分歧还没达成共识

1816年2月，阿美士德使团从英国南部斯皮特黑德（Spithead）出发，7月初抵达广州。

阿美士德勋爵生怕英使团在广州遭到当地中国官员的阻挠拦截，没有在广州停留，继续乘船向天津进发，1816年8月13日抵达天津。

尽管是有备而来，但阿美士德使团还是和前来迎接的清方官员因为觐见清朝皇帝的礼仪问题闹起了争执。

清方坚持要求阿美士德向当朝皇帝嘉庆帝行三跪九叩大礼，但是阿美士德只愿以“脱帽三次，鞠躬九次”代替。

双方僵持不下，使团就迟迟不能进京，只能滞留于京师附近的通州。

这期间，清廷理藩院尚书与礼部尚书继续游说阿美士德。

副使小斯当东等对此强烈反对，认为下跪叩拜中国皇帝是有损英国尊严的行为。

小斯当东说，绝对不能磕头，“因为这样他就是地位卑下的朝贡才，而地位卑下的人是无法与高高在上的人商谈什么的。”[1]

其实，鉴于马戛尔尼前次访华的失败，英政府在阿美士德出发前曾明确表示：为了达到这次出访目的，有必要的话，可在礼仪方面做些妥协。只不过小斯当东等人的反对太过强烈，阿美士德为了照顾这些人的情绪，最后还是坚持以“单膝下跪低头三次，并重复动作三次”代替三跪九叩。

从“脱帽三次，鞠躬九次”到“单膝下跪低头三次，并重复动作三次”，阿美士德已经作出了重大让步。

不过，清朝官员对这种让步并不满意。

当然，也有许多清朝官员觉得阿美士德能作出这样的让步也算得上是“孺子可教”了。他们认为，只要假以时日，只要用心调教，就一定可以让阿美士德向大清皇帝恭恭敬敬行三跪九叩大礼。

8 月 27 日，理藩院尚书向嘉庆帝奏称阿美士德勋爵经过多次演练，“起跪颇不自然，尚堪成礼”，跟以前相比，大有长进。

英国人既然这么有心，嘉庆帝龙心大悦，同意在 8 月 29 日接见阿美士德。

阿美士德使团于是连夜赶路，在 29 日凌晨时分抵达北京，但运载官服和国书的车辆却未能跟上。

阿美士德自己也觉得疲惫不堪，便以“礼服未备，国书未带”为由，提出要稍事休息后再行觐见。

本来嘛，阿美士德还没有完全接受三跪九叩的礼仪，现在又提出推迟觐见的请求，负责引见的官员便顺水推舟，干脆向嘉庆谎称英使生病，难行觐见大礼。

---

[1] 特拉维斯·黑尼斯三世、弗兰克·萨奈罗：《鸦片战争：一个帝国的沉迷和另一个帝国的堕落》，生活·读书·新知三联书店 2005 年版。

此举，惹得嘉庆皇帝大光其火，怒斥英使目无圣驾，说："朕为天下共主，岂有如此侮慢倨傲，甘心忍受之理！"断然取消接见，降旨："该贡使等即日遣回，该国王表文亦不必呈览，其贡物著（着）即发还。"下令驱逐使团离京。

这样，英国人精心准备的访华又失败了。

而且，这次失败比马戛尔尼那次更加不堪。

马戛尔尼好歹还见上了中国皇帝一面，阿美士德却连中国皇帝的影儿也没见到。

不过，几天之后，嘉庆帝弄清了原委，觉得对方迢迢而来，就因为这样一件小事被自己赶了回去，显得自己太小家子气了，于是就派人送去了一些慰问品，也放宽了一些对英商的限制。

嘉庆帝还着人交给阿美士德一封圣旨，让他转交给英国国王，居高临下地宣称："尔国距中华遥远，遣使远涉，良非易事；且来使于中国礼仪不能谙习，重劳唇舌，非所乐闻。天朝不宝远物，凡尔国奇巧之器，亦不视为珍异。尔国王其辑和尔人民，慎固尔疆土，无间远迩，朕实嘉之。嗣后毋庸遣使远来，徒烦跋涉。但能倾心效顺，不必岁时来朝，始称向化也。俾尔永遵，故兹敕谕！"[1]

嘉庆皇帝说话的口气和他的父亲乾隆皇帝一脉相承、别无二致，都是说中国的宝物应有尽有，不稀罕远方别国的东西，命令英国国王好生体恤百姓、固守本国疆土，就算万分倾心效顺天朝，也用不着大老远的跑来向化奉拜。

这意思，嘉庆皇帝是再也不想见到英国人了。

阿美士德一行到了广州，意外地得到了两广总督蒋攸铦的宴请。

总督蒋大人是奉了钦命，专门向他阿美士德表示天朝的"怀柔"之情的。

蒋总督像背书一样对特使说："大皇帝并不稀罕你们所谓的什么宝物，以后就用不着再万里迢迢前来贡献了。如一定要前来入贡，广东是你国贸易

[1] 以上引文见王之春：《国朝柔远记》，中华书局 1989 年版。

阿美士德

之所在，贡船停在广东便可，免得驶往天津又被逐回。在广州做生意，你国每年均有几千万两银子的利润，可以说，大清国对外国人的恩赐，英国是最大的受惠者。从今往后，更应恭顺。”

在北京城吃了闭门羹的阿美士德再也忍不住应答说：“凡是贸易，都是互利行为，大清国和本国各有所利，不要单为我国考虑！”

宴会不欢而散。

阿美士德百思不解：两个国家间的贸易互利行为，怎么就说成了一方对另一方的恩赐呢？

带着这个疑问，阿美士德扬帆西归，途中即将经过圣赫勒拿岛。

被流放到圣赫勒拿岛的拿破仑对阿美士德使团访华之行颇感兴趣。

其实，在马戛尔尼使团访华之后的一年，荷兰也曾派出一个由 7 个人组成的小型使团到北京朝贺乾隆皇帝登基 60 周年。该使团团长萨克·蒂津是荷兰东印度公司驻巴达维亚（现印度尼西亚）官员，其对礼仪所奉行的态度是“入乡随俗”，该跪拜就跪拜，该叩头就叩头，所有一切都按照清朝要求的礼数执行，因此得到了乾隆帝的接见，所受规格待遇相对比马戛尔尼使团高。可惜的是，这个使团出使的目的只是纯粹以朝贺为主，在历史的长河里连一个小漪涟都算不上。

蒂津使团中的翻译是常驻广州的法国人德·吉涅。德·吉涅回到法国后，在 1808 年发表了他的回忆录。这个回忆录惊动了法国皇帝拿破仑。拿破仑派人找到了德·吉涅，命令他编撰一部“汉－法－拉丁文字典”，兴致勃勃地研究起中国来。

现在，听说阿美士德使团访华失败，并将经过且登陆圣赫勒拿岛，拿破仑便对身边的医生奥米拉说：“英国的大臣们没有事先交代和嘱咐使团成员必须遵从出使国的习俗原本就是大错特错，或者，他们根本就不该派使团访华。”

奥米拉是英国人，是反法同盟安排到岛上照顾拿破仑起居的医生，后来写了一部专门记录拿破仑在岛上言论的书，即《来自圣赫勒拿岛之声》。

在《来自圣赫勒拿岛之声》一书中，奥米拉记下了他和拿破仑关于阿美士德使团要不要遵从中国礼仪的争论。

奥米拉说：“如果阿美士德同意屈从于被要求的礼节，英国人会认为这是对国家的侮辱。如果在这一点上作了让步，中国人也许还不会满足，还可能会要求诸如日本人要求过的并被荷兰人很丢脸地遵从过的礼节。除此以外，阿美士德勋爵已经同意向中国皇帝行与觐见英国国王相同的礼。”

拿破仑不认同，说：“这是两回事。一种只是仪式，由国家高层人士对首脑施礼。另一种是一个国家专门用来叫外国人卑躬屈膝的。按我意见，不管一国是怎样的习俗，只要是国家重要官员对首脑的礼节，外国人跟着做就不丢脸。不同国家有不同习俗，在英国，你们在宫廷吻国王的手，这要在法国就会被认为荒谬，谁这么做会成大众笑柄。可法国大使到了英国一样这么施礼，也不觉得有失体面。在英国，要是几百年前，国王要人跪着侍奉，这类礼节现在西班牙还有。在罗马，你吻教皇的脚趾，但这也不是失体面的。一个人到另一个国家，就该入乡随俗。阿美士德勋爵无论施用何种礼节，只要是高级官员对中国皇帝的礼节，就是不失体面的。你说他愿意向中国皇帝行如同见英国国王的礼节，但你们没权力派人到中国告诉他们因为某种礼节英国用，就必须遵从这种礼节。举个假设性的例子，如果英国的习惯不是吻国王的手，而是国王的屁股，是不是也要让中国皇帝脱裤子呢？”

拿破仑一边说，一边模拟着吻国王屁股的夸张动作，奥米拉忍不住捧腹大笑。

看到奥米拉大笑，拿破仑自己也跟着大笑，继续说：“如果我要派使臣去中国，我就命令他先从中国高级官员那里熟悉在皇帝面前的礼仪，如果被要求，就让他服从同样礼节，而不节外生枝。现在，你们（奥米拉是英国人，所以拿破仑用“你们”的字眼——笔者注）因为干了件蠢事，可能失去一个国家的友谊，失去巨大的商业利益。”

奥米拉不同意，说：“我们可以用几艘战舰，轻易强迫中国应允更优厚的条件。比如，我们可以用一些巡洋舰停泊在合适封锁地点，断绝他们的盐供应。”

拿破仑摇头道：“和中国那种拥有雄厚资源的庞大帝国进行战争，是许多年里可能犯的最大错误了。你们开始无疑会获得成功，俘获他们的船只，摧毁他们的商业。但你们会让他们认识到自己的力量。他们会被迫想方设法反抗你们，保卫自己。他们会想到，并且会说：为什么我们要受来自那么远地方人的欺压，让他们为所欲为？我们必须使我们自己和这个国家一样强。我们必须造船，我们必须在船上装上大炮，我们要有和他们一样的装备。他们还会从法国和美国找来工匠和造船师，甚至去伦敦找。他们会建成一支舰队，然后或早或晚，打败你们。”

拿破仑越说越激动，声音也越来越大：“你说你们可以用海上武力吓倒他们，借此迫使中国人服从欧洲礼仪。这是个疯狂的想法。你们绝对打错了算盘，如果这样你们会促使一个两亿人（实际上当时中国的人口已达到了四亿多，拿破仑说错了——笔者注）的国家武装起来，为了自卫去造舰队来对付你们。到最后不幸的结局是，你们国家每个有理智的人都会认为拒绝叩头是不明智的事。”

拿破仑和奥米拉这一段争论，后来被外界演化成了一句脍炙人口名言，即：“中国是一只沉睡的狮子，一旦觉醒，将会震惊世界。”

类似“中国觉醒过来将会震惊世界”的话，拿破仑在阿美士德使团登岛后，肯定会跟阿美士德提过。只不过，作为英国的宿敌，拿破仑也许不会说得那么直接罢了。

两次访华都失败了，英国政府就再也没有派使团来中国。

但这并不等于中英两国政府间的交往就此告终，英国人还在耐心地等待着破冰的机会。

这个机会，在16年后，即1832年，姗姗而来。

3. 天朝的朝贡贸易体制

中国是一个大一统国家。所谓大一统，主要是指中国从公元前221年秦始皇称帝以来到清代所实行的基本制度体系。在这个体系里，国家是最大组织边界，国家的最高管理者是受命于天的皇帝，拥有着至高无上的占有权和话语权，国家所有臣民都必须无条件服从。至于国家之外的地方，则是荒蛮、尚未开化之地，生活在其上的人民，也是未开化之民。国家以朝贡的方式将中华文明进行传播，以感化怀柔。

也就是说，在对外贸易上，中国自秦至清所奉行的是“天下一家”、“四夷来朝”的朝贡体制，即外国向中国朝贡，中国对外国进行回赐。

显而易见，在朝贡贸易体制下，中外政府的对话地位并不平等，中国居高临下，俯视外国，且其经济活动形式所呈现出来的是一种以中国为中心的放射状的贸易体制。另外，中外政府间的贸易目的也不一致，中国期待的是政治利益，而外国期待的是经济利益。

在近代欧洲崛起之前，中国在经济、技术、制度等诸多方面都远远领先于世界，朝贡体制下所进行的种种经济活动形式并没有表现出什么不妥，外国政府和商人都乐于在朝贡贸易体制下谋求经济利益。朝贡贸易体制在很长的时间内促进了中国和东南亚各国的贸易往来。

清朝初年，受政治气候影响，清朝政府在中外贸易上实行了比较严格的海禁。但广州作为对外交流的窗口，并没有完全断绝与外国的贸易往来，民间还出现了一个包揽贸易的组织，该组织的头目称为“商总”或者“商首”。而且因为世界和中国经济的发展，即使朝廷严禁私人海外贸易，但私人贸易仍然发展迅猛，中国沿海除了来往着公家的“贡舶”、“市舶”外，也出现了许多私人的“商舶”、“寇舶”。

康熙二十三年(1684年)，在发展经济的需求下，清朝政府宣布开海贸易，设立了粤海关，由皇帝直接任命内务府官员充任海关监督，专门管理进出口贸易和关税征缴。

特别要指出的是，粤海关作为一个政府部门，并不参与贸易，具体贸易之事由“官商”负责。

所谓的“官商”，是指由官方指定、专门与外国商人进行贸易的商人。这些商人只要向粤海关纳银4万两入官，即可拥有对外贸易大权。

这种做法，既秉承了历史上朝贡贸易体制的特点，又可以使政府达到“以官制商，以商制夷”的目的，保障了政府政治和经济的双重利益。

毫无疑问，以政府的名义进行对外贸易的“官商”往往会获得暴利。这种暴利就使得“官商”之间出现激烈的竞争，从而造成许多不必要的巨大内耗。

在一次又一次的内耗过后，“官商”们认识到联合起来的重要性，于是，他们自觉地走到了一起，成立一个行会团体——公行。

康熙五十九年（1720年），公行正式成立，公行众商歃血盟誓，制定了共同议价、贸易垄断等十三条行规。

因为公行主要是对外贸易，故也称为洋行、外洋行、洋货行或洋货十三行。

可以说，公行是清朝朝贡制度的一个纽带，它的出现，对于政府和公行内部的商人是有利的。

但也不难看出，公行本质上是一个垄断贸易组织，对于公行外部的商人和外国商人都非常不利。

英国是近代史上与中国贸易往来最多的国家，约占对华贸易额的80%。为了解除这种困境，英国商人就曾经试图加强在宁波等地的贸易以摆脱广州公行的挟制。

然而，清政府却强化了广州一口通商原则，并大幅度提升公行的权力，不仅税收由行商办理，而且明文规定，清廷与外商的交涉往来文件也要以行商为枢纽。

大致说来，公行对官府负有承保和缴纳外洋船货税饷、规礼，传达官府政令，代递外商公文，管理外洋商船人员等义务。另一方面，行商享有对外贸易特权，所有进出口商货都要经它才能达成买卖。即所有外国商船到了广州，必须在行商中间选择某一个行商作为“保商”，以形成行商对外商的管理局面。

具体来说，也就是保商对于该外商及其船舶、水手的一切行动都要负完全责任。保商要供给外商住所、仓库，并且代雇仆役，还要负责货物运输和税收。外商贸易无论是买还是卖都要经过行商，不能私自向行商以外的人出售货物，也不能自主购买回程的货物，不能到市场上调查中国需要什么样的外国货、有什么中国货可以带回自己国家销售，更不能调查价格的涨落，等等。

这明显是将外商置于任意宰割的境地了。

除了对外商的贸易业务大力制约外，外商的人身也受到种种的限制，如：外商的女眷不得进入商馆；外商不得雇用华籍仆役；不能沿街行走；规定通商季节外必须离开广州返回澳门；等等。其中的某些条款并不坚持，比如雇用仆役，但通过行商转递呈文却从未放松。

在政府给予特权的庇护下，公行的好些商人赚到了富可敌国的财富。据国外媒体估算，1834年，广州公行首席行商伍秉鉴拥有资产2600万银两，相当于今天的50亿元人民币。

美国人威廉·亨德在《缔约前番鬼在广州》一书中就说："大家常常辩论，伍秉鉴究竟有多少钱？但，有一次，由于提到了他在稻田、住宅、店铺、银号及在英、美船上的货物，在1834年（道光十四年），他计算一下，共约值2600万元，当时的购买力约等于现在的一倍，以现在的钱币来算，他拥有了5200万元。"

美国《华尔街时报》也称伍秉鉴是"天下第一大富翁"。

公行中其他如潘振承、潘有度、卢文锦、叶上林等，也都是闻名于世的巨商富豪。

当时就流传有"洋船争出是官商，十字门开向二洋。五丝八丝广缎好，银钱堆满十三行"的说法。

可以说，广州行商是当时世界上最富有的人，他们的财富远远多于与他们并称为中国三大商帮的两淮盐商、山陕商人。

工业革命后的英国已经成为一个君主立宪制的国家，在经济上高度发达，是世界上经济最为强大的国家，其国内商人是社会的主导力量，很多商人和资本家在政治上具有极高的影响力，英国政府的利益和商人利益是一致的。英国商人在宁波等地贸易的尝试失败后，在他们的强烈诉求下，英国政府先后派出了马戛尔尼和阿美士德两人使团访华，拟通过协商改变中英之间的贸易制度。

然而，由于政治、文化等原因，这两次访华之行都失败了。

访华行动虽然失败，但中英两国之间的贸易仍然在不断发展。

在中英双方的贸易中，中国方面的公行固然是垄断机构，但英国方面的东印度公司同样也是一个垄断机构，在这个机构的运作下，英国商人盈利远高于荷兰、葡萄牙等国商人。可是，因为美国人的到来，这个局面被打破了。

美国人加入对中贸易的时间虽然晚一点，但美国人从一开始就是"自由商人"，他们没有东印度公司一类特权机构，所有美国商人的对中贸易都是平等的，这使得美国人的贸易发展得很快。

西方油画中的广州十三行

对美国人眼热不已的英国散商开始对本国的垄断机构不满，要求政府废除东印度公司特权的声音一浪高过一浪。

实际上，在19世纪30年代，国际市场已大为开拓，进行自由贸易往来成了正在上升中的资产阶级的一大愿望。

面对对外封闭的中国市场，曼彻斯特的制造商们议论纷纷，说，一出广州城，就是4亿人口的中国国内大市场，如果每个中国人的衬衣下摆长一英寸，他们的工厂就得忙数十年。1830年12月，驻广州的英国散商在呈递下院的请愿书中说，对华贸易是世界上潜力最大的贸易，是该把对华贸易置于"一个永恒的，体面的基础之上"[1]的时候了。

1834年4月，经过广州的私商和曼彻斯特、布莱克波恩、格拉斯哥以

[1] 费正清：《剑桥中国晚清史》，刘广京编，中国社会科学院历史研究所编译室译，中国社会科学出版社1985年版。

西方版画中国的广州十三行

及英国其他城市的企业主 10 多年的斗争，英国议会通过了废除东印度公司对华贸易垄断权的《中印贸易管理法》。

东印度公司的垄断特权宣告废除。

这就意味着任何一个英国人均可以来中国做生意，而不必向该公司缴费，不受该公司管制。

而在东印度公司垄断权废止前 3 年，广州政府预感到东印度公司会被解散，因此出现了这样的担心和顾虑：如果没有了英国方面的管理和约束，怎么才能使英国商人在广州安分守己、遵守秩序？

4. 要大班不要官员

为此，两广总督李鸿宾在 1831 年 1 月曾指示行商转谕东印度公司："饬商传谕大班，寄信回国，若公司散局，仍酌派晓事大班来粤，总理贸易。”[1]

大班（supercargo）即东印度公司驻广州办事处管理委员会的委员，负责各种对华贸易中的具体事宜。

显然，李鸿宾是要求英国政府在东印度公司解散后特别派遣一位公司经理人来管理在广州经商的英国商人。

英国政府还来不及对这封信作出回应，1833 年，接任两广总督的卢坤也向英国政府提出了同样的要求，强调说：“饬商妥议，务使事有专责，勿致散漫无稽。”

英国政府认真审视了这两位清朝总督的来信，误以为清廷对外贸易的态度已经有所改变，便任命律劳卑（William John Napier）为首任驻华商务总监，负责管理远东事务。

律劳卑是苏格兰墨奇斯顿（Merchiston）人，早年加入皇家海军，立过一些战功，退役后一度从事牧羊业，后当选为苏格兰贵族代表，进入了上议院，与外交大臣巴麦尊子爵（Henry John Temple Lord Palmerston）是很要好的朋友。

也正是由于好朋友巴麦尊的极力推荐，律劳卑成了首任驻华商务总监。

英国国王于 1833 年 12 月 31 日所签署的敕书中，要求律劳卑到了中国，万事都必须采取和善态度，避免任何足以引起中国人民或政府的妒忌或猜疑的行动、言语或行为，或是激怒他们，用一切方法敦睦中国人的友谊。妥善调处中英间所发生的争执，如果遇到纠纷必须向中国官员提出申诉或抗辩时，必须心平气和而避免用威吓言辞，非万不得已，不可请求英国陆海军的保护。另外，还必须“研究用一切可以实行的方法去维持一种友善的谅解”，使一切英国臣民深切了解“遵守中华帝国的法律和习惯的义务，只要这些法律在对英国臣民执行时是本着公平与认真的态度，并且同样行之于中国人与其他

[1] 梁廷楠：《粤海关志》，广东人民出版社 2014 年版。

外国人”。[1]

也就是说，英国政府是把律劳卑当成一名和平友好大使派遣往中国的，要他严格遵守天朝的制度，促进两国的友好往来。

外交大臣巴麦尊的指示却与委任状相矛盾，他说：“阁下到达广州后，应即以信函通知（两广）总督。阁下之职责，除保护并扶助英国臣民对广州商港的贸易外，查明在中国领土内有无他港扩展商业的可能性，也是主要任务之一。为达此目的，阁下不应放过任何可以促成与中国各地方政府产生商业关系之机会。于此，我们切望与北京朝廷建立直接往来关系，这一点是非常明显的。”

不难看出，巴麦尊给律劳卑下达的任务有四：一、通过信函传达的方式让清廷两广总督知道英国方面已安排了到粤任职的官员；二、在日后的中英贸易中保护并扶助英国商人的利益和合法经营；三、查明在中国领土内有无他港扩展商业的可能性，尝试突破广州一口通商的限制，扩展英国人在华的商业机会；四、不应放过任何可以促成与中国各地方政府产生商业关系的机会，并设法与中国北京政府建立直接来往关系。

巴麦尊的指示其实就是马戛尔尼、阿美士德两次访华使命的延续。

英国外交部不可能不知道马戛尔尼、阿美士德两次访华过程所受中国政府的种种抵制和拒绝。

乾隆帝早已明确告诉马戛尔尼一行，广州一口通商的国策不容更改；并且，在清朝朝贡体制中，向来只允许外国人通过行商向天朝政府呈递禀帖。巴麦尊要求律劳卑越过行商给两广总督写公函，基本上就是赤裸裸地在向天朝的朝贡体制发起挑战。再者，按照天朝的朝贡体制，清朝政府是绝不会同意和英国建立平等交往的。

现在，英国政府一方面要求律劳卑尽一切努力去遵守中国的各项规章并尊重中国的一切成见，不要求助于英王的武装力量；另一方面，又要律劳卑

[1] 马士：《中华帝国对外关系史》第一卷，张汇文译，上海书店出版社 2000 年版。

采取步骤把他自己由纯商务监督（大班）身份变成一个代表英王的使节身份。这势必会破坏中国的规章和传统的做法。[1]

两广总督要求英国政府派一位来管理英国商人的大班，而英国派来的却是一个驻华官员。表面上看，二者都是管理商务活动的，但是大班只是公司的代表，驻华官员却是英国政府的代表，大班可以完全接受清廷两广总督的管理，驻华官员嘛，无论处理什么事，都已上升为两国之间的国际事务了，不好办了。

另外，按照清廷的规矩，外国人来粤，向来只准在澳门居住。如果是政府官员，一概不准进入广州城；如果是商人和大班，除非有买卖货物之类的事要处理，否则也是不准进入广州城的。

即使是商人和大班因要处理买卖货物之类的事而入广州城，也必须先到澳门左堂请领粤海关监督的牌照，经过查验，在左堂所提供的引水（领航员）和通事（翻译）的带领下，才可前往虎门。到了虎门，还要经过丈量和缴费，才允许进入黄埔。到了黄埔，交上一笔公所基金，方可以前往广州城外的商馆。

律劳卑作为一个外国官员，要进广州城，比较难办。

退一万步说，律劳卑要进广州城，也应先停留在澳门待命，由两广总督派遣广州行商到澳门查明律劳卑的身份、来华目的，并告知律劳卑务必遵守《大清律例》和贸易规则等等，经行商作保，才有机会进入广州。

可是，1834 年 7 月 15 日下午，律劳卑带着妻子和女儿抵达澳门后，不管三七二十一，未作任何停留，直接开往广州。

这并非律劳卑不懂规矩。

因为，他此次来华，英国政府给他配了强大的翻译团。这其中有熟悉中国情况的副商务监督——前东印度公司广州管委会的德庇时（John F. Davis）和罗治臣（又译为罗宾臣，George Robinson），这两人都曾在特派委

[1] 马士：《中华帝国对外关系史》第一卷，张汇文译，上海书店出版社 2000 年版。

员会中任职。同时，还让已在广州生活多年的传教士、汉学家，有“活着的中英字典”之称的马礼逊任中文秘书兼翻译。马礼逊曾是阿美士德使团赴北京觐见嘉庆皇帝的随行中文翻译。

德庇时和罗治臣等人早就给律劳卑讲明了中国时局和中英贸易的情况，并就如何与清政府打交道等问题做了许多注解。

可是，律劳卑不听。

律劳卑既不先行跟清廷政府禀明，又不遵领牌照，擅作主张，搭乘了“安涛马奇”号军舰直接驶往位于广东西南部的穿鼻岛，从那里乘着单桅船驶入黄埔，随即改乘一只商船小艇，径入广州。

可以说，律劳卑此举，纯粹是故意的。

他的用意很简单：尽快与中国政府建立平等往来关系。

两广总督卢坤很快收到禀报：“有英咭唎兵船一只，载有夷目一名，自外洋驶至鸡颈洋停泊。”虽然经查询得知，这个“夷目”不过是来管理该国商船贸易的类似“大班”一类的人物，但卢坤还是觉察出了其来意不善，赶紧指示：“夷目非夷商可比，事发轫始，非奏奉谕旨，不能准其擅自进省。”

7月21日，卢坤通告行商：外夷在广贸易，向来唯有大班人等买卖货物时，方准其请牌进城，平时只准其在澳门居住。据称此来华夷目，并非大班人等。如果欲来广州，必须先经上奏皇帝请旨批准，才能放行。

卢坤还令行商亲往澳门向“此来华夷目”问明因何来澳，东印度公司散局后应如何另立章程等事。

公行行商迅速派出代表团沿内环水路赶赴澳门。

但行商们还没有赶到澳门，律劳卑已经抵达广州了。

律劳卑抵达广州的准确时间是1834年7月25日凌晨二时。

他在英商渣甸等人的招待下，飘然入住建在广州西关——广州城西约二百米的英商馆。

广州的英商本来担心英国政府会任命东印度公司职员充当英国驻广州的代表，现在听说是曾任海军大将的贵爵律劳卑任驻华商务监督，无不惊喜万分，欢呼雀跃。

他们认为：以后的所有贸易活动都会有政府在背后撑腰了。

5. 一封难以投递的禀帖

平心而论，律劳卑在没有通知中国有关方面、没有办理入境许可证的前提下，悍然闯入虎门，并住进了广州城外的英国商馆，这是在公然践踏中国的主权。

律劳卑这一行为，把公行里的行商们吓坏了。

这时候行商的商首是伍秉鉴的第五子伍绍荣，伍绍荣首先负起了对律劳卑进行劝告的责任。

要说明的是，在外国的文献记录上，伍绍荣被尊称为“伍浩官”，即Howqua。

实际上，非但伍绍荣本人被尊称为“伍浩官”，他的爷爷伍国莹、伯伯伍秉均、父亲伍秉鉴、哥哥伍受昌，只要做过怡和行的老板，都被外国人尊称为“伍浩官”。

究其原因，是由于“官商”是用钱捐了官的商人，属于半官半民性质，人们在其名字后面加“官”字，含有“大人”之意。怡和行几代以前的老板小名叫亚浩，人们称他为浩官，外国人也仿效这个称呼。

中国没有袭用父名的习惯，甚至要避讳，禁止采用父母名字中的一个字。外国人图方便，称浩官的儿子为Howqua Junior（小浩官），这样在形式上就变成袭用父名了。伍绍荣是怡和行第四任老板，外国人称他为浩官四世，其实由于兄弟继承店务，他不过是第一代浩官的孙子。

伍浩官和卢茂官（即卢文蔚）双双来到英商馆，指责律劳卑不待奏明即擅自前来，有违定例，再三申明，“事关创始，应候恭折奏明”，要求律劳卑赶紧折返澳门，有任何诉求，一律由他们行商代为向两广总督转达。

律劳卑并不以为然。

律劳卑坚持说自己的行为并没有什么不妥，断然拒绝了伍、卢两人的好意，也不肯说出自己来华的目的，只暗示很快会以“适合于英王代表身份和不失英国国家体面的方式，直接与总督往来”。[1]

伍浩官和卢茂官劝说无效，只好向卢坤禀报。

律劳卑说的“适合于英王代表身份和不失英国国家体面的方式，直接与总督往来”，其实就是巴麦尊所交代的“阁下到达广州后，应即以信函通知两广总督”。

前文说过，公行对官府负有承保和缴纳外洋船货税饷、规礼，传达官府政令，代递外商公文，管理外洋商船人员等义务。

也就是说，清廷对外交涉的往来文件全部由公行代为转呈。

律劳卑要直接致书给两广总督卢坤，简直是在中英关系中“放进了燃烧炸药的信管”[2]。

且说，律劳卑煞有介事地写了信，信上除知会两广总督大英帝国首任驻华商务监督已经到粤外，还声称驻华商务监督有保护与促进英国贸易的权力，并得依情形之需要，行使政治与司法权；最后郑重地请求与总督面晤。[3]

书信写好，交由“活着的中英字典”马礼逊译成中文。

据 1834 年 8 月号《澳门月报》[4] 记，这一文书采用了“信”的平行款式，是“密封并且直接致总督阁下的”。

信件译好，律劳卑派书记官阿斯特前去投递。

---

[1] 《中国通信汇编》，见马士：《中华帝国对外关系史》一卷，张汇文译，上海书店出版社 2000 年版。《中国通信汇编》是英国议会的收藏材料，中文译名为《中国通信汇编》，1840 年，英文缩写是“corr. rel. China，1840”

[2] 《中国通信汇编》，见马士：《中华帝国对外关系史》第一卷，张汇文译，上海书店出版社 2000 年版。

[3] 同上。

[4] 《澳门月报》是西方传教士创办的报纸，其主要的创办者是来华的第一位美国传教士裨治文。他曾受邀观看了虎门销烟，并且撰写了一些关于虎门销烟的重要资料。林则徐将翻译的《澳门月报》分为“论中国”、“论茶叶”、“论禁烟”、“论用兵”、“论各国夷情”等 5 辑，林则徐的洋务知识也主要来源于《澳门月报》。后来《澳门月报》由另一位美国汉学家卫三畏负责刊印，直到 1851 年 2 月停刊。《澳门月报》也被翻译为《中国丛报》。

7 月 26 日，阿斯特持信件前往广州城投递，由于中国政府禁止外国人入城，阿斯特只好先到习常呈递禀帖和公文的地点——城门去办理手续。

律劳卑特别交代他，这是一封以适当款式寄致总督的密封信件，可以交给任何一个同意接信的官员，但“避免经过行商之手以免造成先例，被视为一种正常的呈递方式而影响将来”。

可是，所有看到信封上所写字样的清朝官员，无不脸色大变，都摆着手声称不敢接受。

阿斯特在城门待了三个多钟头，“受到许多在这种场合下并不习见的侮辱”。

可怜的阿斯特一次又一次地给那些来来去去的中国低级官员呈递信函，这些官员没有一个胆敢违背外交政策去接收这么一封不合规矩的信函。

阿斯特投递信函的任务迟迟不能完成。

看热闹的人越来越多。

这时候是七月酷暑天，在烈日的烤晒下，天气炎热无比。

中国官员们都劝阿斯特：信既是来自商务监督的，正当的途径乃是经由行商转递，而且，这公文既是采用了“函”而非“禀”的款式，就算行商愿意转递，总督大人也未必会打开阅读。聪明的做法，就是先拿回去改“函”为“禀”。

最后，广东协台（又称副将，负责统率广州及广州周围的地方军）来到了城门，阿斯特恳请他代为收下这封信，但三番五次的请求都被拒绝了。

公行领袖伍浩官为了帮助阿斯特尽快完成任务，提议由他与协台两人共同收下。

阿斯特却不敢答应。他觉得，如若答应了，就完全违背了律劳卑要求“避免经过行商之手以免造成先例”的初衷了。

由此，这封信函的投递成了一个大问题。

一方面，阿斯特要中国官员接而中国官员不敢接；另一方面，行商伍浩官愿意接而阿斯特又不肯交。

僵持了好久。

没办法，现场的全体中国官员，包括协台，都入城去向总督卢坤请示。

请示后回来，阿斯特又数次向协台递交，并向其他官员一一递交，仍然遭到了拒绝。

无奈，阿斯特只好带信函悻悻返还了英国商馆。[1]

次日，即27日，公行行商本着解决问题的态度集体到英商馆拜访律劳卑，真诚而温馨地提示，不妨将封面上对总督的称呼稍加修改，再将款式由“公函”改为“禀帖”。

律劳卑虽然同意修改封面，但不肯改公函为禀帖。

伍浩官奉劝说：“若不将公函改为禀帖，则总督绝不能接收。”

固执己见的律劳卑连连摇头，他说，我是大英帝国任命的驻广州领事，绝非先前东印度公司的大班可比，现在，我代表的是大英帝国尊严，怎么可以使用禀帖这种低贱的文书形式？！

律劳卑并不知道，他前日践踏中国的主权、擅自前来广州的行为，已经让两广总督卢坤怒不可遏了。

昨天（即26日）上午，卢坤已经命人将为律劳卑所乘小艇作保的行商严启昌关进了牢里；下午，听说律劳卑又不遵守大清外交惯例，要直接给政府部门投递公函，更是气恼。

按理说，向一个国家派遣领事，必须在两国已经建交并有了相互承认的条约，签署了领事协议之后才能相互派出，律劳卑妄想偷梁换柱，将“大班”变成“领事”，这让卢坤如何不气？！

而且，就目前论，中英之间根本不可能平等建交，在清国皇帝和清朝官吏的眼中，中华之外，只有四夷，夷狄哪配与中华平等建交？

你等“夷人”仰慕中华文明，想进贡通好，行啊，天朝为了怀柔远人，可以有所恩赐，但你等“夷人”见了皇帝，就必须执陪臣之礼，三跪九叩。

---

[1] 《中国通信汇编》，见马士：《中华帝国对外关系史》第一卷，张汇文译，上海书店出版社2000年版。

你等“夷人”与天朝地方官文书往来，文书只能称“禀”不能称“咨”，“禀”是下级对上级的敬语，“咨”是平级的互称。这“禀”还不能直接投递，必须由十三行的行商代呈。

“夷目”律劳卑实在是不知好歹！

卢坤将行商全部召集了起来，训斥说：“英人通商广州，百有余年，向来服从现行的规章，这些规章都是曾奏明皇上并经奉旨核准，因而都成为帝国的法律；英人只有在服从帝国法律的条件下，才能安然贸易。旧例只准英人在澳门居住，如欲来省贸易，则必须持凭粤海关所发红牌，方得前往。原期各行商及其通事、买办人等，能使有关人士对这一点都有明确认识。今夷酋律劳卑不在澳门等待总督的命令，亦未获海关的红牌，擅自来省，实属目无法纪。该海关官员将以失职问罪定刑，但对于律劳卑本人，则念其不谙中国法律姑予宽恕。兹特许他完成其贸易情况的调查，但必须随即返回澳门，以后非持有许可证，不得再来广州。”[1]

卢坤着重强调：“该夷目前来广州之目的在通商。天朝任命官吏，文以治民，武以慑奸；通商琐事，一任商人自行处理，官宪向不干与（预）。夷人通商，如欲通商章程有所变更，无论何时，均须与行商接洽，会同陈明海关监督及本部堂，至其许可与否，须待公布。凡涉及新问题时，则当敬候恭折奏明皇上，及钦奉朱批，然后方能深入研究其事，或竟发布命令，以资遵从。天朝大臣，均不得与外夷私通函信。夷目即以私函送余，本部堂例不收阅。至省城以外之夷馆，原系夷人来粤通商暂居之地，虽许其在商馆中饮食起卧与买卖货物，但不许其走出商馆任意游散。此皆法律所规定，不得妄违。总之，国家之有法律，到处皆然。英国且有法律，况堂堂天朝乎！天朝之大法大令，赫赫炎炎，其威力胜于雷霆；光天之下，谁敢不服！天朝之庇护，普及四海，沐浴恩泽之国，数以万计，该夷目越波涛万里而来，职司商务考查与监督之责，理应深明处世自尊之道；况身为夷目，尤须认识自身之职，

[1] 马士：《中华帝国对外关系史》第一卷，张汇文译，上海书店出版社 2000 年版。

如不谨慎从事，将何以管束夷商耶？”[1]

卢坤勒令行商必须将表明以上态度的公文转交律劳卑，好让他尽快离开广州，回到澳门。

卢坤是这样声色俱厉地警告行商们的，他说：“你们和通事人等应负有开导律劳卑并使其服从这些命令的责任，如不能做到，必严惩不贷！”

迫于卢坤的压力，这天天色尚未破晓，公行行商商首伍浩官便按卢坤的指示，命人将公文送到了英商馆。

那个号称“活着的中英文字典”马礼逊看到了信函上“律劳卑”三个汉字，一开始，回不过神来，过了好一会儿，明白了，这是中国人按读音给 Lord Napier 起的译名，顿时惊呆了。

律劳卑，不就是“辛苦而卑贱的人”的意思吗？！

原先，他是把 Lord Napier 译成“奈皮儿勋爵”的，实际上，驻华商务总督大人的全名 Wiliam John Lord Napier 应该译为“威廉·约翰·奈皮儿”。

好吧，就算中国人按广东话发音把“勋爵”都译写为“律”，可是，硬要把“奈皮儿”译成了“劳卑”，这到底是什么意思？

是不是诚心恶心人？！

我们总督大人在血统上属于英国王室，有相当的地位，现在，又是大英帝国派来的驻外官员，你们中国人怎么能把这种具有贬损意味的字眼用在他的名字上呢？

真是欺人太甚！

还有，中国人把总监大人斥为“夷目”，夷目，不就是野蛮人的眼睛（the barbarian eyes）吗？

马礼逊忍无可忍，当即把中国人的这个改译迅速告诉了律劳卑。

按照美国学者特拉维斯·黑尼斯三世和弗兰克·萨奈罗在所著的《鸦片战争：一个帝国的沉迷和另一个帝国的堕落》一书中的描述：“律劳卑

[1] 马士：《中华帝国对外关系史》第一卷，张汇文译，上海书店出版社 2000 年版。

的相貌令人不悦，又高又瘦，还是红头发，与中国人对红发夷鬼的理解和想像十分吻合。……中国人显然认为这位公使是一个十分滑稽而非可怕的人物。”

这个“滑稽而非可怕的人物”因为两广总督拒接信函，正在生闷气，听到马礼逊说中国人给自己起了带侮辱性的中文译名，气得脸色都变了。

下午，伍浩官来了，向律劳卑传达了卢坤的通知，毫不客气地说，你，律劳卑，不待奏明，率行来省，殊违定例。不过总督大人念你初来，不加深究，今令你办理贸易事毕，速速回澳。

通知完毕，伍浩官又指责律劳卑不该擅自越过行商向广州政府投书。

伍浩官义正词严地说，天朝大臣，例不准与外夷私通书信，你律劳卑妄想绕过行商，且封面采用了平行款式，混写了“大英国”之类不合体制的字眼，可谓胆大妄为！卢大人说了，中外之防，首重体制，你律劳卑有无官职，无从查其底里，即使实系该国官员，亦不能与天朝疆吏书信平行！

律劳卑据理力争，声称自己“系英国监督，非大班人等可比，以后一切事件，与各衙门文移来往，不能照旧由洋行传谕，伊亦不能具禀，只用书文交官传递”。

在律劳卑看来，自己肯以平等的身份行文两广总督，那是相当的降尊纡贵了。你卢坤也不想想，我律劳卑出身贵族，享有爵位，又参加过著名的特拉法尔加海战，大败法国海军舰队，挫败了拿破仑称霸欧洲的野心；同时，我还是一个虔诚的基督教长老会教徒，是国内公认的研究《圣经》的专家，现在以学者的身份出任驻广州的外交官，已经是大材小用了，你卢坤也敢狗眼看人低，不把我放在眼里？！

改日（7月31日），伍浩官又拿着连日来卢坤下发的数份文告来到英商馆，塞给律劳卑看。

这些文告的措辞一份比一份严厉，全都是催促律劳卑返还澳门的。

律劳卑却吃了秤砣铁了心，一意留在广州，顽抗到底。

律劳卑的态度让卢坤很恼怒。

卢坤对公行的行商说："该夷目因不识天朝法令之必需遵守，尚罪有可逭，但行商们因对一切有关外国人事宜，向来具有了解实况和行使管束之责，却是责无旁贷的。因此，行商们对此事件必须作调查具报。"[1]

卢坤要行商们加紧"饬令该夷目即时起程离开广州；并告该夷目，不得逗留郊外夷馆。假使有事需要他的直接监督，他也应当暂居澳门，敬待奉旨，以便遵行。如敢抗拒，则行商等将以畏葸故纵忽视国家尊严论罪"。[2]

被夹在中间的行商没办法，只好振作精神，竭力鼓动三寸不烂之舌劝导律劳卑离开广州。

行商领袖伍浩官与卢茂官还以天气炎热、澳门是避暑佳地为理由，委婉地要求律劳卑回澳门。

伍浩官与卢茂官的话，原是一种中国式的智慧，既给了律劳卑台阶下，自己又可以完成任务。

可是，律劳卑却从他们的话里认定了中国政府是色厉内荏。他在一封写给巴麦尊的信中提到，他们"访问所假托的目的是以天气炎热，澳门为一较好的避暑地，力劝我返回澳门"[3]，是一种服软的表现。

律劳卑表示，自己最终一定会迫使两广总督乖乖就范的。

律劳卑的强硬作风彻底将卢坤激怒。

卢坤下了一道咨文，对现行对外贸易管理章程比较重要的部分重加制定，命粤海关监督加紧执行。

这些章程本来都是现行的章程，现在将它们以命令的方式进行强调，在社会上引起的震动不小。

许多与外国商馆有关系的中国人，比如说，附属于各商馆的舢板上的水手，都纷纷地逃走了。很多在外国商馆供职的中国职员也辞职不干了。

---

[1] 《中国通信汇编》，见马士：《中华帝国对外关系史》第一卷，张汇文译，上海书店出版社 2000 年版。《澳门月报》，1834 年 8 月号。

[2] 同上。

[3] 律劳卑致巴麦尊子爵函，见马士：《中华帝国对外关系史》第一卷，张汇文译，上海书店出版社 2000 年版。

显然，他们已经觉察到了即将到来的风暴。

律劳卑却不以为然。他在8月14日写给巴麦尊的另一封信中，甚至要求英国外交部对清朝这个“低能”的政府下最后通牒：“对此政府，我太过鄙视，以致只能觉得它可怜复可笑。”

律劳卑还扬言：“三四艘快速帆船和双桅船，加上一些可靠的英国士兵，就可以取得胜利。此举成功之容易，甚至超过了对西印度群岛中之一无名小岛的占领。”[1]

律劳卑如此一意孤行，行商们为了保全自己，于8月16日采取了“停止商业”的步骤，议决“停止为英商载运一切货物”[2]。

8月18日，卢坤又下了另一道命令，要行商们依式转给英国商人。

在这道命令中，卢坤宣称，由于一个人的错误，而使多数人的商业受累，是不公允的。

卢坤还强调说“英国的哆罗呢和羽缎等，对于中国来说，都是些无关重要的东西；但是，中国的茶叶、大黄和内地所产的丝等，则为该夷民生活之资，并赖以为生”的东西。因此，希望律劳卑能对自己的行为重加检讨，“如仍顽固不化，则显系该夷目并不希望他的国家获有一开放的市场；如此，贸易便会立即停止，商业关系也将永远断绝”。[3]

关于英国人离不开中国茶的事儿，早在1816年，嘉庆皇帝就曾和两广总督孙玉庭有过一场专门的对话。

嘉庆皇帝问：“英咭唎的富强是真的吗？”

孙玉庭答：“该国与其他西洋诸国比，是算强盛了。但其强盛是由于富足，而其富足则是由于大清国。”

嘉庆皇帝不解，问：“此话何从说起？”

---

[1] 原文出自杰克·比钦：《中国鸦片战争》，本书间接引自特拉维斯·黑尼斯三世、弗兰克·萨奈罗所著《鸦片战争：一个帝国的沉迷和另一个帝国的堕落》，生活·读书·新知三联书店2005年版。

[2] 《中国通信汇编》，见马士：《中华帝国对外关系史》第一卷，张汇文译，上海书店出版社2000年版。

[3] 同上。

清代富豪伍浩官

孙玉庭答："该国在广东贸易，换茶叶回国，还转卖给附近西洋各小国，因此富足，也因此强盛。而西洋各国依赖茶叶，如同北边塞外人依赖大黄。中国一旦禁止茶叶出洋，英咭唎便既穷且病，还谈得上什么强盛！"

甚至，在相当长一段时间内，中国人心目中一直存在着这样一种看法：茶和大黄对于西方都是必需的东西，而只有中国可以供给茶和大部分的大黄。

上海第一家英文报刊《北华捷报》（*North—China Herald*）在 1851 年 3 月 15 日版上就公开宣称说："来自西方的外国人都天然爱好牛奶和奶油，耽于这种奢侈嗜好的结果造成了结便的毛病，这毛病只有靠大黄和茶才可洗他们的肠胃，恢复他们的精神；一旦把这些东西予以剥夺，他们便会马上病倒……如果我们停止了与夷人通商，他们的国家里边便会发生骚扰和混乱；

这就是他们为什么必须要我们的货物的第一个理由。”

茶是 16 世纪初由海员和传教士传到欧洲的。最初是在药店中当作贵重药品用天平称着出售，后来饮茶的习惯在一般人当中逐渐地普及。特别是在英国，进入 19 世纪以后，“饮茶休息”已成为每天的习惯，茶的需求量猛增。从 1664 年茶叶输入英国只有二磅二盎司（约一公斤），到了乾隆下令只限广州一口通商的时候，茶叶年输入的数量已上千万磅。从某种程度来说，中国出口的茶叶还真是西欧的生活必需品。这是西方民族建立一个新的饮食习惯的世界纪录，也是英国人向世界索取的历史纪录。当时的英国贵族在元老院里感叹：想不到还有什么东西像中国茶叶这样快地征服了英国人。

律劳卑和卢坤各不相让，中英双方间的矛盾在一步步加剧。

这期间，英国翻译，号称“活着的中英文字典”马礼逊被生生累死了。

马礼逊一死，他的工作就由他的儿子约翰·马礼逊（John Robert Morrison）接任了。

原本，搭载律劳卑来华的“安涛马奇”号就停泊在虎门外海的穿鼻，而在原计划中，“安涛马奇”号来华任务已经完成，是准备返航回国的，国内已安排了另一艘名为“依莫禁”（Imogene）号的军舰来接替它的工作。这个时候，“依莫禁”号已经到了。

这样，律劳卑手里拥有了两艘武器装备齐全的军舰。

正是这两艘军舰，使律劳卑底气大增。他觉得，合适的时候不妨展示一下武力，让中国人知道大英帝国可不是他们想象中的蛮夷小国。

律劳卑说：“弓箭长矛加上盾牌的军队，怎么能敌得过久经沙场的英国战士？”[1]

律劳卑的强硬让卢坤心里犯起了嘀咕。

卢坤倒不是怕了律劳卑，他是有些疑惑，不知道律劳卑到底什么来头。

---

[1] 原文出自杰克·比钦：《中国鸦片战争》，本书间接引自特拉维斯·黑尼斯三世、弗兰克·萨奈罗所著《鸦片战争：一个帝国的沉迷和另一个帝国的堕落》，生活·读书·新知三联书店 2005 年版。

8月22日，卢坤决定摸摸律劳卑的底。他让伍浩官和卢茂官通知律劳卑，说自己打算派广州知府、潮州知府和广东协台三名官员前来夷馆造访。

律劳卑大感欣慰，来到广州这么久，终于可以跟广州官员面对面谈话了。

他似乎看到了胜利的曙光。

6. 座位的布置就那么重要

1834年8月23日上午9时左右，几个中国通事来到了英国商馆的客厅，不由分说，乒乒乓乓地动手布置起会场来。

在中国，面南背北的位子最为尊贵。通事们就在北面替广州知府、潮州知府和广东协台三名中国官员安放了三张官椅。

另外，中国人尊左屈右。于是，这三张官椅正前方左首就安置了一列留给行商们坐的椅子，而正前方右首安置的一列椅子则是留给“英夷”们的。

会场布置完，律劳卑出来察看，一看，不乐意了。

他觉得，这根本就是一种以中国官员为主的布置。中国人，太不懂尊重人了。

而且，最要命的是，商馆西面墙壁上本来就悬挂有英王的画像，中国官员座位前右首就是西面，如果按这种布置落座，那将会使全部英国人的屁股对着英王的画像。这成何体统？！

不行，绝不能接受这样一种布置。

律劳卑亲自动手，重设会场：他在会场的中间增加了一张会议桌，会议桌周围安排了六张椅子，这六张椅子将由自己和罗治臣、阿斯特及三位中国官员分坐，其中，自己坐北面的主人席位，三位中国官员坐东一、东二、西一上宾席位，罗治臣、阿斯特坐西二、南面的下席。行商们的座位未加更动，监督处其他英国人员也坐在西边下席，只是把座位移动到不是屁股向着英王肖像的方向。

律劳卑认为，自己的布置是非常得体的，在英国商馆，我是主人，我坐主人席，你们是客人，我尊重你们，让你们坐上宾席，非常公平，非常平等。

然而，伍浩官和卢茂官等行商来了，看到会场的布置，慌了，立即要求重新摆放。

重新摆放？凭什么？

伍浩官解释说，在大清朝土地上，就必须按照大清朝的习惯行事，你们这么做，分明是让我们为难。

律劳卑说，这是一种体现双方平等的布置，你有什么为难的？

伍浩官说，你不按照大清朝的习惯行事，就是为难我们。

律劳卑说，我只是想体现双方平等，绝对没有为难你们的意思。

……

双方你一言我一语，激烈地争吵了起来。

争吵的时间长达两个小时。

三位中国官员也因等待座位争执的结果来迟了两个小时。

最后，律劳卑赢了。

中国官员们尽量克制住自己的不满，一声不吭地按照律劳卑的安排落座。

律劳卑并没感到满足，他还在喋喋不休地指责中国官员不按约定的时间到场的行为是对“英王陛下的一种侮辱”[1]。

以广州知府潘尚楫为首的三名中国官员没有和他争辩，他们不紧不慢地把卢坤提出的三个问题摆到桌面上，要求律劳卑如实回答：一、律劳卑本人来广州的原因；二、律劳卑来华的职务性质；三、律劳卑回澳门的具体时间。

律劳卑的回答是：之所以来广州，是应两广总督于1831年之邀，在东印度公司散局后专门前来管理一切商务事宜的。

回答完这一问题，律劳卑又隆重地将自己被任命为英国商务总监督的任

[1] 马士：《中华帝国对外关系史》第一卷，张汇文译，上海书店出版社2000年版。

命状交给潘尚楫等人审阅。

至于商务总监督这个职务的性质，律劳卑不肯直说，只示意这个问题的答案可以从他致总督的信中找得到。

他说，只要你们同意将信代递给总督，尽可以先行启阅。

事实证明，要这些官员代递信函，只能说是律劳卑做白日梦，更不用说先行启阅了。

这些官员不肯代递信函，律劳卑就急了，说，如果你们不肯代递信函，那么要我回澳门的时日就得看我的心情了。

会议不欢而散。

第二天，广州知府潘尚楫被卢坤撤职查办了。

显然，卢坤对潘尚楫在会议上的软弱表现不满，认为他既没能从律劳卑身上得到自己想要的答案，又按照律劳卑的座位安排落座，有辱天朝国体。

可怜的潘尚楫，寒窗苦读十数年，好不容易做到了广州知府，就因为在会议中未能让夷人屈服，把饭碗丢了。

中国官员未能把律劳卑驱逐回澳门，而且在英商馆的会议中接受了律劳卑的座位安排，从这一角度来说，律劳卑胜利了。

但这只是阶段性的胜利，离英政府及巴麦尊制定下来的来华的目标还差得远。

7. 首任驻华商务总监督就这样告别人世了

接下来，律劳卑在广州成立一个广州英国商会（The British Chamber of Commercial of Canton）。

成立这个商会的原因，是在广州的英国商人并不是铁板一块，他们之间有很多人“存在着意见分歧和相互之间有恶感”[1]。

---

[1] 马士：《中华帝国对外关系史》，第一卷张汇文译，上海书店出版社2000年版。

律劳卑觉得自己有责任有义务把他们组织起来。

8月25日，广州英国商会确定成立。商会的工作是与英国商务监督联系，并就有关问题与中国行商交涉。

可是，这个时候，中国行商正遭到两广总督卢坤的训斥和责问，根本无法担负居中交涉的使命。

律劳卑就自作聪明地想了个招。他于8月26日用石印版印刷了一份中文公告，命人在街角张贴告示，说开展贸易会使两国共赢，十天前卢坤大人居然下令停止中英间贸易（其实是行商的决定），这个做法显然是很不明智的，敬请英国商人不要因为一时的断绝贸易而忧虑，同时也希望受害的中国行商以及数万劳苦大众行动起来，共同对抗卢坤那“无知与顽固”的政策。

公告中还出现了这样大逆不道的字眼：“千千万万勤劳的中国人……因为他们反复无常的政府而饱受磨难！”[1]

这简直就是在鼓动大清的百姓与政府作对。

真是反了他了！

作为回应，卢坤于8月27日命令行商晓谕律劳卑遵守法度。

8月28日，卢坤命人贴出的一道没有落款的告示称：“不法番奴律劳卑私贴告示，不知尔外国何等狗夷，胆敢自称夷目……煽惑百姓，违例抗上，罪大恶极，必以国法，恭请王命，斩枭示众，以儆刁风。”

8月30日，卢坤大加申斥行商，说正是因为行商的姑息养奸，使得律劳卑胆大包天，违制进入广州。

8月31日，卢坤再次严责行商，并命令行商设法驱逐律劳卑折回澳门。

9月2日，卢坤发布了一项告示，云：自布告之日起，凡中国内地商民，无论大小货物，均不得与英夷交易，一切职工舟夫人等，亦不得受该夷商等之雇用。如有私自应雇者，地方官当立予查拿，照私通外国治罪。是夷目律

---

[1] 原文出自杰克·比钦：《中国鸦片战争》，本书间接引自特拉维斯·黑尼斯三世、弗兰克·萨奈罗所著《鸦片战争：一个帝国的沉迷和另一个帝国的堕落》，生活·读书·新知三联书店2005年版。

劳卑，自绝于天朝，固非本部堂、部院之本意。其他各国之夷商，仍准其照常贸易，毋庸疑虑。[1]

这道命令不像往常通过行商转达，而是直接派士兵张贴在律劳卑下榻的商馆大门上。

公布之后，广州出现很大的骚动。

为了不被戴上“私通外国”的汉奸帽子，商馆中的华人仆役一下子走了个干干净净。

没有一个中国人胆敢与英国人打交道。

英国人所需的蔬菜、水果、面包、牛肉顿时没有着落。

律劳卑和那些住在商馆的英国人苦不堪言。

商馆后边的河面上，全副武装的中国士兵驾着兵船来来往往，不断在精神上对英国人实施打击。

瞧这情形，律劳卑如果还不离开广州，则生活在广州的英国商人将难以生存。

律劳卑不信邪，牛脾气上来，于 9 月 5 日指派第三副商务总监 G. B. 罗治臣爵士前往珠江口，向“依莫禁”号及“安涛马奇”号两艘巡洋舰求援，要它们从穿鼻火速驶入黄埔。

律劳卑吩咐罗治臣：如果军舰在虎门遭到中国军队拦阻，不必退让，可以武力强行突破。

律劳卑已经失去理智了。

他无视巴麦尊所下“非不得已不得求助于武装力量”的指示，也无视外交的基本法则。这么做，非捅破天不可。

两艘英国巡洋舰在作好战斗准备后，于 7 日强行驶入虎门。

9 月 8 日，律劳卑发出一项布告。该布告是以书信格式写给新成立的广州英国商会副会长波伊特的。他在信中明确公布自己的立场，请波伊特代他

[1] 《澳门月报》，1834 年 9 月号。

向清政府提出抗议。略谓：英国皇帝是伟大的君主，比清国皇帝拥有更广大的世界领土，指挥着所向披靡的勇敢军队和清国从未见过的坚船和利炮。因为在广州有着巨大的商业利益，所以，我本人作为外交官驻扎广州是符合国际法的，如果在十五日（星期一）之前得不到你们关于这封信里所说之事的答复；我将把这封信公布到街上，向人们散发信的抄件。这样，一定会有一张抄件能到达北京的皇帝的面前。[1]

律劳卑企图用炮舰来对清朝进行恫吓，但清朝方面根本不接受任何函件。

晏臣湾炮台和附近清军对驶入虎门的英舰频频发空炮以示警告。

英舰置若罔闻，继续向前行进。

虎门大角炮台、晏臣湾炮台和横档炮台开始向英舰开炮射击。

由于这些大炮都是固定在水泥炮台上，而不是炮架上，根本瞄不准。

英国人是这样评价中国的大炮的："那更像烟花而不是大炮。"[2]

不久，英舰开始还击。

一番小规模的冲突过后，两艘英舰暂时停止前进。

9 月 9 日，两艘英舰再次起锚，双方展开了激烈的交火，英国付出的代价是死两人伤五人，两艘巡洋舰没有什么损失。而中国方面损失惨重，60 多个炮位几乎全部被英舰摧毁。

9 月 11 日，两艘闯过了虎门的英舰迅速抵达黄埔，舰炮直指广州城。

英国炮舰的犀利迅猛着实让卢坤吓了一大跳，但卢坤并未因此乱了阵脚。他迅速采取了应急措施，一方面派人堵塞住入城水道，另调 12 艘大船，每艘船里堆放石头 10 万斤，横着沉在内河中间，使这一带的水深变浅，并且截住英舰撤退之路，然后再用广东水师的 6 艘师船、20 余艘内河巡船以及临时征调的数百民船，对英舰形成合围之势。另外，岸上还安排站列了 1300 名士兵和 300 名壮丁。

---

[1] 《澳门月报》，1834 年 10 月号。

[2] 原文出自杰克·比钦：《中国鸦片战争》，本书间接引自特拉维斯·黑尼斯三世、弗兰克·萨奈罗所著《鸦片战争：一个帝国的沉迷和另一个帝国的堕落》，生活·读书·新知三联书店 2005 年版。

做好了这些之后，卢坤便给行商颁布了一道命令（其实是颁布给律劳卑的）。命令称，英人既然可以以夷目代替大班，则中国人自可在他们这方面仍推行其一切书文均须经由行商转禀的成规；并且，除了关于仪节上的相互拜访或使节的朝贡外，帝国官吏与外国人之间向来没有直接交谊；而这次英国政府关于律劳卑的任命既无正式通知，律劳卑也没有任何凭证，并且不给总督向皇上请旨的时间，就贸然搞出了这么多全新的问题；现在，律劳卑又派遣军队进入商馆，轰击炮台，闯入内河，完全违背了帝国法律。如果英国人不懂得知难而退，则本督将集结起数万大军，一举剿灭。[1]

事实上，律劳卑从 9 月初开始就一直患病，至 9 日因疟疾发高热，听说两艘军舰被堵截，只好向伦敦求援，同时通过行商反复与卢坤交涉。

对卢坤而言，律劳卑什么时候离开广州是次要的，当务之急，是必须让那两艘要命的巡洋舰撤出黄埔。

时在广州的美国旗昌洋行商人亨特如实地记录了这场冲突的过程，他写道："各事办妥之后，（律劳卑）勋爵阁下及其随员退回商馆，并将大门上了闩。到了半夜，罗治臣爵士离开了广州，乘一只小快艇去与那两艘军舰会合。海军很快就到达商馆，广场上满是中国士兵，河面上集结了许多帆船、战船和小艇。和黄埔的所有船运联系都被截断了，英国船艇禁止来城。总督还要求美国商人如无紧急事情不要让他们船只的驳艇驶来。不用说，整个口岸的对外贸易已完全停顿了。"

卢坤除了以攻心战术向律劳卑进行威吓和劝导外，还开展了对英国商人的分化工作。他派人晓谕在广州和澳门的英国商人，说出现了中国与英国停止贸易的现象，完全是律劳卑一人造成的，只要狂妄与不守规矩的律劳卑退出广州回澳门，中英贸易的大门就可以重新敞开。

中英贸易的停摆让英国商人损失很大，卢坤这么一说，许多英国商人都把怨气撒到了律劳卑身上，纷纷向粤海关监督请求重开贸易。

---

[1] 《中国通讯汇编》，1840 年；《澳门月报》，1834 年 10 月号。

这时英国国内政坛风向已变，辉格党倒台，执政的是托利党，“铁公爵”威灵顿继任外相。

威灵顿的态度是：“不希望依靠强权和暴力，建立臣民与清国的商业关系。”[1]

内外交困之下，又得不到国内的支持，律劳卑再也支撑不下去了。他决定退回澳门以结束这场争端。

9 月 14 日，他在一封写给朋友的信中描述了自己的沮丧之情：“我考虑到目前的纠纷已非商业本身，而只牵涉到我个人了。我安心退出广州，是因为我知道你们的利益不致受到牵累。我曾幻想，有朝一日有一种不可动摇的权力，使我置于适当的地位，我虽然想竭尽全力来实现陛下意旨，但还没有成效，曾有两次，也是功败垂成。我不能设想自己再继续留下去，而要求你们宽恕的。”

当日，他通知英商，他本人与总督之间的争端与通商无关，纯属个人性质，他本人愿意离开广州，并且撤走英国的巡洋舰。[2]

9 月 18 日，律劳卑的医官加律治代替律劳卑与中国政府展开交涉，双方商定，“在中国政府对于英王陛下的船只不作任何作威作福表示的条件下”，英国的巡洋舰当即开往伶仃（Lintin），而律劳卑及其随从于领到牌照后，当即启程返回澳门。[3]

9 月 21 日，律劳卑以书面命令让两艘巡洋舰离开广州，他和他的随从也于当天由广州乘船动身。

原本，律劳卑是想乘坐英国船只到澳门的，但卢坤怀疑他又要耍什么花招，坚持要他乘坐中国船，并且在士兵和其他船只的护送下离开。

当日，律劳卑自己已不能行走，由两名部下扶着走向港口码头。

“锣鼓声和鞭炮声让律劳卑难以平静，在到达港口的时候，高烧几乎夺

[1] 马士：《中华帝国对外关系史》第一卷，张汇文译，上海书店出版社 2000 年版。

[2] 见《澳门月报》，1834 年 11 月号；东印度公司董事会驻广州特派委员会，1834 年 9 月 29 日。

[3] 见加律治在《澳门月报》1834 年 10 月号的附注。

去了他的性命，这情形很像是中国的高级犯人被押往刑场。”[1]

9月26日，在8艘武装船只护送之下，饱经风浪的律劳卑到达澳门。

9月27日，天朝方面宣布重开中英贸易，这场争端正式降下帷幕。

不过，10月11日，在疾病摧残下的律劳卑再也支撑不下，死在了澳门。

律劳卑躺在病床上期间，澳门的葡萄牙当局命令教堂不要敲钟，但这样的关怀并没有起什么作用。

负责律劳卑身体健康的加律治和安德逊医生认为，“他的病完全是由于他在广州时操劳过度和忧虑不安所造成”；更由于在赴澳门途中所遭遇的那些残忍不必要的和使人烦恼的停留，以及护送船只所不断发出的那些令人不安的声音，使得他热度复高，到澳门时，已衰弱不堪。[2]

表面上，律劳卑的死与清政府的无礼不无关系，但冷静地看待问题，主要还是律劳卑自找的，或者说是英国政府一手造成的。因为，这场冲突的起因，英方起码要对四个问题负责任：

一、东印度公司垮台，中方要求英方另派的是大班，不是政府官员。

二、英国政府未事先将律劳卑任命一事知会中国政府，便让律劳卑走马上任，到中国充任驻外官员。

三、律劳卑未经过中国海关同意，擅自闯入广州，这不仅仅是违反清政府相关规定和惯例的行为，也已违反了国际法。要知道，一个国家根据主权和自卫原则，完全可以自主决定是否允许外国人入境。

四、英方率先展开军事行动，在受到清政府警告后仍一意孤行，终于导致悲剧发生。

由上述原因，“英国公众并没有因为失去一位外交官而伤心，而是把他

[1] 特拉维斯·黑尼斯三世、弗兰克·萨奈罗：《鸦片战争：一个帝国的沉迷和另一个帝国的堕落》，生活·读书·新知三联书店2005年版。

[2] 加律治与安德逊两医生对《广州记事报》（*The Canton Register*）编辑于10月20日所作之陈述载《澳门月报》，1834年10月号。

因蒙羞而辞世称为‘律劳卑玩儿完’”[1]。

英国外相威灵顿也万分遗憾地说：“运用武力胁迫中国广东政府，并且不熟悉与官方的沟通手段，对这些官员的力量和实质也不了解，最终导致了失败。很显然，这样的企图必然会导致失败，而且给国家带来耻辱。”[2]

---

[1] 特拉维斯・黑尼斯三世、弗兰克・萨奈罗：《鸦片战争：一个帝国的沉迷和另一个帝国的堕落》，生活・读书・新知三联书店 2005 年版。

[2] 原文出自杰克・比钦：《中国鸦片战争》，本书间接引自特拉维斯・黑尼斯三世、弗兰克・萨奈罗所著《鸦片战争：一个帝国的沉迷和另一个帝国的堕落》，生活・读书・新知三联书店 2005 年版。

第三章

都是鸦片惹的祸

1. 说说鸦片的前世今生

1834 年 9 月 29 日，中英之间的贸易恢复常态。

这一次是天朝胜利了，但却留下了极大的隐患。

清朝道光皇帝得知两艘英舰轻而易举地闯过了虎门防区，暴跳如雷，提朱笔怒批道："看来各炮台俱系虚设，两只夷船，不能击退，可笑可恨！武备废弛，以至如此，无怪外夷轻视也。"

对于"玩忽职守"的两广总督卢坤，道光帝下令："该督无谋无勇，咎无可辞，有损国威，深负委任，着革去太子少保衔，拔去双眼花翎，先行革职，暂留两广总督之任，戴罪督办。"

广东水师提督等将领也均被革职。

此外，广东方面没有任何提高武备的方案和实际行动，前景堪忧。

《剑桥中国晚清史》中说："律劳卑事件有两个重要后果。它使清朝官员相信，一经大胆地封锁商馆，英商就是些孤立无告的人质；它也使律劳卑的继任者认识到，没有应急的战争计划就向广州贸易制度挑战，是一件蠢事。"

律劳卑离开广州时，他在病中口述了一封致广州英国商民的公开信，说由于清国军队的压迫，也由于施加于英国商人身上的凌辱，他本人现在就要离开此地，两广总督的措施伤害了与清国皇帝同样神圣的英国皇帝的威严。现在他虽可以随意地采取勇敢的行动，但英国皇帝惩罚总督的时刻总有一天会到来的。

记录这封口述信的人是律劳卑的秘书，叫查理 · 义律（Charles Elliot）。

对，是查理 · 义律，请读者朋友记住这个名字。

这个人，将会发动一场影响世界格局的战争——鸦片战争。

提鸦片战争，就不能不先说说鸦片到底是怎么一回事儿。

鸦片（英语 opium，阿拉伯语 Afyūm），又叫阿片，中国明朝时也称为“乌香”、“阿芙蓉”，在清朝俗称为大烟，是罂粟的初级产品。

罂粟是一种原产于南欧及小亚细亚的一年生草本植物。

割破由罂粟结出的未成熟蒴果果皮，里面会渗出白色乳汁，等乳汁干燥凝固，则可以得出主要成分为吗啡的物质，这就是鸦片。

这种未经过烧煮发酵的鸦片属于生鸦片。

因产地不同，生鸦片或呈黑色或呈褐色，散发出令人作呕的氨味或陈旧尿味，放进口中咀嚼，不仅气味益加强烈难闻，而且奇苦无比，难以下咽。

气味和味道虽然不好，却可以入药。

在公元前 5 世纪左右，古希腊人就发现鸦片有安神、安眠、镇痛、止泻、止咳的功效。

据相关史料考证，到了公元前 3 世纪，古希腊人已经把鸦片作为普遍的饮料。

在《圣经》与荷马的《奥德赛》里，鸦片就被描述成上帝也在使用的“忘忧药”。

公元前 2 世纪的古希腊名医加仑，记录了鸦片可以治疗的多种疾病，如：头痛、目眩、耳聋、癫痫、中风、弱视、支气管炎、气喘、咳嗽、咯血、腹痛、黄疸、脾硬化、肾结石等等。

当时，希腊人称其音为“阿扁”。

公元 6 世纪初，阿拉伯人把罂粟传到了波斯，波斯人变“扁”音为“片”，称其为“阿片”。

大致在公元七八世纪，罂粟作为药材从印度等地传入中国，中国人把“阿”音又发成了“鸦”音，“鸦片”一词正式在中国出现。

在此后极其漫长的时间里，鸦片一直都是药用材料。

17 世纪的英国医生、临床医学的奠基人托马斯·悉登汉姆（Thomas Sydenham）还无比深情地讴歌鸦片说：“我忍不住要大声歌颂伟大的上帝，这个万物的制造者，它给人类的苦恼带来了舒适的鸦片，无论是从它能控制的疾病数量，还是从它能消除疾病的效率来看，没有一种药物有鸦片那样的价值。”又说：“没有鸦片，医学将不过是个跛子。”

所以，尽管鸦片在世界各地传播，却一直表现得波澜不惊，总是安安静静地躺在药柜上。

在明朝，鸦片作为药物被列为藩属“贡品”。澳门葡萄牙人 1589 年的一份《陆饷货物税则例》称：“定阿片每十斤税银二钱，是为中国征税之时。”也就是说，在天朝的朝贡制度下，那时的鸦片进口已经开始征税了。

然而，谁也没有想到，到了清朝中叶，中国人发明了一种奇妙的吸食方法，（也有说是爪哇人发明的，通过吕宋传入中国沿海）使得鸦片的毒性狰狞现世，变身为荼毒生灵的大毒品。

按照徐珂所著《清稗类钞》上的说法，发明这种吸食方法的过程如同神差鬼使：乾隆年间，一个广州行商家里的小寡妇，由于瘫痪在床，饭后无聊，用簪子挑鸦片膏在灯上烧，未想这一烧，鸦片那臭烘烘的尿臊味竟然消失了，取而代之的是阵阵异香，让人眩迷沉醉，不能自拔。由此，小寡妇发明了以烟枪吸食的方法——将鸦片和烟叶（烟叶是从美洲传播到中国的）相掺杂，置之于烟枪眼中点燃，以吸食其所产生的烟雾。

据说，由于多日吸食，小寡妇的瘫痪竟然不治而愈！

民间诧其事，口耳相传，吸食鸦片之法遂流传于世，并大行其是。

李圭也在《鸦片事略》中记载，自康熙年间开放海禁后，“沿海居民得南洋吸食法而益精思之，煮土为膏，镶土为管，就灯吸食。其烟不几年流行各省，甚至开馆卖烟”。

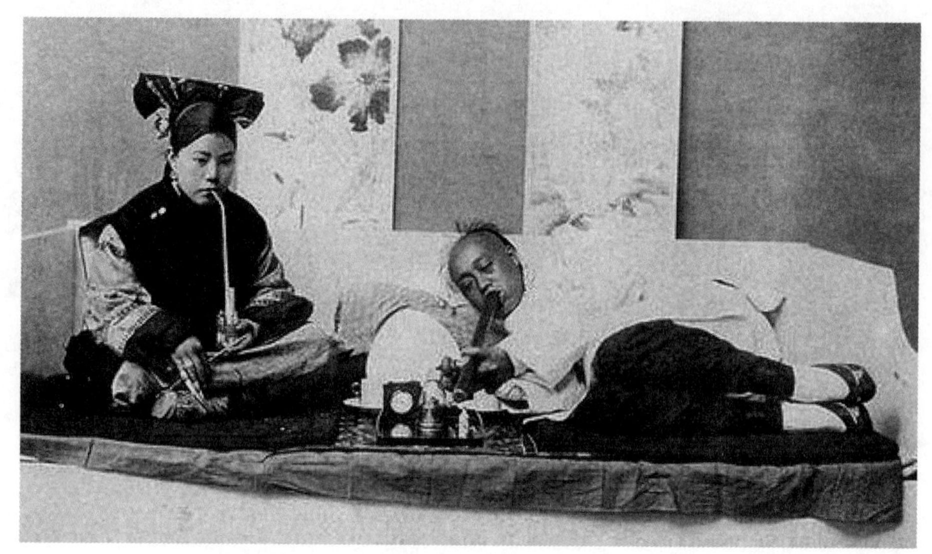

鸦片吸食者

一个吸食过鸦片的中国烟民曾洋洋自得地称："其气芬芳，其味清甜……短榻短檠，对卧递吹，始则精神焕发，头目清利，继之胸膈顿开，兴致倍增，久之骨节欲酥，双眸倦豁，维时拂枕高卧，万念俱无，但觉梦境迷离，神魂骀宕，真极乐世界也。"

诚然，躺卧在烟榻之间，手持着烟枪，两眼半开半闭，嘴里吞云吐雾，享受在吗啡刺激下所营造出的种种幻觉中，可不是置身于仙山神境？

可怜的中国烟民们并不知道，虽然吸食鸦片可以让人因迷幻而感到欢欣快乐，但也对人的身体机能产生极大的影响和破坏。

吸食鸦片会使人对鸦片产生高度心理及生理依赖性，一旦不得吸食，就会不安、流泪、流汗、流鼻水、发抖、身体蜷曲、抽筋，有求生不得、求死不能的强烈吸食欲望；而一旦吸食成瘾，又往往会造成急性中毒，严重的会引起呼吸抑止，致人死亡。

法国作家、诗人 J. 科克托在叙述自己吸鸦片和戒鸦片经过的《鸦片烟》一书中说："罂粟很有耐性。吸过一次鸦片的人，肯定还会吸。鸦片懂得等待。”又说：“一旦尝到鸦片的滋味之后，没有鸦片而活下去是很难的。”

原先，英国给中国运来销售的商品主要是毛织品、铝、锡、铜、钟表、玻璃以及来自印度的棉花、棉织品，但中国的现状是自给自足的小农经济，对这些东西并不敏感。1674 年，英国商人挥泪赔本大甩卖所运来的布匹，最后只卖出 11 匹；1699 年，英国的毛织品来华，成交量竟然是零；刀子、钟表，赔本能卖出去一些；钢琴、刀叉，根本无人问津；至于睡衣、睡帽，只能在货舱里积压发霉……

关于这一点，麦天枢和王先明在《昨天——中英鸦片战争纪实》一书中描述得比较有趣。早期的中英贸易，几乎是场一厢情愿的“拉郎配”戏。英国人的确已经离不开中国茶，少不了中国的丝，而中国人偏偏就不喜欢英国的呢绒、棉布，更不喜欢洋机器。在开初的世界市场上用尽强权也用尽聪明的英国人，遥望近观这个地球上独一无二的可能的大市场，从理想到实践，都付出过很多甚至过多的辛劳和智慧。有人在英国报纸上畅想：“如果四亿中国人的衬衣下摆都加长一英寸，我们的工厂能忙上几十年！”有人在英国议院里浪漫：“只消中国人每人使用一顶棉织睡帽不必过多，那英格兰现有的工厂就根本供给不上了……”然而，中国人的衬衣下摆绝不会无缘无故地长出一英寸来。即使长了出来，千家万户的织布梭子也有着自我满足的本领；中国人挂根长辫子的脑袋上，难以戴顶睡帽安眠，即便长辫子剪掉了，光着脑袋睡觉似乎更自在。事实上，要使当年男耕女织的广大中国人离开自给自足的生活去依靠什么“商品”，那艰难痛苦的程度，远远要大于后来扔了土地的农村“专业户”。精明老练、小心谨慎的商品，一踏上中国这块魔地，就立即变得天真幼稚，举止失措。有人运了成箱成件的钢制餐具——闪亮亮的小刀、小叉，心想只要用木棍儿进食的中国人有一小批接受这餐桌上的“文明”，销路一定是不成问题的，不料，它们除了用作私人馈赠的礼品，几乎是一件也卖不出的废品。有人运来了成排的钢琴，以为只要每个城市里有个把富足人家动心思，也不愁把它们打发干净，不料，无论富贵贫贱的中国人似乎商量好一般，统统只爱那西方人觉着单调的“丝竹”之声，偏就不理会被誉为乐界君王的那钢板上的轰鸣，最后不得不全数送返故里……

也就是说，和中国人做生意，实在没“钱”途！

英国人心灰意冷，沮丧无限。

哪承想，随着吸食鸦片之法传开，鸦片在中国的需求量一下子猛增，英国人获利的机会来了。

英国人开始大量向中国倾销鸦片。

1773 年，东印度公司取得印度鸦片的专卖权，在印度承包了大片的鸦片种植园，奖励栽种，统制运销。

中国每年的鸦片进口量激增，1795 年至 1797 年，每年平均进口 1814 箱；1798 年至 1799 年，增到年平均 4113 箱；1800 年，鸦片进口达到 4570 箱。而且，鸦片价格也翻了二三番，由原先的每箱 200 元增加到五六百元。

对比一下，原先英国对中国的商品输出量很少，却从中国收购了大量的茶叶、丝绸、土布、瓷器回国销售。18 世纪前期，英国输入中国的货值，常不及进口白银的十分之一。可是，因为鸦片在中国的盛行，到了 19 世纪，情况出现了逆转。

根据行商的贸易出入货簿，以 1818 年为例，这一年的进口总额约 1880 万两，出口约 1400 万两，相差约 480 万两，加上 300 万两的鸦片售价，合计入超已达 780 万两。

对清朝而言，禁鸦片烟之举，势在必行。

2. 这鸦片烟，要怎么禁才能禁绝

其实，早在 1729 年，雍正皇帝就颁布了禁鸦片烟命令。

不过，他禁烟的原因比较简单：鸦片烟乃是伤风败俗的淫邪之物。

他颁布查禁鸦片的谕旨：贩烟者，枷号一月，发近边充军；私开鸦片烟馆引诱良家子弟者，照邪教惑众律，拟绞监候。

这是清政府颁布的第一道查禁鸦片的谕旨。

乾隆朝也严禁鸦片烟，但并不禁止鸦片，海关也是照样进口，照旧征税。

到了嘉庆朝，吸食鸦片者与日俱增，渐成泛滥之势，嘉庆帝于 1796 年裁停鸦片烟税，明确将鸦片定为禁品。

从此，英国东印度公司也就不再往中国贩卖鸦片了。

不过，东印度公司在印度还承包着大片的鸦片种植园，种植园里生产出来的巨量鸦片不可能丢弃，他们在印度把鸦片卖给小企业，由这些小企业贩运走私。

也就是说，鸦片贸易由公开转入了地下。

从事鸦片走私的多为各国的小公司，这当中包括荷兰人、葡萄牙人、西班牙人、印度人、美国人，等等。

当然，走私贩运最多的还是英国商人。

这些走私鸦片的商人除了在东印度公司购买鸦片以外，还到伊朗、土耳其、孟加拉等国收购，往往走海路运到珠江河口伶仃岛的洋面上，这里恰好位于香港与虎门的中间，可以用来做鸦片走私的中转站。他们将鸦片卸装到趸船上，靠岸泊好，自己则搭载着合法货物的商船前往广州商馆，在商馆中与中国的走私犯进行洽谈。

趸船，英文叫 store ship，意为洋上仓库。这种船的船身高得出奇，制造它的目的不是为了航海，而是为了代替仓库，专门为存放鸦片而建造的，鸦片贩子也因此称之为鸦片母船。

走私鸦片商在广州商馆与中国的走私犯洽谈好之后，就在写明鸦片的等级、数量的领货单上签字，一手接过现银，一手把领货单交给中国走私犯。这种领货单叫“券”，在券上签字称作“立券”。

中国走私犯大都是沿海各地的帮会成员，有青帮的，有三合会的，更多的是天地会的。他们付过定金，凭着票据，就可以到海上提货，将鸦片装到武装快船上（即俗称的“快鞋”、“快蟹”、“扒龙”，船挂三张帆，左右有五十支桨，船员一百人，船侧张着铁丝网，以防御炮火，可载货数百石，据说来往如飞，官府的兵船根本追赶不上），转而运到广东、福建、台湾以及长江沿岸。

在嘉庆朝，鸦片进口有增无减。

为了打击鸦片走私，从1809年至1817年，嘉庆帝先后出台了五次禁令，禁止鸦片输入、吸食，也禁止内地栽种罂粟。对于从外国进口的船只，一律由公行保商出面担保，保证他们所承保的每艘船没有装载鸦片，对于查拿不力、得规故纵的官吏役人，均加重治罪。

但在暴利跟前，这五道禁令显得苍白无力，鸦片走私猖狂仍旧。

嘉庆朝的禁烟失败了。

到了道光朝，走私输入中国的鸦片不仅更多，而且鸦片种植业开始在中国大陆落地生根了。

御史邵正笏就曾给道光皇帝上奏折说："凡城镇乡村，无往非种植罂粟之地；而男女老幼，无一非造卖鸦片之人。"

前文提到过，1833年，英国议会通过了废除东印度公司贸易专利权和商业职权的法案，英国对远东的自由贸易制度建立。该制度的建立，意味着每一个英国人都可以来中国做生意。

糟糕的是，英国这时还没有将鸦片列为禁品。

在中国贩卖鸦片既然可以获得暴利，来中国贩卖鸦片当然就成了许多来华英国人的首选。

这么一来，中国的鸦片进口量激增。

雍正年间，平均每年进口鸦片为200箱（每箱在100斤左右）；乾隆年间为4000箱；嘉庆年间，为4500箱；道光元年至道光十四年，竟达14000箱！

天朝外贸逆差巨大，大量白银外流，"各省市肆银价愈昂，钱价愈贱"，社会经济和国家财政遭到了极其严重的破坏。

而英国方面，从1833年起，英国资产阶级已经无须向中国输入白银，单以鸦片入口，便可以换来大量茶叶，转售国内和欧洲各国，牟得暴利。

《中国近代史纲》中说："18世纪末年，纹银一两兑换制钱七八百文，19世纪初年，为一千文上下，1821—1838年，由一千二三百文，以至一千六百余文，四十年间，银价上涨一倍。田赋常不克如期缴足，财政大为支绌。”

“银漏”成了一个刻不容缓的大问题。

之所以说是大问题，又得说说清朝所采取的银本位制。

银本位制是以白银为本位货币用以保证外汇市场的稳定的货币制度，其中又分银两本位和银币本位两种类型。银两本位是以白银重量“两”为价格标准实行银块流通。银币本位则是国家规定白银为货币金属，并要求铸成一定形状、重量和成色的银币。

中国采用的是银两本位。这里的“两”只是重量的单位，一两等于37.3125克。比如要付银十两时，你可以付一整块十两重的银块，也可以付由好几个银粒组成的十两重的碎银。政府基本上不铸造银币，所以对银子的形状并不计较，无论是球状的银粒还是马蹄形银块，都没什么关系，只要银的纯度和重量符合规定就行。所谓“足银”，是指纯度在百分之九十九以上的银子，并不是银币的名称。政府虽然没怎么组织铸造过银币，民间以经商为业的大商人为了方便交易，往往会自行铸造。比如说，咸丰年间的商人王永盛和朱裕泰等人就曾经铸造过一两重的货币，称作“银饼”。

想想看，既然银币都可以自由私铸，那么，纯度一定的外国银币进入中国，当然受到欢迎了。

原先，在大量出口茶叶而没有像样的进口商品的情况下，国内的银钱过剩了，无论是官府还是百姓，手里捏着白花花的银子，不但心里踏实，也觉得生活富足。说一个浅显的道理，白银是世界通行货币，如果中国每个百姓家里都躺着一大堆一大堆白银，那么，全中国人民不劳不作，也可以从其他国家买到吃的、用的。现在，因为鸦片大量进口，中国的贸易状况彻底倒转过来了，英国向中国贩卖鸦片的货款数额远远超过了从中国购进茶叶的货款数额，清政府方面仅以茶叶的出口来抵销购进鸦片的价款已经不够了，必须要用现银来补充。也就是说，英国人来中国做生意，用不着带银子，只要动用一船鸦片，就可以从中国运走好几船茶叶和其他商品。这还不够，伴随被运走的茶叶和其他商品，还有大堆白银。

这就是所谓的“银漏”，即白银只出不入，像流水一样流出海外了。

一个国家的经济稳定与否，与这个国家的黄金储备量、白银储备量是密切相关的。

也可以说，黄金储备量和白银储备量就是调节一个国家经济的“定海神针”，眼看着“定海神针”就要被洋人带走了，政府能不急眼？！

1838 年 6 月 2 日，忧心忡忡的鸿胪寺卿黄爵滋上《请严塞漏卮以培国本折》，从国家财政着眼，奏道光说：“自道光三年至十一年，几漏银一千七八百万两。自十一年至十四年，岁橺银二千余万两。自十四年至今，渐漏至三千万两之多。此外，福建、江、浙、山东、天津各海口，合之亦数千万两。以中国有用之财，填海外无穷之壑。易此害人之物，渐成病国之忧。日复一日，年复一年，臣不知伊于胡底。”强烈要求从严、从快禁绝鸦片。

鉴于朝廷已多次禁鸦片，而鸦片却越禁越多，黄爵滋还在奏章中明确提出要禁止鸦片走私就必须禁止百姓吸食鸦片。他的意见是限吸鸦片者一年之内戒绝，过期仍未戒者，斩之。如是官吏，则除本人处死外，其子孙不准参加科举考试。

这可以说是有史以来最严厉的禁烟措施提议。

黄爵滋认为，不下狠招，不能禁绝鸦片。

道光皇帝把黄爵滋的奏章发交各省督抚讨论。

各省官员虽然大都主张鸦片在所必禁，但支持黄爵滋以狠招禁绝鸦片的人却为少数。

不过，这少数人中，有一个很特别的人——湖广总督林则徐。

3. 林则徐来了

林则徐，字元抚，又字少穆、石麟，晚号俟村老人、瓶泉居士等，福建省侯官（今福州市闽侯县）人，父亲是个私塾教师，收入甚微，以至母亲不得不做点针线活来补贴家用。林则徐天资聪颖，四岁童蒙之时便由父亲“怀之入塾，抱之膝上”，口授四书五经，较早地接触到了儒家经传。嘉庆十六年（1811 年），林则徐中进士，殿试高居第二甲第四名，历任御史，浙江盐运使，江苏、陕西按察使，江宁、湖北、河南布政使，河东河道总督，江苏巡抚。

这一年（道光十八年，1838 年），林则徐担任湖广总督。

林则徐志在济世匡时，在京官时期，他“究心经世学”，探“用人行政之得失”，研读元、明以来几十位专家关于兴修畿辅水利的奏疏、著述，写了《北直水利书》。

在任地方官期间，林则徐着力整顿吏治，甄拔人才，关心民生，兴修水利，颇有作为。

对于鸦片烟之害，他“心焉如捣”，多次上奏折论鸦片烟由外洋进口，潜易内地纹银，“真可谓之谋财害命”，“其为厉于国计民生，尤堪发指”。

对于鸿胪寺卿黄爵滋要以死罪严惩吸食鸦片者的主张，林则徐举双手表示赞成。

作为声援，他上《筹议严禁鸦片章程》，奏称：历年禁烟不能绝之由就在于不能严。

他指出：现在，鸦片流毒至于已甚，断非常法之所能防，必须审时势而权所重，适应时代的变化，变更原有的禁烟法令，改用严刑峻法。

他认为鸦片不是“难于革瘾”，而是“难于革心”，而要“革玩法之心”，就得“立怵心之法”，既重治吸食，又给一年戒烟期限。这符合古圣人“辟以止辟”之义，断不能与苛法同日而语。主张用大辟严刑，治吸鸦片者重罪。

为此，他提出了六条严格禁烟的施行办法，并特别强调，这六条具体办法已经在两湖施行，效果很好，以论死之法禁烟，不特“开馆兴贩者远窜，吸食者亦相率改图，可见民情非不畏法，习俗大可转移”。

另外，林则徐还附上多年历试历验的戒烟断瘾丸方、饮方各两种，建议颁布各省，以资疗治。

这还不够，林则徐又接着上《钱票无甚关碍宜重禁吃烟以杜弊源片》，重申从重处罚烟毒吸食者、开馆者、贩运者。主张对这些人规定戒烟、戒贩期限，逾期不改，一律处死。其中，又“必以重治吸食为先”。

林则徐说，如果这个世界上没有人吸食鸦片，鸦片就没有销路，就不会有人再开烟馆再贩鸦片。考虑到各级衙门中的幕友、官亲、长随、书办、差役等等，嗜鸦片者十居八九，这些人为了能从贩烟者手中得到鸦片，就会大行怂恿包庇之事，所以，必须从政府机构中的官员和其他人中的吸食者从严抓起。这样，人人涤虑洗心，怀刑畏罪，到时一定就会出现虽有论死之法并无处死之人，绝不会诛不胜诛。

最后，林则徐指出，鸦片流毒天下，“若犹泄泄视之，是使数十年后，中原几无可以御敌之兵，且无可以充饷之银”。

此语，让道光帝耸然动容。

的确，鸦片导致国内“银漏”严重之外，也极大地危害到了士兵的身心健康。

让道光帝记忆犹新的是，道光十二年（1832 年），广东的一小撮瑶民发动叛乱，然而，就是这样一小撮瑶民发动叛乱，官军却久久不能平定，在征剿过程中一再失利，其中最大的一次失利据说是因为雨天官军打不着火吸食鸦片烟，以至于士气萎靡不振，遭到了瑶民的兜头痛击。

就是这个原因，道光帝把两广总督李鸿宾流放到了乌鲁木齐。

美籍华人学者张馨保在《林钦差与鸦片战争》一书中认为：“鸦片腐蚀军队是道光帝决心净绝根株、取缔鸦片贸易的主要原因。”

不管怎么样，读了林则徐的奏疏，道光帝是下定了加大对鸦片严禁力度的决心，火速传召林则徐进京面商。

林则徐进京后，从1838年12月28日至翌年1月3日的7天时间内，得“召见十九次，赏紫禁城骑马”，另外还和道光帝秘密会见了 8 次。

《鹂砭轩质言》一书中称：“此国初以来未有之旷典。”

君臣二人详细地研究了禁烟具体措施。

1838年12月31日,道光帝正式任命林则徐为钦差大臣前往广东,着令“所有该省水师，兼归节制”。

1839 年 1 月 8 日，林则徐启用钦差大臣关防，出新仪门离京南下，自良乡县发出“传牌”。

所谓钦差大臣，是根据皇帝的命令，在某个问题上授予全权而派出的大臣。

关防本指公印，后来也指代盖有这种关防印的文书。“钦差大臣关防”是一方金属铸造的仅次于皇上玉玺的印章，乾隆年间铸就，在此之前嘉庆、道光两朝还从未启用过，具有近似敕命的权威。

而传牌通常是大官外出前特地着人提前告知沿路官员自己即将到达的消息。这么做，等于是催促地方官员提前做好款待准备。

可是，林则徐的“传牌”内容却是这样的：

> 本官奉旨驰驿前往广东,查办海口事件,并无随带的官员、供事书吏,惟有顶马一弁、跟丁六名、厨丁小夫共三人，俱系随身行走，并无前站、后站之人。如有借名影射，立即拿究。所坐大轿一乘，自雇轿夫十二名,所带行李,也自雇大车二辆、轿车一辆。以上费用均已发给,足够其食用,不得在各驿站索要分毫。所有尖宿公馆，只用家常便饭。跟班人夫，不许暗受分毫站规、门包，需索者即刻扭送禀报，私自送物者定行特参。[1]

林则徐这么做，既是廉洁奉公的秉性使然，同时也是考虑到了外国鸦片走私商之所以这么猖狂，必是与广东官吏达成某种默契，自己此番南下，若不保持高度警惕，洁身自爱，工作开展则难免会陷于被动。

实际情况也正如林则徐所料，广东政府并非对西方鸦片贩子的走私交易一无所知，但因广东政府的大小官员都得了鸦片贩子的好处费，已经和鸦片

[1] 《奉旨前往广东查办海口事件传牌稿》，见《林则徐集·公牍》，中华书局 1962—1965 年版。

林则徐

贩子们沆瀣一气，甚至很多人还直接参与到走私鸦片的活动中去。

英国商人在致英国外交大臣巴麦尊的信件中这样描述道："在中国方面，高级官吏与政府人员，对于鸦片走私公开默许，过去和现在的巡抚，都从中取利，听说北京的军机处，也秘密地允许。"[1]

可以说，利用包庇走私依法中饱私囊的人，上至朝廷，下至吏胥、兵弁，构成了一个庞大的包庇怂恿鸦片贩卖并从中受贿的集团。

连负责缉私的海关海员、保卫海防的水师官兵，也有直接的受贿。

甚至，两广总督卢坤的继任者邓廷桢，已经是个 64 岁的老头子了，居然不知道爱惜晚节，与鸦片贩子有着说不清道不明的关系。

[1] 《英国蓝皮书》，湖北洋务译书局，清光绪间（1875—1908）。

广州百姓因为看不惯邓廷桢收黑钱包庇烟贩的行为，还写了讽刺诗贴到了总督衙门的墙上，说什么“禹域虽广地却贫，邓公仗钺东海滨，终日纵吏勤网捕，不分良莠皆成擒。名为圣主除秕政，实行聚敛肥私门。行看莺粟禁绝日，天网恢恢早及君”[1]。

鸦片之所以屡禁不绝与此不无关系。

林则徐人未动身，就先发传牌，目的就是提前给广东的同事打好招呼：请诸位好自为之，别怪我到时不客气。

就这样，林则徐南下虽然没讲究什么排场，气势却不小，广东的大小官员一下子就给震慑住了。

英军官宾汉在《英军在华作战始末记》一书里记说：“一月二十一日（道光十八年十二月初七日），一个快递消息到达广州，内称湖广总督林则徐被任为钦差大臣，颁给关防，驰驿到广州查办海口事件。同日，总督邓、巡抚怡，接到了军机大臣的咨文，通知林的任命，并令他们破除痼弊，与林则徐协力商办禁烟事宜。……这些大人们听到了林被任命的消息，万分惊慌，行商及其他人等，也都惶惶不安。这位钦差大臣素以痛恨鸦片入口闻名，他并且精熟中国古代法典及习惯，很得到许多中国人的赞扬。”

时值阴历腊月，路上雨雪交加，苦不堪言，行进速度很慢，以至于道光十九年（1839 年）的春节，林则徐竟是在船上度过的。

好不容易到了南昌，因为雨雪太大，不得不在当地停留了数天。

走走停停间，林则徐非常注意调查广东鸦片流毒情形，“官绅来谒者，苟有一得，皆谘询而籍之”[2]，熟思对策。

林则徐除了通过沿途不断收集到的来自广东的情报对广东的情势作判断外，还考虑到自己是“初次入粤，人地生疏，一切洋务、夷务不得不先遣一两人密行查访”[3]。

---

[1] 《中国近代史资料丛刊・鸦片战争》第五册，上海人民出版社 2000 年版。

[2] 《林文忠公传》，选自清缪荃孙、王兴康整理的《续碑传集》，上海人民出版社 2019 年版。

[3] 《因误保马辰降级留任谢恩折》，见《林则徐集・奏稿》中册，中华书局 1962—1965 年版。

他还根据情报，开出了一个广东有关鸦片走私的重要罪犯和次要罪犯的名单（名单中多为协助走私的下级官吏和士兵），派出“捷足”（信使），密令广东布政司、按察司按照这份名单展开缉捕，捕获了贩毒、吸毒人员二千余名。

在这种情形下，两广总督邓廷桢提前开展行动，破获私开窑口转售鸦片的走私集团 141 起，获人犯 345 名，烟枪 10158 杆。

可以说，林则徐尚未到达广东，广东已经刮起了大逮捕的风暴。

许许多多搞鸦片走私的人，包括外国商馆的外国商人，都坐立不安，觉得这次来的林“imperial high commissioner”不好惹。

林则徐乘坐的船只沿珠江而下，于元月二十五日（1839 年 3 月 10 日）到达广州天字码头。

春三月的广州，“天甚热，穿夹衣犹出汗”[1]。

万千百姓，拥簇在珠江两岸，争睹钦差大人的风采。

两广总督邓廷桢、广东巡抚怡良、广东水师提督关天培、广东海关监督豫堃、广东将军德克金布、副都统左翼奕湘以及右翼英隆等广东的高级官员全部在接官亭躬身相候。

美国人威廉·亨德（W. C. Hunter）全程目睹了该盛况，在笔记中描述林则徐的威仪，说：“他具有庄严的风度，表情略为严肃而坚决，身材肥大，须黑而浓，并有长髯，年龄约六十多。”（实际上，林则徐这年才 55 岁。）

按林则徐事先的吩咐，官员们将他行辕设在比较靠近外国商馆的越华书院。

次日，林则徐命人在辕门外贴出两张告示：其一为《收呈示稿》；另一为《关防示稿》。

《收呈示稿》宣告钦差大臣此行目的。

《关防示稿》则申明：钦差及随身办事人员一律在公馆内用餐，不须地

[1] 《林则徐集·日记》，中华书局 1962—1965 年版。

方供应；买东西一律照市价付钱，不准赊欠；钦差出门坐轿，不许地方官员派人伺候；如果发现借侍候钦差的名义“扰累”百姓，“即与严办”。

广东大小官员每天都到越华书院报到，屏气摄神等候指示。

然而，林则徐并没有草率展开工作，他觉得自己还不了解广州的实际情况，需要一些做功课的时间。

接下来的日子，林则徐在越华书院会见了许多人，有行商，有当地的乡绅，也有越华书院和学海堂的学生。

林则徐虚心听取大家意见，提出疑问，无论什么问题都打破砂锅问到底，一直弄通弄懂才肯罢休。

林则徐还召粤秀书院、越华书院、羊城书院三大书院的645名学子入贡院，以“考试”为名，实为问卷调查。试题有四道：鸦片集散地及经营者姓名；零售商；过去禁烟弊端；禁绝之法。

不知不觉中，8天时间过去了。

广州城的气氛越来越紧张。

4. 林则徐的办法

在这8天的时间内，林则徐掌握到了外国鸦片贩子与广东海关、水师、行商等勾结舞弊的种种黑幕，认定了鸦片屡禁不绝的乱源在于外国鸦片贩子“卖烟而起”。因此，他把禁烟方针从“必先重治吸食”，调整为“先以断绝鸦片为首务”，制定好了拔本塞源的禁烟策略。

这个策略的核心内容简单而艰巨：将所有与鸦片有接触的人来个一锅端，从而捣毁整条鸦片经营链。

具体地说，从三个方面下手：一、实行五户连保，掀起一场全民禁烟的大运动；二、严惩广州参与鸦片走私的官员，将鸦片走私者的保护伞连根拔起；二、没收一切来华鸦片，让所有外国鸦片贩子出具有外文、中文合写的甘结（保证书），保证以后永不夹带鸦片来华。

林则徐决心彻底铲除掉鸦片走私活动，实施铁腕政策，让鸦片在中华大地上从此销声匿迹。

3月18日，行动正式展开。

林则徐一声令下，把以伍浩官为首的十三行行商全都招来，指责他们不该勾结外商欺骗政府，说：朝廷开广东口岸实行华夷互市，已历三百余年，之所以必设行商，原为杜私通而防禁物起见。夷船进口，皆经行商具结担保其并无携带鸦片，方准令开舱进口，从未毫无来由地驳回过一船。目下，鸦片如此充斥，毒流天下，你等行商居然还具结担保其并无携带鸦片，岂非梦呓？若说不是与鸦片走私商暗立股份，谁能相信？

接着，又怒斥行商鲜义寡耻，说：从前夷人来馆，先穿大服，佩刀剑，拜候各商，而行商多有辞而不见，候其再来，而后答之。近年竟然有行商下澳门远迎夷商，甚至东裕行竟送肩舆与洋人大班乘坐，种种悖谬，廉耻何存？本大臣实为尔等羞之！

除了痛斥行商置礼义廉耻不顾而丢尽了中国人的脸面之外，林则徐又骂行商只知追逐利益、数典忘祖，说：尔等只知致富来自通商，遂尔巴结夷人为利薮，岂知夷人之利，皆天朝所予，倘一旦上干圣怒，绝市闭关，彼各国皆无锱铢之利可图，而何有于尔等乎？乃不知朝廷豢养深恩，而引汉奸为心腹，内地衙门，一动一静，夷人无不先知，若向你们问及夷情，则转为多方掩饰，不肯吐实。

最后，林则徐亮出此来终极目的：今计历年中国之银耗于外洋者，不下几万万矣。叠奉谕旨，以鸦片入口、纹银出洋之事，责备大小官员，十分严切，你等行商无关痛痒、依然藏污纳垢，实堪令人切齿。本大臣奉命来粤，首办汉奸，你等行商当中未必就没有汉奸。合亟谕查。谕到，你等行商须立即逐一据实供明，以凭按律核办。[1]

训话完毕，林则徐拿出早已准备好的《谕各国夷人呈交烟土稿》谕帖，

[1] 以上训话载于《谕洋商责令外商呈缴烟土稿》，见《林则徐集·公牍》，中华书局1962—1965年版。

说，此谕即交行商赍赴夷馆，传谕夷人将趸船所贮数万箱鸦片悉数缴官，并责令其签名出具汉字夷字合同甘结，声明嗣后永不敢带鸦片，如再夹带，查出，人即正法，货尽入官。

林则徐特别补充，行商持此帖谕知夷人时，必须严气正性，晓以利害，不许仍作韦脂之态，再说央恳之词，务令慷慨激昂，公同传谕。限三日内取结禀覆。

又警告说：如此事先不能办，则其平日串通奸夷，私心外向，不问可知。本大臣立即恭请王命，将该商择尤正法一二，抄产入官，以昭炯戒。毋谓言之不预也。

行商们虽然腰缠万贯，并且顶着三品、四品的顶戴花翎，但在皇帝和其他通过科举走上仕途的官员的眼中，地位极低，只是个提鞋的小角色。

十三行中同文行行商潘正亨就曾无限感慨地说：“宁为一只狗，不为行商首。”

的确，无论是皇帝还是地方官员，有事没事都喜欢向行商伸手要钱。

这个时候，行商不但不能拒绝，还要表现得积极、热情，“主动报效”或“捐输”。

直接监督公行的政府机构是“户部”，户部在广州设有“海关”，两广总督和广东巡抚等地方长官也在广州设有“公署”衙门，另外还有陆、海驻军。这些机关的官吏都是公行行商的顶头上司，他们动辄就向公行的成员索要钱物。

朝廷方面就更不用说了，遇上喜庆吊丧，立即要他们献款。遇上兴修大规模的水利工程，强制他们摊款。如果是军队，又勒令他们筹措军饷。

除了这些临时性的费用外，每年还必须定期向朝廷献款。

就道光年间来说，道光六年（1826 年）新疆回族叛乱时行商就出款 60 万两，道光十二年（1832 年）广东连山之乱时出款 21 万两。

而台湾学者陈国栋根据官方档案统计：1773 年到 1835 年，就账面上的数字而言，十三行总共捐献了 508.5 万两。

无休止的摊派和募捐之外，行商们还得遵守许许多多毫无道理的臭规矩。

比如说，清政府在外国人面前穷要面子，就严令十三行不得对外商欠，一旦发生，所有行商负连带责任，其债务由其他行商负责清偿。还比如说，清政府规定任何外商都必须由十三行中最富有的商家作担保，一旦外商拖欠清政府税款，则由行商负连带责任。

在这样一种富有天朝特色的“保商制度”的控制下，陈国栋说：“对绝大多数行商而言，破产根本是必然的，早在他们一当行商的时候就已注定了。”

“宁为一只狗，不为行商首。”

是的，伍浩官就对自己的行商商首身份苦不堪言，多次申请退休，却都得不到官府的批准。他甚至表示愿意把百分之八十的财产捐给政府，只求政府允许他结束怡和行，以退出行商队伍，同样得不到政府的批准。

看来，十三行领袖的身份，他是一辈子也休想摆脱得了了。

现在，按林则徐的说法，伍家和十三行对鸦片走私没有尽到督察与阻止的责任，那么，伍浩官一家，到底有没有走私鸦片呢？

从史料上看，伍家的怡和行向来做的是正经生意，茶叶贸易是伍家最主要的业务。

但是，一些伍家担保的外国商人为了牟取暴利，往往夹带鸦片，在伶仃洋外与不法商贩进行鸦片贸易。这其中就包括最大的鸦片贩子英国人颠地（Lancelot. Dent），也包括伍浩官的干儿子美国旗昌洋行老板约翰·福布斯。

1817年，一艘由怡和行担保的美国商船私运鸦片被官府查获，按“保商制度”，怡和行被罚白银16万两，其他十三行行商被罚5000两，罚金相当于鸦片价值的50倍。

所以，即使鸦片走私可以获取暴利，十三行行商们却都对其避之不及。《东印度公司对华贸易编年史》记载：“没有一位广州行商与鸦片有关，他们无论用什么方式，都不愿意做这件事。”

美国商人亨特也在他的著作中写：“没有一个行商愿意去干这种买卖。”

林则徐要严查鸦片烟，并斥责行商“串通奸夷，私心外向”，准备“恭请王命，将该商择尤正法一二，抄产入官”，伍浩官脑袋发蒙，脚肚子发软，当即跪下，表示“愿以家资报效”。

前文说过，伍家的家资富可敌国，可林则徐却不屑地说：“本大臣不要钱，要你的脑袋尔。”[1]

没办法，伍浩官只好哭丧着脸到洋行向外商宣布了林则徐要求各国外商呈缴烟土的谕令。

《谕各国夷人呈缴烟土稿》大意如下：

谕各国夷人知悉：你等夷船到广州通商，获利甚厚，是以从前来广之船，每年不过数十艘，近年却增至一百数十只之多，而且，带来的货物无不倾销一空，从中国置办的货物无不堆积满舱。想想看，天地虽阔，如此利市码头，你们还能在哪儿找得到？我大皇帝一视同仁，恩准你等前来贸易，你等才沾得如此厚利，倘若我大皇帝不高兴了，宣布封港，断绝对外贸易，你们的好日子就到头了。

茶叶、大黄，是你们外夷赖以保命的宝贝，我国听任你们年年贩运出洋，毫不吝惜，如此恩情，深如大海！你们应当识得感恩，更应当知道畏法，利己不可害人。你们怎么可以将你们国家不肯吸食的鸦片烟带到中国骗人财、害人命呢！

经调查，你们凭借鸦片这种淫邪之物蛊惑中国人已历数十年，所得不义之财，不可胜计，这可是一件伤天害理的大缺德事。从前天朝例禁还算宽松，你们尚有空子可钻，现在大皇帝闻而震怒，决意禁绝鸦片，所有内地百姓贩鸦片、开烟馆的立即正法，吸食者也以死罪论，你们来到天朝地方，就应该与内地百姓同遵法度。

本大臣生长于福建沿海地方，洞悉外夷一切伎俩，所以担负起平定外域的重责，查办此事。

---

[1] 《逸事余录》，见广东《东莞县志》，东莞养和印务局 1927 年版。

东印度公司鸦片仓库

如果真追究起你们中某些累年贩卖鸦片的人来，实难姑容，考虑到你们漂洋过海不容易，而且还不知我朝开始严禁，不忍不教而诛，如今特别向你们明申法令。

你们有数万箱鸦片装载在伶仃洋的趸船上，意欲私行售卖，现在严禁鸦片，人人知为鸩毒，且海口严打，不复有人敢为你们护送，天朝各省皆在严拿，更不复有人敢参与销售！你们就赶快打消售卖的念头罢，也用不着久贮于夷趸，请从速将之尽数缴官，并出具夷字汉字合同甘结，本大臣可会同督部堂抚部院禀恳大皇帝格外施恩，不只宽免前愆，还会酌情予赏犒，以奖其悔惧之心。此后照日常贸易，既不失为良夷，通过做正经生意获利致富，风光体面。倘执迷不悟，本大臣自当遵照新例，一体从重惩创。

此次本大臣自京面承圣谕，法在必行。若鸦片一日未绝，本大臣一日不回，誓与此事相始终，断无中止之理。

为鸦片一事，已是天怒人怨。倘若参与贩烟的夷人不知改悔，唯利是图，非但天朝水陆官兵可以随时展开打击，即号召民间丁壮，也足以制其性命。而且，行动展开，短则封舱，久则封港，商贸就会断绝！

想我中原数万里版图，物产丰盈，并不稀罕夷货。而你们各国若缺少了茶叶大黄，从此休矣！尔等远出经商，难道不知劳逸之殊形，与众寡之异势？至于夷馆中所藏匿惯贩鸦片之奸夷，本大臣早已备记其名，而不卖鸦片之良夷，亦不可不为剖白。有能指出奸夷，责令呈缴鸦片，并首先具结者，即是良夷，本大臣必先优加奖赏。祸福荣辱，惟其自取。今令行商伍绍荣（即伍浩官）等到馆开导，限三日内回禀，一面取具切实甘结，听候会同督部堂抚部院示期收缴，毋得观望诿延，后悔无及！特谕。

这道严厉的谕令让外商倒吸了一口冷气。

5. 外商们的对策

不过，尚有人心存侥幸，以为林则徐未必就会动真格。在这些人的头脑里，中国的官员从来没有玩过真的。

甚至还有人在商议大概用什么价位的进贡可以把林大人买通。

有人提出了 30 万两银子。

应该说，这是一个不小的数目了。

但这个提议被伍浩官否定了。

外商们抓耳挠腮，莫衷一是。

又有人探问：“如果咱们把鸦片缴交了，中国政府大概会给多少补偿？”

伍浩官等行商们都觉得心虚，以他们对林则徐的了解，直觉告诉他们，很可能一个子儿也得不到，但还是弱弱地答道：“也许会补偿现今很低的价格的一部分。”[1]

为应付林则徐，伍浩官劝告这些外国鸦片贩子无论如何都必须缴出一小部分，他向罗素洋行经理记连（J. C. Green）许诺，如果所有的鸦片贩子都答应上缴一小部分鸦片烟，自己愿付 10.5 万元加购 150 箱上缴。[2]

可很多鸦片贩子还在持观望状态，不愿意就此交出鸦片烟。

第二日（3 月 19 日），林则徐通过粤海关部下了谕令，称：“当钦差大臣驻粤期间，在彻查夷商与内地民人的结果尚未确定前，禁止一切夷众前往澳门。合行谕令兹行商等，谕到即行转饬各夷商等周知并一体遵照，目前不得申请离粤赴澳。”[3]

谕令发出，就有军队前来封锁了商馆。

外商商会紧急开会，商议对策。

大鸦片贩子颠地仍不同意缴烟，他高声反对，建议采取拖延战术。

经过紧张激烈的辩论，再走所谓的民主表决程序，最后以 25 票赞成、14 票反对、1 票弃权（弃权的是美国商人 C. W. 金）的结果通过了颠地的建议。

外商们成立了一个专门的委员会，以向中国政府展开拖延战术，声称根据当前的局势，七天内再出具报告。

委员会于会议散后禀复十三行行商，说：“钦差大臣的谕令，既如此严重，包括着各方面的利益，我们必须详加考虑，尽早答复，但不能马上答复。同时我们都感觉到，我们必须不再和鸦片贸易发生关系，是绝对必要的。”[4]

委员会还表示，依据历年官府宣布禁烟令时的惯例，到时一定送上这样

---

[1] 宾汉：《英军在华作战记》，见《中国近代史资料丛刊·鸦片战争》第五册，上海人民出版社 2000 年版。

[2] 参见威廉·亨德：《广州番鬼录》，冯树铁、沈正邦译，广东人民出版社 2009 年版。

[3] 《澳门月报》，1839 年 4 月号。

[4] 宾汉：《英军在华作战记》，见《中国近代史资料丛刊·鸦片战争》第五册，上海人民出版社 2000 年版。

一纸“不再和鸦片贸易发生关系”的保证，及交出一笔让林大人满意的贿赂，应该可以相安无事。[1]

行商于是回报林则徐。

林则徐态度依旧明确：除非将现存的鸦片呈缴，否则事情是不可能完结的。

林则徐还放出话来，说：假使这个要求不从速做到，明天即行审讯行商，先拿两个来正法。

外国商人们听了，头皮发麻，于当晚十时召开了特别会议，商议对策。

会议中，他们还邀请行商伍浩官、卢茂官、潘启官等参加。

他们问伍浩官等人：你们今天见到钦差大臣时发生了什么事情？

答：我们把你们的信交给他，他把信交给广州府验视。当钦差大臣听他念完信后，他说，你们在对行商耍花招，但对他耍花招可不行。他宣布如果不交出鸦片，明天上午十点他要到公所叫大家看他如何下手。

问：你们要多少箱？

答：大约 1000 箱。

问：你们能保证这个数就够了？

答：不能。不过我们想如果交出了鸦片，他会因他的命令得到服从而感到满意。但是是否会要求交出更多，我们没法回答。

问：公告是不是要字字照办？

答：钦差大臣这样说，他就会这样办。

问：你们老老实实说真话，你们真有性命危险吗？

行商们被逐个问到这个问题时，一个个表情凝重，据实答道：有。[2]

为挽救行商们的性命，颠地等人改变了上午的决议，同意交出一部分鸦片。

[1] 外商商议对策事详见《中国近代史资料丛刊·鸦片战争》第五册，上海人民出版社 2000 年版。

[2] 张馨保：《林钦差与鸦片战争》，福建人民出版社 1989 年版。

美国商人 C. W. 金沉痛万分地说："要记住，由于目前的问题而丧失的财产，可以不费力地很快再赚回来。但是血一旦流了，就像泼在地上的水，那是收不回来的……目前的局势直接危及我们的同伴的生命，他们还是我们的朋友、我们的邻居。我们虽然有时诅咒他们，但是我们绝不能忍心把我们委托人的钱袋看得比他们的脑袋还重。"[1]

会议于凌晨一时结束，洋商们按烟货的比例进行摊派，最后捐凑了用以上缴的鸦片共 1037 箱，同时附上一封信，向钦差大臣表示所谓"严重的抗议"。

与以前屡次禁烟的结果相比，这呈缴出来的千余箱鸦片已经破纪录了。

然而，谙于鸦片走私内幕的邓廷桢却对伍浩官等人说，靠这么些鸦片恐怕交不了差。

果然，22 日，林则徐对这 1037 箱鸦片的数目表示不满意。

林则徐已经从小道消息得知："米利坚国（即美国——笔者注）夷人多愿缴烟，被港脚夷人颠地阻挠，因颠地所带烟土最多，意图免缴。"[2]

好你个颠地，竟敢阻挠缴烟！

林则徐当即将他定为"恶首"，发话说："该夷颠地诚为首恶，断难姑容，合亟札饬拿究。"

本着擒贼擒王原则，林则徐传令广州府县："即赴十三行传谕洋商暨夷人等，以本大臣来此查办鸦片，法在必行，速将颠地一犯交出，听候审办。"[3]

他并特别声明："当分别良莠，如米利坚夷人果将烟土首先呈缴，不听颠地阻挠，定即先加奖赏；即英咭唎及港脚诸夷，有先行呈缴者，亦必一体加奖，断不因颠地之愍不畏法，而连及能知改悔之人；至于安分良夷，本无夹带鸦片，本大臣尤必力为保护，不必心存疑虑。"[4]

---

[1] 张馨保：《林钦差与鸦片战争》，福建人民出版社 1989 年版。

[2] 《饬拿贩烟犯颠地稿》，见《林则徐集·公牍》，中华书局 1962—1965 年版。

[3] 同上。

[4] 同上。

林则徐这厢杀气腾腾，公行行商却不敢招惹洋人，到了外商馆，把林则徐的“速将颠地一犯交出”一语，巧妙地改成了“招颠地氏进城”，客客气气地相邀颠地入广州城，说是林大人有请。

颠地情知其中有猫腻，但他还是很渴望和他“极为憎恨的林则徐面对面地交锋”的，在他看来，“接受林则徐的当面审问，总好过没收鸦片或者杀头”。[1]

倒是他的朋友提出了担忧，说，这位林大人不大好对付，还是慎重一点儿好，要进城的话，必须得由林大人盖印，担保你能在 24 小时内回来。

林则徐断然否定颠地的要求。

晚上十点钟，行商们又赶到商馆敦劝颠地进城。

这些行商的景况很可怜，处境很危险，“顶子都已经摘掉，这是表示被贬黜的意思，其中两位领袖，伍秉鉴和卢茂官，颈上已套上锁链”。

但林则徐既然拒绝了盖印担保，颠地当然体味到其中的危险了。他传话给钦差大臣说，如果他派兵强行把他带走的话，他不会抵抗，但是无论如何，要他主动把自己往牢笼甚至更糟的地方送，那绝不可能。

可是，林则徐宁可施加外交压力，也不愿采取暴力抓捕。

捉拿颠地一事陷入了僵局。

最后，颠地以明天是星期天不上班为由，请伍浩官等人回禀林大人，一切等星期一再说。

伍浩官等人只好满面愁容地回去复命。

幸好，“中国方面亦允许暂停讨论一天”[2]。

对颠地来说，现在能拖一天是一天了。

可是，躲得了初一，躲不了十五，这么拖延，什么时候才是个头?

[1] 特拉维斯·黑尼斯三世、弗兰克·萨奈罗：《鸦片战争：一个帝国的沉迷和另一个帝国的堕落》，生活·读书·新知三联书店 2005 年版。

[2] 《澳门月报》，1839 年 4 月号。《中国通信汇编》，见马士：《中华帝国对外关系史》第一卷，张汇文译，上海书店出版社 2000 年版。

当然，颠地并不是想无限期拖延，他在等自己的救星。

这个救星就是驻华商务总监督义律。

6. 义律正式出场了

查尔斯·义律（Charles Elliont），贵族出身，自幼受到良好教育。虽然，义律的父亲是英国官员，但义律本人对当官并没什么兴趣。他很早就加入英国皇家海军，在东印度和非洲沿岸一带服役，取得了上校军衔。从海军退役，即被派往英属殖民地圭亚那执法，保护当地黑奴。当时英国已经明令禁止运送黑奴，义律大力缉拿私运黑奴者，凡有捕获，都毫不留情，严惩不贷。在圭亚那工作的经历，让他成了一个废除黑奴制的支持者，同时也是一个人权主义者。

正是这个人权主义者的身份，让义律在后来的许多关键时刻做出了走向引爆鸦片战争的选择。

也就是说，义律的人权主义者身份，其实也是爆发鸦片战争的一个不可忽略的因素。

1834 年，义律以贸易专员秘书的身份跟随驻华商务副总监律劳卑勋爵来到广东。

律劳卑病逝后，驻华商务总监的职务先后由德庇时（John F. Davis）、罗治臣（George Robinson）两人接替。

这两个人挂着“商务总监”的职务，却什么事也不干。德庇时甚至写信给英国政府，说，我们不要指望大清承认咱们什么，那不现实，如果政府没有什么特别指令的话，那么我这个商务总监就什么工作也不会干。

除了给政府写信声明自己什么也不干，德庇时还给在广州的英国商人发出通告，说，我们国家和中国并没有正式的交往，这事儿我很遗憾。可是我们英国的官员也不能听从总督的谕令，更不能把这些总督的文件去送给国王，在没有接到国王命令之前，我什么工作也不干。

德庇时虽说什么事也不干，但他人好歹还在澳门。

德庇时辞职后，接替他的罗治臣更彻底，不但什么事也不做，也不在澳门居住，他把家安在了船上。

这样，在英国商人的反对声中，罗治臣很快下台，义律成了第四任驻华商务总监。

义律的工作态度有别于德庇时、罗治臣，他是想为大英帝国做点事，搞好中英之间的贸易关系的，但和律劳卑的刻板不同，他认为既然是在中国开展工作，就应该和中国搞好关系，不应该和中国官员对着干。中国的某些体制虽然让人觉得不可理喻，但也应该尊重中国人自己的传统。

义律是这么想的，也是这么干的。

为了把商务监督的办公室搬到广州，他在给接替卢坤的新任两广总督邓廷桢写信函时，就在封面上写了一个大大的“禀”字，没有安排自己的人送信，很庄重地请求行商们代递，并允许行商拆阅。

这一切，都是此前律劳卑至死也不肯松口的。

当然，为了表示自己和以前的大班身份不同，义律还很是在落款上下了一番功夫：用“远职”二字代替了自己驻外身份的实质。看，远职，远方的官员，称呼上不卑不亢，又表明了自己的官员身份，多好。

这封信既然是按着中国的规矩递送的，就顺顺利利地送到了邓大人的案桌上。

义律在信上说，自己是奉命前来广州管理英国商人的英国官员，恳请总督大人发放一张前往广州红牌，以方便在广州管理本国商人。

邓大人通过一番调查，认为义律虽然口口声声称“远职”不能等同于大班，但事实上干的也就是大班的工作，很快同意发放红牌。

有了红牌，义律不但顺利来到了广州，在广州，他还以广州的英国商人难以管束为由，通过申请，取得了常驻广州的特权。

看，这些都是律劳卑以生命为代价都得不到的东西，却被善于变通的义律轻松得到了。

义律认为，中英友好关系已经有重大突破了。

马戛尔尼访华失败那年，有一位已经来华留居 60 个年头、已经 80 多岁的神父安易德是这样安慰黯然神伤的马戛尔尼的：“中国向来闭关自守，不知世界大势，并不是有什么恶意。比如缔结条约，互相通商，是现今文明各国都通行的办法，但中国则从未听说过有与他国订立条约的事。但是，还不能说中国人会永远这样固执不化，只要能逐渐地去做，总有成功的一天。钦使这次来华，已经准予瞻觐，纵然时间很短，也不能不说是英人在中国得有立足之地的第一步。只要英国不气馁，仍由英王随时以书信与中国皇帝互相投报，在广东派一英侨时与两广总督联络……，将来瓜熟蒂落，一定有缔结通商互派使节的一天。”[1]

义律相信，瓜熟蒂落的一天很快就会到来了。

然而，让义律想不到的是，大清开始严禁鸦片了。

必须说明的是，义律本人其实是反对鸦片贸易的，他不止一次说过：“以鸦片贸易赚取利润是大英帝国的耻辱。”

然而，义律最终还是由于鸦片的原因，摊上大事了。

1838 年 12 月 12 日，广州商馆门口发生了一件华洋互殴事件，史称“海口事件”。

事件起因是在黄爵滋和林则徐等人的呼吁下，道光帝下了以严治禁的决心。为此，邓廷桢做出了禁烟反应，以迅雷不及掩耳之势捣毁了整个广东沿海所有的快蟹船，关停了 141 家鸦片窑口和烟馆，收缴了 1 万多杆烟枪，抓捕了大批鸦片贩子。

这个时期，天朝对外国人实行的是治外法权（即外国公民免受犯罪地司法管辖的豁免权），所抓捕的鸦片贩子都是中国人。对于外国诸如因义士之类的鸦片大贩子，邓大人只是将他驱逐出广州了事。

当然，邓廷桢也意识到，外国的鸦片贩子绝不止于因义士这些人，为了

[1] 麦天枢、王先明：《昨天——中英鸦片战争纪实》，中央编译出版社 1996 年版。

震慑这些不法洋商，邓廷桢决定在外商馆门前处绞中国烟贩子何老金，杀鸡儆猴，让洋人知道天朝禁烟的决心。

12 月 12 日中午，邓廷桢派人来到美国国旗底下搭棚子，竖起了处绞刑的木架。

美国领事急了，上前理论说，你们在哪儿砍头我都不管，就是不能在美国国旗下砍头。

可没人搭理他。

美国领事没办法，只好降下了美国国旗。

其他外国商人仍纷纷赶来理论，说，这里是商馆大街，怎么可以在这里杀人。

看负责搭棚的中国官员恍若未闻。

这些外国商人就鼓噪起来，三下五除二，把行刑的绞架给拆了，把桌子椅子全砸了，还把行刑的官员给团团围了起来，差点动手打这名官员。

什么？外国人要在中国人的地盘上行凶？！

这下不得了，前来看热闹的上万民众纷纷动手，把几十个外国商人围了起来，双方动起了手。

洋人用木棍子打中国民众，中国民众就用砖头、石头进行还击，并把这些砖头、石头扔向各国商馆的窗户。

闹到下午四点钟左右，南海县知事带了二十来名官兵来弹压，才把民众赶走。

各国商馆在这次严打鸦片中本已被“封舱”，经历过这次斗殴事件，更加愤激，他们联名写信向总督邓廷桢抗议，说：商馆前面的空地，一百年来一向是洋商们游息之处，不应该把它改作刑场。

邓廷桢的回答是，这空地虽则暂准洋商游息，但却是天朝的领土，抗议无效。你们要是还敢在内河贩毒，本督还要在这片空地上杀更多的烟犯！

义律当时在澳门，听说出了乱子，便组织了一支武装自卫队于第二天回到了商馆区。

义律对邓大人的做法表示理解，他把所有的商人都召集起来，警告英国商人，不管是惯犯还是初犯，三天之内所有的鸦片船必须全部离开伶仃洋。从今往后，谁也不许在内河贩运鸦片了。

他说，我，大英帝国商务总监督义律，再次通知并警告所有英国臣民，凡在虎门内从事非法鸦片买卖的船只，如果遭到中国政府的扣押和没收，英国政府一概不予过问。如果谁从事鸦片贸易伤害了中国人的生命，他将被处以死刑。所有的英国商人，必须把烟船驶出虎门，并且不得抗拒中国官方的检查与没收。

他特别重申：倘若有贩烟的英国人打死中国人，必将处以死刑，正如在英王陛下的领土以内一样。

改日，义律还陪同邓大人一起检查商船，将 11 艘满载鸦片的商船驱赶回国。

经过这件事，美国洋行从此停止经营鸦片。

对于义律这次的表现，邓大人还是比较满意的，通过广州知府与协台对义律进行了口头表扬，同时，也告诉他，天朝的禁烟运动只会越来越严，很快就会有负责专项整治的钦差大臣来广东了。

义律也想取消中英间的鸦片贸易。他给首相巴麦尊说：您现在不用怀疑了，清朝政府已经下定了决心禁烟。从今往后，鸦片贸易肯定会大幅度萎缩。目前来看，鸦片贸易已经损害了正常贸易。

巴麦尊后来的答复是：中国政府有权禁止鸦片进口，他们也有权将走私的鸦片没收和充公，只要这些禁令不偏不倚，公正公平就行。

邓廷桢在道光十八年十一月十六日（1839 年 1 月 1 日）下令开舱，海口事件宣告结束。

道光皇帝任林则徐为钦差大臣到广东禁烟，其中有一个专项任务，即“查办广东海口事件”，但林则徐抵达广州时，海口事件已经不存在了。

义律听说天朝派来了钦差大臣查治鸦片，“以为停泊在洋面的船只将首蒙其祸，而且钦差大臣将会驻节于澳门”[1]，所以，于 1839 年 3 月 10 日返回了澳门。

没承想，林则徐的整治工作却是从广州外商馆抓起。

听说外商馆被中国军队包围封锁，义律抓狂不已，赶紧在澳门发出了一份通知，限令所有停泊在洋面的英国船只“开到香港去，挂上英国国旗，准备抵抗中国政府的任何攻击”，并且置于当时在中国海面的英国战舰调度与保护之下。[2]

他做好了最坏的打算。

因为把不准林大人的脉，他只好给相对比较熟悉的邓大人写信，说：“军队、战船、火舟及其他威胁性准备的集合，事非寻常，本人深感不安，尤其是在广州商馆前面行刑的事情，既是创举，又没有得到解释，对于本省当局处理各事一向和平而公正的信念已经化归乌有，现在特以本国国王的名义质询总督，是否想同在中国的英国人和英国船只作战？”[3]

此外，他又向其他英国商人发出通知，说近日来中国官员的行为“纵然不是公开的战争行为，至少也是战争迫近和不可避免的前奏”，警告在粤的所有英国臣民，他意欲立即替他们一起申请离境许可证，他们必须准备采取这个步骤。[4]

3 月 23 日，义律带了 4 名士兵划着一艘小船，赶在中国水师战船拦截之前回到了建在内河边上的商馆区。

义律的及时出现，颠地喜出望外，其他的英国商人也欢呼不已。

在他们看来，主心骨来了，以后，就可以由这个主心骨代表英国政府与中国政府展开交涉了。

---

[1] 《中国通信汇编》，见马士：《中华帝国对外关系史》第一卷，张汇文译，上海书店出版社 2000 年版。

[2] 同上。

[3] 同上。

[4] 同上。

7. 离奇的施压方式

义律先安抚定大家的情绪，跟着，做了以下几件事。

第一件就是在英商馆升起英国国旗。

在中国的地盘上升英国国旗，其实也是一种侵犯行为，但情况紧急，义律也管不了许多了。

可是，义律的国旗是白升了。因为，在对外政策闭塞下的天朝官员根本不知道其中奥妙。

第二件就是把颠地安顿到自己的办公室，将颠地置身于自己的保护之下。

义律所做的一切，无非是想向中国人做出这样一个姿态："这个商人，甚至所有外国商人，都在女王陛下政府的庇护之下。"[1]

义律还写信给行商说，只要由他自己陪伴，凭着盖有钦差大臣关防的明文约定，保证颠地和他不致一刻分离，他是可以让颠地进城的。[2]

义律的仗义，让颠地感激涕零。

但林则徐很生气，生气的原因很简单：在严密包围中的外商馆，虽不能说是水泄不通，但也足以让颠地插翅难逃，可是义律从澳门远道而来，怎么就轻轻松松地闯了进去？！这岂不意味着颠地随便什么时候都可以从商馆出逃了？

林则徐下令，停止中外贸易，封锁商馆，撤出所有翻译买办通事仆人。

他宣布：所有接济洋人的，都以汉奸罪论处。

此外，再加派一千多名士兵团团围住整个商馆区，封锁所有的通道。

又在商馆外围全部砌上围墙，不许卖给洋人一粒饭一碗水。

再让所有行商到商馆的大门口去站岗守卫，无论白天黑夜，不准休息。

---

[1] 特拉维斯·黑尼斯三世、弗兰克·萨奈罗：《鸦片战争：一个帝国的沉迷和另一个帝国的堕落》，生活·读书·新知三联书店 2005 年版。

[2] 《中国通信汇编》，见马士：《中华帝国对外关系史》第一卷，张汇文译，上海书店出版社 2000 年版。

林则徐威吓说：要是跑了一个洋人，就杀了全体行商。

命令一下，“恐怖马上传播起来。巡丁传递着堵塞每一个通到商馆路口的命令，几分钟后，公共广场已不见本地人了，各街栅栏都被关闭了，并且有人把守着每一所商行的前门。前两夜只有几名苦力把守，现在却聚着大批的苦力，手里各拿着长矛和灯笼。在商馆前面的河里，有三排木船，上面装满了武装人员；官兵则站在邻近的屋脊上面。钦差命令所有买办和仆役都离开洋行，到了九点钟时候，所有中国人都离开了商馆，只余二三百个外侨住在里面。广州至少在商馆的附近，事实上是戒严了。巡逻哨兵和军官，跑来跑去，鼓号之声，不绝于耳，使得黑沉沉的深夜，格外增加了混乱。假使再有一点冲突，这地便成了另一个‘黑洞’（Black Hole，即1765年，印度人将聚集一室的百余英人几尽杀害的故事），或者无区别的屠杀。”[1]

林则徐还让人在义律的住宅和美国商馆对面的墙上张贴告示，从“理”、“法”、“情”、“势”四方面对洋人进行苦口婆心的“劝谕”：

一、“论天理应速缴也。”你们这些外国商人数十年来，以害人之鸦片，骗人银钱，前后所得，不知几万万矣！害得中国人家破人亡，人在做，天在看，所谓天道好还，报应不爽，你们如果不痛改前非，赶快缴出鸦片，一定会断子绝孙，惨遭报应。

二、“论国法应速缴也。”听说你们国家也严禁国人吸食鸦片，凡有食者当即处死，如果明知鸦片害人，却只禁吸食不禁贩卖，那是毫无道理，如果国家已经禁卖而你们偷卖，那是悛恶玩法。在天朝，禁止贩卖的法律尺度比禁止吸食严厉得多，天朝人民因为接触鸦片被法办断送性命的，都是你们害死的，怎么可以将你们置之法度之外？现在只要你等缴清烟土，出具以后永不夹带的甘结，可以既往不咎，一笔勾销。否则，根据大清律例内载：化外人有犯，并依律拟断。贩卖鸦片，直是谋

[1] 《澳门月报》，1839年4月号。

财害命，非以死罪论处不可。

三、“论人情应速缴也。”你等来广东通商，利市三倍，即使断绝了鸦片交易，通过别项正当买卖，也可以拥有三倍以上的利润，像这样既可致富，又不犯法，既不作孽，又不害人的做活，何等快活！如若一定坚持要做鸦片生意，天朝必定断绝所有贸易，你们所蒙损失岂不更多？没有了茶叶大黄，你们国家的人民怎能活命？你们万不要因为鸦片而危及整个贸易，切切。

四、“论事势应速缴也。”你等来此经营贸易，全赖和气生财。可是，你们售卖鸦片，贻害民生，正人君子无不痛心疾首，里闾小民，亦抱不平之气，众怒难犯，你等岂可长久安身？出外之人，最讲究信义二字。现在天朝官员示你等以信义，如若你等不以信义相应，于心何安？现下举国激昂，鸦片势在必缴；既缴之后，就可恢复贸易，并可得到奖励。本大臣不惮如此苦口劝谕，祸福荣辱，皆由自取，毋谓言之不早也。[1]

林则徐的步步紧逼，让义律感到阵阵窒息。林则徐所提到的律劳卑的死，更让义律的心开始抽搐。

从担任商务总监那一天起，虽然他有想到过自己可能会遇上律劳卑所遇上的危机，但他远没有料到，这次，自己所遇上的情况比律劳卑所遇上的还要糟糕上百倍。

义律深知，以自己现在的身份去劝谕商人上缴鸦片，那是完全不可能的。

鸦片虽然在中国是走私品，但在英国，鸦片并不属于违禁品，酒才是。

实际上，在大航海时代，鸦片虽然已经遍布世界各个角落，但除了中国，其他地方都没形成大局面的泛滥，这是一个很奇怪的现象。

关于这一点，旅日作家陈舜臣先生在他的《鸦片战争实录》一书中，有过简短的分析，他认为：中国吸食鸦片的恶习，之所以异常迅速而广泛地传

[1] 原文见《澳门月报》，1839 年 4 月号。本处文字有删改。

鸦片生产

播开来，恐怕可以列出种种的原因。比如说，鸦片商人利用民众的无知，不但隐瞒鸦片的毒害，反而宣传鸦片是长寿药，这肯定是最主要的原因之一。其次，由于政治腐败，人口增加等原因，平民的生活日益困苦，鸦片的作用可以使他们暂时忘却现世的痛苦。这恐怕也是鸦片流行的一个很大的原因。就拿英国来说，据说当时曼彻斯特一带的工人也接二连三地染上了常吸鸦片的习惯，其原因据说是因为工资低，买不起啤酒和威士忌。酒也可以使人们忘却人生的痛苦，鸦片是酒的代用品。由此可知，当时鸦片的价格是非常便宜的。吸食鸦片在中国蔓延，应该说是瞅准了衰世。当时是“厌厌无生气”的时代，所以让鸦片有机可乘。如果是在生气勃勃的时代——比如像康熙、乾隆的盛世，鸦片肯定是打不进来的。日本之所以能阻止鸦片的侵入，其原因之一是，英国在印度大量生产鸦片并向外推销的时期，恰好是幕府末期——日本民族的青春期。此外还不能忘记一种奇妙的说法，认为鸦片适应东方人的体质。西方人是用酒来忘却这烦恼的人世，曼彻斯特的工人是因为买不起酒，才不得已用鸦片来代替。酒可以使人快活、喧闹，而鸦片能使人平静、迟钝、冥想。“酒会诱致发狂，而鸦片能诱致节制。”

再说回义律，义律清楚地知道，以自己现在的身份去劝谕商人上缴鸦片，那是完全不可能的。

鸦片在英国即不属于违禁品，则它们就是这些商人的资产。实际上，很多商人还只是公司代表，他们的身后还有很多英国股东，一旦上缴了鸦片，他们面对的将是股东无穷尽的责难。

不过，如若继续和林则徐对抗，义律明白，流血将不可避免。

林则徐是一个说得出、做得到的人，为了这 350 名外商和公行里行商的性命，身为人权主义者的义律觉得，自己除了按林则徐说的去做，别无选择。

经过一番痛苦而激烈的思想斗争，义律做了一个疯狂的决定：利用自己英国官员的身份欺骗所有的商人，让他们交出鸦片。

他想，当务之急，就是先设法保住大家的性命。

3 月 27 日，义律艰难地向林则徐做出回应，说他愿将“英商手中的鸦片悉数缴官”。[1]

他是这么说的，也开始准备这么做了。

他给所有外商发出了以下的通知：“本人，查理・义律，驻华英侨商务总监督，目前同本国及别国侨居此间的一切商人被广东省府强行扣留，食物无着，仆役离散，和我们各本国的交通已被断绝，现在奉到钦差大臣直接办给我并经各大员盖印的谕令，要我把本国人所持有的鸦片全部呈缴。现在本总监督念及旅居广州的全体外人的自由和生命的安全以及其他重要原因，谨以不列颠女王陛下政府的名义并代表政府，责令在广州的所有女王陛下的臣民，为了效忠女王政府，将他们各自掌管的鸦片即行缴出，以便转交中国政府；并将从事鸦片贸易的英国船只置于本人指挥之下；再速将各自手中英国人所有的鸦片开具清单，签章呈阅。本总监督，为了不列颠女王陛下政府并

---

[1] 《中国通信汇编》，见马士：《中华帝国对外关系史》第一卷，张汇文译，上海书店出版社 2000 年版。

代表政府，充分而毫无保留地愿意对缴出鸦片的全体及每一位女王陛下的臣民负责，转交中国政府。本总监督特别警诫所有旅居广州的女王陛下的臣民，不论是英国人所有的鸦片的货主，或是托管人，如在本日6时以前不将该项鸦片缴出，本总监督即行宣布女王陛下政府对该英商所有的鸦片不负任何责任。特别需要明了的是：英商财产的说明以及照本通知乐于缴出的一切英国人的鸦片的价值，将由女王陛下政府随后规定原则及办法，予以决定。”[1]

义律就这样擅自代表政府请求各国商人缴烟了。

其实，义律是清楚英国政府不会认这笔账的，即使愿意认这笔账，也根本通不过国会那许许多多纷繁复杂的民主程序。

所以，义律只是含糊其词地说“英商财产的证明以及照本通知乐于缴出的一切英国人的鸦片的价值，将由女王陛下政府随后规定原则及办法，予以决定”。

但不管怎样，他在客观上使原本的商业走私案上升为了国际争端，为中英两国间的军事冲突埋下了隐患。

英国对华战争胜利后，大烟贩马地臣曾称赞义律的缴烟命令是“远大的有政治家风度的行动，特别是因为中国人因此而掉进了直接对英国政府负责的陷阱”[2]。

其实，马地臣是高估义律了。

义律对政府出兵并不抱多大希望。

因为，巴麦尊不止一次地告诫过他，英国政府并不想跟大清起军事冲突。

对义律来说，他的想法特别单纯：一切都为了商人的生命和自由，以后所有的问题，就由自己一个人扛吧。

义律的通告一发表，所有的英国商人，包括其他国家的商人，都乐坏了。

虽然义律对英国政府赔偿上缴鸦片所带来损失一项表达得并不明确，但

---

[1] 《中国通信汇编》，见马士：《中华帝国对外关系史》第一卷，张汇文译，上海书店出版社2000年版。

[2] 丁名楠：《帝国主义侵华史》第1卷，人民出版社1992年版。

鸦片贩子们认定，这些鸦片算是卖给英国政府了。

大烟贩马地臣就说了："我们手中的鸦片本就是卖出的，英国政府肯出钱，跟其他人出钱买，有什么两样呢？"[1]

所有的外商商人都痛痛快快地答应上缴。

[1] 麦天枢、王先明：《昨天——中英鸦片战争纪实》，中央编译出版社 1996 年版。

第四章

具结风波

1. 为什么就不肯具结

其实，在前一年秋间林则徐首先在两湖发动加紧烟禁并引起各省当局响应后，鸦片在华的销路已经一落千丈，已促使烟贩走上没落的途径。义律曾将在华鸦片滞销的情况一再报告英国外相巴麦尊，一封是写于 1839 年 1 月 10 日的信，说近四个月来鸦片在中国到处滞销；另一封写于同年 2 月 8 日，报告鸦片不景气情况依然存在。而在 3 月 22 日那天，当外商商会开会讨论如何答复林钦差的缴烟谕示时，大烟贩马地臣力主在答禀中务必说明过去 5 个月未曾有 1 箱鸦片在广州卖出。而且，当时除已运抵中国沿海的 2 万多箱鸦片外，至少还有 3 万余箱在印度待运到中国市场。这么说来，巨量涌至中国口岸的鸦片因为滞销，很可能都变成废物，而那些烟贩也很可能一一破产。原本林则徐静观其变，是可以坐待其毙的。

可是，现在的情形完全改变了。

所有的鸦片贩子不但同意把手头积压着发霉的鸦片全部上交，还把远在福建的鸦片，正在路上的鸦片，一并算上缴交。

3 月 28 日，义律禀告林则徐，愿意将所有的鸦片全部交给林大人，总共 20283 箱。

从 3 月 18 日正式采取行动起，仅仅十天时间，就取得了这样重大的战果，林则徐终于露出了笑脸，称赞义律：“诚实居心，深明大义，恪守天朝禁令，保全夷众身家，恭顺勤劳，洵堪嘉尚。”

显然，林则徐并未觉察到自己这么做会引发中英间的战争。

在天朝，从来都是国家的利益高于一切。譬如说现在，为了胁迫这些外国商人就范，政府就必须虐待公行里的行商，不管这些行商怎么富甲天下，需要他们做出牺牲的时候，他们全都是蝼蚁。

实际上，这些千万富翁们，在哪怕一个小小知县的轿子前，也要拱着双手直不起腰，有时还要规规矩矩跪下去；连一个仅仅在乡间拥有几十顷土地的财主也会在他们面前神气活现！有英国商人在《加尔各答英人日报》上不解地说：“世界竟然有如此富有又如此为世人藐视的人！”[1]

由己推人，林则徐认为，一个政府，是不可能为了这些无官无职的商人发动战争的。

因为上缴鸦片的数目巨大，且多藏匿于洋面趸船上，要缴清可不是一天半天就可以完成的。

林则徐因此就没有解除对商馆的封锁，但洋人既然已经服软，林则徐也不再为难他们了，当天，派人送了250头家畜到外商馆给外商们打牙祭。

在有条不紊地收缴鸦片的同时，林则徐开始逼迫义律写甘结。

甘结，也叫具结，指立文据作保证，也就是我们通常说的保证书。

李鸿宾任两广总督时期，就曾在《查禁官银出洋及私货入口章程》中制定有“凡夷船进泊黄埔，即令夷商写立‘并无夹带鸦片’字样，交洋行保商加结”的规定。

林则徐这次到广东查禁鸦片，已下定决心要杜绝今后的鸦片贸易，就将洋人出具甘结问题看得格外重要。他在3月18日颁给外商呈缴鸦片的谕帖中，除了晓谕鸦片贩子尽缴存烟外，还责成他们“出具夷字汉字合同甘结，声明嗣后来船，永不敢夹带鸦片，如有带来，一经查出，货尽没官，人即正法，情甘服罪字样”。

---

[1] 麦天枢、王先明：《昨天——中英鸦片战争纪实》，中央编译出版社1996年版。

上缴违禁品、写保证书，这本来也是合情合理的事儿。

但是，注意，林则徐在所说的“人即正法”的“人”，并不是针对现在写保证书的人，而是指将来私带鸦片来华的人。

这么一来，已经上缴了鸦片的外国商人可不愿干了。他们一致表示：我可以保证我自己不再贩卖鸦片，也不企图把鸦片输入中国，但不能替别人作保证。

实际上，林则徐就是针对治外法权一项的模糊性，想得到这些外国商人签订下的甘结，以后就可以以这些甘结为依据，给胆敢再贩运鸦片来华的人治罪。

马士在《中华帝国对外关系史》中就说了：“落在钦差大臣掌握中的外商们所签的字，应该不独可以约束他们自己，而且可以约束一切未来的外商，不独可以约束他们的本国人，而且可以约束一切国家的人，只要不是中国人。”[1]

这些外国商人似乎看出了林则徐的用心，都不肯签字，认为：对于永久禁止一切来人夹带鸦片这一类“广泛而又重要的事，实在无力控制”，要求交由他们各该国代表措办。[2]

西方人的法律精神是各人对各人负责，每一个人只能保证自己的行为，可保证不了别人。

这让林则徐异常惊讶。

在林则徐的思维里，一人犯罪，家族成员可是与其共同承担刑事责任的。

不过，这些外国商人既然提出这种保证书可以找各国的代表签字，说各国的代表可以代表政府，林则徐就不跟他们纠缠了，命人将自己已经弄好的甘结式样带去给“各国商人之首”的义律签字。

林则徐提出：此次虽趸船烟土全数呈缴，“难保嗣后不再夹带，在该领

[1] 马士：《中华帝国对外关系史》第一卷，张汇文译，上海书店出版社 2000 年版。

[2] 《澳门月报》，1839 年 4 月号。《中国通信汇编》，见马士：《中华帝国对外关系史》第一卷，张汇文译，上海书店出版社 2000 年版。

事自必禀知该国主，严行禁止，而夷商欲作长久生意，应先各具永不再贩鸦片切结，呈候转奏立案，乃可昭示将来”。要求义律“速即转谕在粤夷商，恪守天朝法度，遵照颁发结式，分写汉字夷字各一分，凡在夷馆之人，均须签名画押，毋许一人遗漏，统由该领事具禀呈缴本大臣查核”。

甘结大意如下：

> 结得英咭唎国及所属各国夷商，久在广州贸易，沐浴天朝皇恩厚泽，乐利无穷。只因近年来有无良商人私带鸦片烟土祸害天朝百姓，严重违反了天朝法纪。如今得蒙大皇帝特遣大臣来广州查办，才领教到天朝的森严禁令，心中悚惧。谨将各趸船所运全部鸦片尽数上缴，恳求奏请大皇帝格外开恩，赦免既往之罪。现在义律等禀明本国国主严示各商，务必凛遵天朝禁令，不得再将鸦片带入内地，并不许制造鸦片。从本年入秋以后，凡是驶入广州的货船，一经查出有夹带鸦片的行为，即将全船货物没收，不准贸易，夹带鸦片之人听任天朝处死，愿甘伏罪。所具切结是实。[1]

义律看了结式，拒不签字。

过了两日，林则徐派人去质问义律为何迟迟不肯照式具结。

义律的解释是：林大人这份甘结不合理，怎么可以要现在的人保证今后的人不贩运鸦片？要现在的人给今后的人做保证，分明是想用现在的人所签的字所画的押去杀今后的鸦片贩子，这样的甘结，我不能签！

为了强调自己不能签这个字，义律又举英国国王为例证，说，就算是大英帝国的国王也只能保证自己，不能保证别人。

义律斩钉截铁地说：“因远职谨依本国定例，实不能转令遵行。”[2]

[1] 《颁发甘结格式》，见《林则徐奏稿・公牍・日记补编》，中山大学出版社 1985 年版。

[2] 《义律原禀》，见《林则徐奏稿・公牍・日记补编》，中山大学出版社 1985 年版。

这样的回答，在林则徐看来，纯属推卸责任。

林则徐痛斥道："既要来港贸易，即尔国主亦必令尔等遵守天朝法度，岂能将尔国之例带至天朝耶？"[1]

又说"假使别国有人至英咭唎贸易而不遵尔国法令,尔国主肯容之乎"?

认定"要取甘结，正所以征信也"，坚持要义律和外商们具结。

义律拿英国国王说事，非但没能说服林则徐，反让林则徐觉得义律奸猾可恶，认为其为了推卸责任，竟然胡言乱语，目无君王！

为此，林则徐还专门让广州知府传谕义律，训斥他："说什么你的国王也不能令夷众听从，此言尤为悖谬，你即存心推诿，还要反诬国王的号令不行，如此不忠，何以对你国主？"[2]

甘结一事，双方闹得很僵，局势已从商务方面转到政治方面。

英国商人组织起来的总商会，在这种情形下，解散了。

义律被逼得急了，一气之下，把林则徐草拟好的甘结撕得粉碎，对包围在自己屋子周边的清兵狂叫着："回去告诉你们的长官，要杀就杀，别再拿具结的事情来纠缠我们了！我知道，你们这样不分昼夜地守在我门口，拿着刀子，只要我有一点不肯合作的企图，就会冲进来杀了我。那么，你们现在就来杀了我吧，何必还需要我们具结同意在未来的时期去杀掉别人呢？"[3]

当日，义律还写了一封信给巴麦尊，诉说了他的糟糕心情："我把保证书撕碎了，我非常希望他们将此告诉他们的长官。只要他们觉得合适，可以立刻要了我的命，可是要我答应保证书上的事情纯粹是徒劳！"[4]

甘结之事闹得这样不可开交，林则徐的幕僚梁廷楠也看不下去了，劝林则徐，说："就使彼能具结，亦不过一虚应故事耳。"

[1] 《批义律拒绝转令商人具结禀》，见《林则徐奏稿·公牍·日记补编》，中山大学出版社1985年版。

[2] 麦天枢、王先明：《昨天——中英鸦片战争纪实》，中央编译出版社1996年版。

[3] 《中国通信汇编》，见马士：《中华帝国对外关系史》第一卷，张汇文译，上海书店出版社2000年版。

[4] 《中国关系函件》1840.36（223）.390。

当时的《澳门新闻纸》也发表了外国人对具结的评价，说，即使具结，也是无用。原因不外是：众人皆非诚心具结，都是被大人逼的；具结之人具结之后，若犯事，也无权交出船上之人与船上之物，因为船上其他人无权上交，船上之货物包括船本身更不是他的，所以，具结也无用。

虽然梁廷楠和外国人都说具结无用，但林则徐就是和义律铆上了，说具结是必须的，不具就拘留全体外国商人，谁也休想离开。

林则徐相信，只要洋人具结了，广州以后就再也不会出现鸦片。

那边义律也跟商人们开会，他们认为，就算全部人都被困死在这里，也决不具结。

当然，义律也并不是故意要跟林则徐顶牛，真要顶牛，就不会答应上缴那 2 万多箱鸦片了。他也曾提出由在华的 42 家洋行各自向林则徐具结，但内容只限于保证自己不再从事鸦片走私。

不过，义律这个做法林则徐根本不肯接受。

为了具结的事，所有广东行商和洋人都日夜开会，不断论证，却始终没有找到两全其美的方案。

2. 虎门销烟

在具结争执的 47 天时间内，2 万多箱鸦片一直在陆陆续续地上交。

5 月 21 日，20291 箱鸦片终于上缴齐了。

作为补偿，林则徐吩咐，洋人每上缴一箱鸦片，就送 5 斤茶叶。

对这些茶叶，义律不接受，并于 5 月 22 日发出一个通知，声明：钦差大臣只图奉承皇上的旨意并且不管一切困难，无理由地将广州全体外侨拘禁，更荒谬地拖延拘禁期限，以及强迫委弃财产，他对钦差大臣的正直和平也失去了信心。鸦片的缴出并不是因为鸦片应该缴出，而是迫不得已的，一切英国人，必须在他以前或和他一起离开广州，一切英国船只目前均不得进广州入港口；他为他的政府保留了充分的权力取消或变更他已发布的任何命令或已承诺的任何赔款主张。

早在5月2日，林则徐就以鸦片收缴已经过半的缘由，特地通知过义律，准许经过查验的商船往来广州，并解除了对商馆的包围，兼准许开舱贸易。

但义律这一道声明，等于是以商务总监的身份主动停止了所有的中英贸易。

5月24日，义律伴同尚未离开广州的所有英国人离开广州前往澳门。

义律的表现，让林则徐略感意外，但已经收缴上来的2万多箱鸦片等待着处理，而且，林则徐也觉得“取结一事，比缴烟更为容易”，就暂停进行取结的工作，投身于销烟大事中去了。

从4月11日开始收缴鸦片起，到5月18日全部收缴完毕，这当中，查顿马地臣洋行7000箱，颠地洋行1700箱，罗素洋行1500箱，其他洋行依次不等，另有美国洋行的1540箱。一共缴纳了19187箱2119袋，袋与箱的包装不同，但是重量基本相等，比义律报的20283箱还多了1000多袋，所有鸦片价值大约1100万元。[1]

这一数字，相当于1838年至1839年运往中国鸦片总额的六成左右。

对于这些鸦片的处理办法，林则徐的意见是由朝廷“委派文武大员，将原箱解京验明，再行烧毁，以征实在”。

此议，遭到了浙江道监察御史邓瀛的反对。

邓瀛认为，从广州到京师，路途遥远，车运不便，所借贷之民力，更难以计算，且容易发生偷换作弊之事，建议就地销毁。[2]

道光帝于是下谕林则徐“督率文武员弁，公同查核，目击销毁，俾沿海居民及在粤夷人，共见共闻，咸知震詟”[3]。

可是，要将这二三百万斤的鸦片悉数销毁，可不是一件简单的事。

---

[1] 《英咭唎等国烟贩趸船呈缴鸦片一律收清折》，见《林则徐集·公牍》，中华书局1962—1965年版。

[2] 《筹办夷务始末·道光朝》卷6，中华书局1964年版。

[3] 同上。

虎门销烟浮雕（局部）

向来，销毁鸦片的方法就是烧。

这种做法的效果并不好。

林则徐在湖广查禁鸦片时，曾采用过这种方法。他发现，不但焚烧鸦片会严重地污染环境，而且，即便是熊熊大火烧过，也并不能真正使鸦片灰飞烟灭，因为，“焚过之后，必有残膏余沥渗入地中，积惯熬煎之人，竟能掘地取土，十得二三，是流毒仍难尽绝”[1]。

所以，是不能再沿用焚烧之法了。

林则徐决定另谋良法。

通过访查，林则徐“知鸦片最忌二物，一曰盐卤，一曰石灰。凡以烟土煎膏者，投以灰、盐，即成渣沫，必不能收合成膏”。

又考虑到要销毁的鸦片数量庞大，工程浩繁，林则徐又别出心裁地琢磨出了挖池浸化的方法：即挖掘好大水池，先在水中撒盐，待积盐成卤，便将

[1] 见《洋事杂录》。《洋事杂录》为林则徐幕下陈德培手抄林氏在粤使人翻译西书和新闻报纸所留存译稿，今藏于上海社会科学院历史研究所。

鸦片切片投下，泡浸上半日，再将整块烧透的石灰抛下，充分搅拌，便可将鸦片浸化、销毁。

而为了能让水池可以重复使用，林则徐将水池设置在虎门海滩上，挖了两个，池岸四周都用栅栏阻隔，池底及四壁均铺石板，池前设涵洞，池后通水沟，每一池鸦片销毁完毕，便乘海潮退去之时，启放涵洞，再从水沟车水入池，使已经销毁的鸦片渣沫从涵洞冲出，随着潮水流入大海。

此法一经试验，果然高效。

于是，林则徐即于5月31日发出告示，宣布谕旨，允许沿海居民和外国人到现场观看。

6月1日，林则徐“祭告海神，以日内消化鸦片，放出大洋，令水族先期暂徙，以避其毒”[1]。

祭告海神的祭文为林则徐亲撰，其末后两句为：“有汾浍以流其恶，况茫乎碧澥沧溟；虽蛮貊之邦可行，勿污我黄图赤县”[2]，充分抒发了其澄清宇内的大志。

6月3日，林则徐在广东巡抚怡良、粤海关监督豫堃、广东布政使熊常錞等人的陪同下走上了搭建在虎门寨下的礼台，礼炮声中，销烟运动正式开始。

虎门销烟成为打击毒品的历史事件。国际联盟把虎门销烟开始的6月3日定为“国际禁烟日”。1987年6月12日至26日，联合国在维也纳召开有138个国家的3000多名代表参加的麻醉品滥用和非法贩运问题部长级会议。会议提出了“爱生命，不吸毒”的口号。与会代表一致同意将虎门销烟完成的翌日6月26日定为“国际禁毒日”，以引起世界各国对毒品问题的重视，同时号召全球人民共同来解决毒品问题。

无数被切割成瓣的鸦片被抛放入池中，在卤盐、石灰的作用下，不爨自燃，“浓油上涌，渣滓下沉，臭秽熏腾，不可向迩”[3]。

[1] 《林则徐集·日记》，中华书局1962—1965年版。

[2] 《煎熬化鸦片烟土投入大洋先期祭海神文》，见林则徐：《云左山房文钞》卷3。

[3] 《销化烟土已将及半情形折》，见《林则徐集·公牍》，中华书局1962—1965年版。

先前，许多外国商人都“断言中国人不会焚毁一两鸦片”。

义律也曾给巴麦尊写信报告说，他本人打死也不相信林则徐会销毁鸦片。他估计中国政府会将这批鸦片作为政府专卖，从而使今后的鸦片贸易合法化。他还预测，这巨量鸦片转售之后，中国当局可能建立一个偿还原主烟价的基金。[1]

然而，林则徐就这样当着千千万万人的面将鸦片销毁了。

销烟期间，“沿海居民，观者如堵”。美国奥立芬洋行股东金（C. W. King，也有译作“经”和“京”的）和其眷属、传教士裨治文、商船“马礼逊”（Morrison）号船长弁逊（Capt. Benson）等人也专门从澳门赶到虎门看热闹。

在现场，这些洋人详详细细地察看了销烟的每一环节，对中国人言出必践的办事方式感慨良多。

金在写给朋友的一封信里描述了自己所见的销烟情形，感慨地说：“当崇奉耶稣教的那些政府正在生产这种毒药的时候，而这位异教的君主，竟不屑于以它出售，来为他的国库博取不下于 2000 万圆的收入。”[2]

裨治文则在参观记中写道：“我们曾反复考察过销烟的每一个过程，他们在整个工作进行时细心和忠实的程度，远出于我们的臆想，我不能想象再有任何事情会比执行这一工作更忠实的了。在各个方面，看守显然是比广州扣留外国人的时候严密的多。镇口有个穷人，因仅试图拿走身旁的一点鸦片，但一经发觉，几乎立即被依法惩办。”[3]

对于林则徐大无畏的禁烟行为，裨治文崇敬无比地说：“除此之外，我们难道还能在任何地方找到更好的证据，证明异教的正义战胜基督教的腐朽吗？”[4]

---

[1] 《中国通信汇编》，见马士：《中华帝国对外关系史》第一卷，张汇文译，上海书店出版社 2000 年版。

[2] 《新加坡自由报》（*Singapore Free Press*），1839 年 7 月 25 日。

[3] 《澳门月报》，1839 年 6 月号。

[4] 同上。

3. 林大人“睁眼看世界”，到底都看到了些什么

金和裨治文等人还得到了林则徐的亲切接见。

林则徐在自己的日记中记录道：“昨晚有米利坚京夷等，向游击羊英科禀称，见有告示，奉旨销毁烟土，俾夷人共见共闻，伊等请求看视，当即传谕允准。今日巳刻，京夷带其女眷与卑治文（E. C. Bridgman）、弁逊（Benson）等，同驾小船，由师船带至虎门，在池上，看视化烟，并至厂前，以夷礼摘帽见，令员弁传谕训诫，犒赏食物而去。”[1]

值得一提的是，关于虎门销烟过程中林则徐和洋人的接触，《剑桥中国晚清史》里是这样描写的：“当林则徐坐在车盖下监督每日在放满石灰的海水池中烧毁大量洋药的工作时，他注视着每个好奇的外国人。外国人脱一下帽子，沮丧地摇一摇头，都被当作‘心悦诚服’的毋庸置疑的证明。”[2]很多人就根据这个描写，取笑林则徐不知道外国人遇人摘帽的社交礼节。

实际上，《剑桥中国晚清史》之所以有这一说，多半是根据林则徐在给道光帝奏折中提到的：“且查夷商京等平素系作正经买卖，不贩鸦片，人所共知。因准派员带在池旁，使其看明切土捣烂及撒盐燃灰诸法，该夷人等咸知，一一点头，且皆时时掩鼻，旋至臣等厂前，摘帽敛手，似以表其畏服之诚。”

不过，从林则徐在日记里写的“以夷礼摘帽见”，足以证明林则徐是知道外国人遇人摘帽的社交礼节的，那些取笑林则徐的人研究史学未免太粗心了。

在销烟池畔的棚厂内，林则徐不但向这些洋人重申了天朝禁治鸦片的决心，同时也给他们详细陈述了今后外国船只进港贸易的条件，说：“最近所实行的严厉措施，目的完全是为了扑灭鸦片买卖”，“违法的交易必须马上

[1] 《澳门月报》，1839 年 6 月号。

[2] 费正清：《剑桥中国晚清史》，刘广京编，中国社会科学院历史研究所编译室译，中国社会科学出版社 1985 年版。

制止，其他正当贸易则受保护”。

林则徐特别声明：“凡经营正当之贸易并与夹带鸦片之毒行确无牵涉之船只，应给予特别优待，不受任何连累。凡从事私售鸦片之船只，必严加查究，从重罚治，决不丝毫宽容。总而言之，善有善报，恶有恶报。善者不必挂虑，如常互市，必无阻碍。至于恶者，唯有及早改恶从善，不存痴想。”[1]

林则徐深感于“沿海文武员弁不谙夷情，震于英咭唎之名，而实不知其来历，遇有夷船驶至，不过循例催行，如其任催罔应，亦即莫敢谁何”[2]的种种颟顸无知，就仔仔细细地向这些洋人询问了英国人撤离商馆的意图，以及同英国女王及其他欧洲君主通讯以什么方法最好。

林则徐还表示，他极想得到一些可以了解西欧的地图、地理书和其他外文书籍，尤其想得到一套由那个号称“活着的中英文字典”马礼逊 (R. Morrison) 编的《英华字典》。

在和洋人交谈中，林则徐了解到中英双方间海军的实力和装备情况的差距，心中“相当不快，有一两次皱起了眉头”，在洋人面前，他竭力保持镇定，嘴里一个字一个字地说：“我们不怕战争！”[3]但经过此事，他还是觉得自己之前对英国人的了解太肤浅了。

林则徐从来没听说过君主立宪体制这回事，他一直以为，英国与中国一样，实行的是君主独裁体制，他还以为，今英国商人撤出广州后，贸易虽然暂时中断了，但为了追求商业上的利润，这些商人还会再回来的。只要他们回来，甘结之事就可以迎刃而解。

可是，林则徐慢慢觉察到了事情并不像自己想象的那样简单。

这些英国商人既死活不肯出具甘结，那么，在巨大的商业利润下，英国政府会不会以武力介入呢？

林则徐想起了出京之前皇上曾经嘱咐过的：“鸦片必要清源，而边衅亦

[1] 《澳门月报》，1839 年 6 月号。

[2] 《东西各洋越窜外船严行惩办片》，见《林则徐集 · 公牍》，中华书局 1962—1965 年版。

[3] 《澳门月报》，1839 年 9 月号。

不轻启。”

想到这，林则徐打了个寒战。

整个销烟过程历时 20 天（其中端午节，暂停化烟）。从 6 月 3 日到 6 月 25 日，共计销化了 19179 箱，又 2119 袋，实重 2376250 斤。只留下 8 箱作为样品解京以供皇上查验。

销烟虽然结束，林则徐却改变了英国人不会为商人出兵的观点，开始着力加强海防武备问题。

原先，广东水师提督关天培在海口窄处都安设有木排铁链，以在必要时封锁省河，另在海口河道添设炮台炮位，各炮台连成一个全方位的交叉射击网。

林则徐不放心，亲赴横档察看木排铁链，验视铁链安根地方，并到威远、靖远两炮台，分别试演五千斤大炮和参观西洋铜炮。

他专门指定由关天培立定章程，使将备弁兵皆谙成法，时常操演精熟。

在相当长的一段时间里，林则徐的日记中都有他加强海口防卫措施的记载，诸如他在船上及陆上看“演放火箭”、“放排枪”、“演子母炮、台炮”，等等。

同时，林则徐也开始密切关注英国的反应，大力延聘翻译人才，想方设法探求西方知识。

他常挂在嘴边的话就是：“必须时常探访夷情，知其虚实，始可定控制之方。”[1]

姚莹在《东溟文后集》中说：“中国地利人事，西夷日夕探习者已数十年，无不知之，而吾中国曾无一人留心海外事者，不待兵革之交，而胜负之数已较然然矣。”

林则徐以“不知”为耻，四处延揽通译人才。

基督教徒梁发的儿子、美国传教士裨治文的得意弟子梁进德就是在这段时间内被林则徐招揽到幕下的。

[1] 《东西各洋越窜外船严行惩办片》，见《林则徐集・公牍》，中华书局 1962—1965 年版。

当时的外国人都一致认为梁进德“能正确而流畅阅读与翻译报刊上的一般资料”，称他“很明显地，他是最精通中文和英文的一位学员”。

梁进德之外，还有亚孟、袁德辉、亚林。

魏源《圣武记》说：“林则徐至粤，日日使人刺探西事，翻译西书，又购其新闻纸”。

宾汉撰写的《英军在华作战始末记》中则说：“当他在穿鼻港（即虎门镇口）时，他指挥他的秘书、随员和许多聪明的人，搜集英国情报，将英方商业政策，各部门详情，特别是他所执行的政策可能的效果，如何赔偿鸦片所有者的损失，都一一记录。他们尤其关心英俄是否正在作战。……这些情报，每日都交钦差阅览，当他离去广州时，已搜集了一厚册。”

英国传教士主办的《澳门月报》上也报道了关于林则徐研究西方事，称：“中国官府不知外国政事，又不询问考求，惟林总督行事全与相反。署中养有善译之处人，洋商、通事、引水等二三十位，四处打听，按月呈递。有他国讨好，将英国书卖与中国。”

《澳门月报》这样报道林则徐，而林则徐对英国国情和英国对华政策的许多认识也来源于《澳门月报》、英国商人主编的《澳门新闻录》，甚至英国鸦片商马地臣主办的《广州记事报》等资料。

林则徐抵粤之初，通过对英国人贩烟实况的考查，就认为“所来贸易之人，不过该国之一贩户，并非贵报戚达官，即鸦片亦皆私带而来，更非受命于其国主。且自道光十四年公司散后（指东印度公司广州分公司的撤销），一切买卖，均与其国主无干”[1]。

在研究了上述《澳门月报》等资料后，推想得到了证实：英国当局也知道鸦片是害人的，他们也严禁国人吸食，不赞成鸦片贸易。英国商船来华，英国国王都要求商人们服从中国的法令，并立限不许携带禁物。对不遵守中国法律的英国人，英国政府表示不会给予保护。

[1] 《奏夷人带鸦片罪名应议专条夹片》，见《林则徐集·公牍》，中华书局 1962—1965 年版。

魏源

知道了这些，林则徐开始放心了。

他觉得，英国国王不但不会包庇这些商人，替这些商人出头，反会约束这些商人。

在这些思想的支配下，林则徐有了一个大胆的想法：把英国烟贩贩烟的实际情况直接反映给英国国王，争取得到其配合，共同制止鸦片走私。

4. 林大人写给英女王的一封信

这年6月，林则徐挥笔写就了一份“谕英咭唎国王檄”，送呈道光审核，恭候钦定后再颁发，大意如下：

我天朝大皇帝抚定中外，以天地之心为心，一视同仁，有利则与天下共享，有害则为天下革除。

贵国历代国王都恭顺天朝，多次在进贡表文中称：“凡本国人到中国贸易，均蒙大皇帝一体公平恩待”。难得贵国国王如此深明大义、知道感激天恩，天朝大皇帝喜欢之余，对贵国特别优待。贵国因此得贸易之利近两百年，贵国现在能以富庶著称，实在是全赖我天朝大皇帝的格外开恩。

只是，通商年久，来华众夷良莠不齐，其中有人夹带鸦片，诱惑华民，以致毒物流传至天朝各省。该种只知道损人利己的奸商，天地难容，情所共愤。大皇帝天庭震怒，特遣本大臣到广东与本总督部堂巡抚部院会同查办，凡内地人民有参与贩鸦片和食鸦片的，一律处死。苦苦追究夷人这么多年来贩卖鸦片的罪行，贻害既深且攫利又重，就算诛杀十次也不嫌多。只是本大臣觉得，众夷尚能主动缴交二万二百八十三箱鸦片，知道悔罪乞诚，这才在大皇帝跟前说好话，得大皇帝法外施恩，姑宽免罪。

当然，这种事可一不可再，若有再犯者，法难屡贷，定斩不饶。

想来，贵国国王对天朝向化倾心，也一定能约束来华众夷，晓以利害，让他们凛遵天朝法度。

查得从贵国到天朝有六七万里之遥，但众夷船不畏路遥，争相前来贸易，其原因就在于获利丰厚。夷人的厚利从哪里得来？从天朝子民身上来。夷人既获厚利，则天朝子民就必有亏损。做人要讲良心，可不能做从人家身上获利又反以毒物害人家的缺德事。退一步说，即使夷人未必是有心害人，但因为主观上太过贪利，客观上已经造成了害人的事实，这种行为也是不允许的。听说贵国对鸦片的禁食极严，这说明贵国上下也清楚鸦片是害人的毒品，贵国既然不想让该毒品祸害于本国，就应该同样不能让该毒品祸害于别国，何况，这别国还是对贵国恩深似海的天朝上国呢？！

天朝输运往外国的物品，全都是利人之物，利于食，利于用，且利于转卖，样样都是百利而无一害的宝贝。所谓业界良心，中国何曾输出过一件半件为害外国的物品？像茶叶大黄，这些可都是外国人每天都不可或缺的生活必需品呀。想想看，如果中国单单为了谋利而不顾及为害的一面，则夷人就根本不可能存活在这个世界上。又比如说，外国的毛织品与丝织品，缺少了中国的蚕丝就不能成织。如果中国单单为了谋利而不顾及为害的一面，则夷人还有何利可图？其余如糖料、姜桂、绸缎、瓷器等等食品物品，都是外国的必需品，数都数不过来。

从外国输入天朝的物品，全不过是以供玩好的小玩意、小物件，可有可无。这样的一些小玩意、小物件，既不是中国的必需品，中国要闭关绝市又有何难？

话说回来，天朝对于茶叶大黄、丝绸瓷器等等宝贝，从来都是听任其贩运流通，绝不吝惜。没有什么特别的原因，一句话，无他，“有利则与天下共享”是也。

外国从天朝带出的货物，不仅可以自资食用，还可以转售各国，获利在三倍以上。

也就是说，即使不卖鸦片，尚可以轻松获取三倍之利，为什么还忍心用鸦片这种害人之物猎取不义之财？假使别国有人贩鸦片至英国，诱人买食，贵国国王难道不会感到深恶而痛绝？

向来听说贵国国王宅心仁厚，自然不肯以己所不欲者强施之于人。并且听说凡来广州的商船，贵国国王都颁给条约，明确要求不准携带禁物。所以说，贵国国王的政令本来是极其严明的，只是来华商船众多，之前查验得又不够深入罢了。现在行文照会，既知天朝禁令之严，定必使之不敢再犯。

且听说贵国所邻的兰顿及嘶噶兰、嗳伦等地，并不生产鸦片。只是在所管辖的印度等地，如孟啊啦、曼哒啦萨、孟买、叭哒拏默拏、嘛尔洼等等，连山栽种，开池制造，搞得臭秽上达，天怒神恫。如果贵国国王能把种植在这些地方的鸦片拔尽根株，尽锄其地，改种五谷，并严令有敢再图种造鸦片者，重治其罪，绝对称得上是兴利除害的盖世大仁政。要想得到上天的保佑和神灵的赐福，延年益寿，子孙万代，就全在此举矣。

夷商来到内地，衣食行住，无一不沾天朝之恩膏，经商发财，无非得益于天朝之乐利。这些人，在本国生活时间少，在广州生活时间多。用刑法来晓喻人民，使人民知法、畏法进而守法，乃是古今通义。比如说，别国人到英国贸易，就必须遵守英国法度，更何况是来天朝呢？天朝如今已制定了卖、食鸦片者处死刑的严令，来天朝的夷商就必须遵守。试想想，夷人如果不把鸦片带来，则天朝的百姓哪来鸦片转卖？哪来鸦片吸食？所以说，实际上是奸夷陷华民于死，天朝岂能准其逍遥法外？害人一命，必以一命相抵，用鸦片害人，害死的又岂止一命？因此，天朝制订下新例：凡带鸦片来内地的夷人，定以斩绞之罪。这就是所谓的"有害则为天下革除"也。

经查本年二月间，贵国领事义律因为鸦片禁令森严，禀求宽限。本大臣等奏蒙大皇帝，格外天恩，倍加体恤。规定：凡在一年六个月之内，误带鸦片，却能自首全缴的，免其治罪。若超过此限期，仍有带鸦片来，便是明知故犯，即行正法，断不饶恕。此为仁至义尽是也。

我天朝君临万国，挟不测之神威，但不忍不教而诛，故特明宣定例。

贵国夷商如果想在天朝长久贸易，自当凛遵宪典，永断鸦片来源，万勿以身试法。

贵国国王如果能协同天朝诘奸除慝，扫污去垢，恭顺天朝，则可与天朝共享太平之福，幸甚，幸甚！

接到此文之后，即将杜绝鸦片缘由，速行移覆，切勿诿延。[1]

美国学者特拉维斯·黑尼斯三世和弗兰克·萨奈罗在所著的《鸦片战争：一个帝国的沉迷和另一个帝国的堕落》中对林则徐这封信的评价是："他给

[1] 《拟具照会英王底稿折》，见《林则徐集·奏稿》中册，中华书局 1962—1965 年版。此处文字有改动。

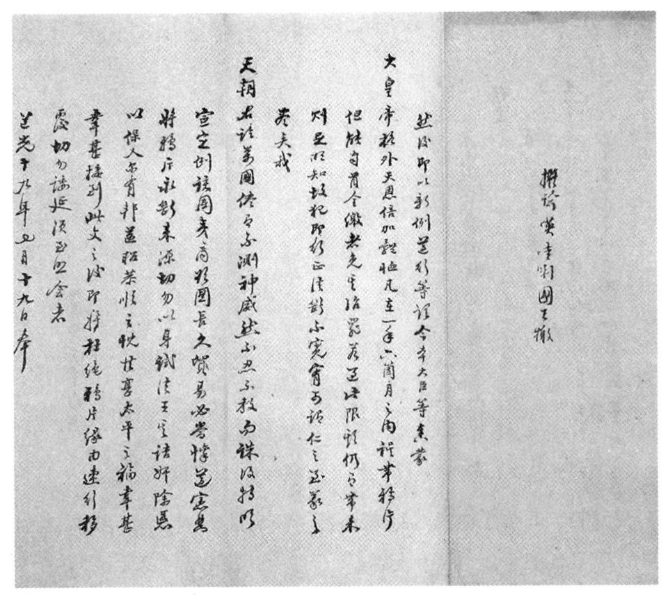
擬諭英吉利國王檄

然後即以新例遵行等語。今本大臣等恭蒙
大皇帝格外天恩，倍加體恤，凡在一年六個月之內誤帶鴉片，但能自首全繳者，免其治罪。若逾此限期，仍有帶來，則是明知故犯，即行正法，斷不寬宥，可謂仁之至義之盡矣哉。
天朝君臨萬國，儘有不測神威，然不忍不教而誅，故特明
宣定例。該國夷商欲圖長久貿易，必當懍遵憲典，將鴉片永斷來源，切勿以身試法。王宜詰奸除慝，以保乂爾有邦，益昭恭順之忱，共享太平之福，幸甚幸甚。接到此文之後，即將杜絕鴉片緣由速行移覆，切勿諉延。須至照會者。
道光十九年九月十九日奏

谕英咭唎国王檄

维多利亚女王写信，诉诸以一种朴素的是非感：‘天道对所有人都是公平的。损人利己是不道德的。世界上的人心是相同的：珍爱生命，憎恨摧残生命的事情。’当年，林则徐所流露出的绝望情绪就像今天所谓零容忍的倡导者，与今天美国政府打击毒品贸易的绝望之情也是一样的。”

不过，“林则徐错误地认为英国已禁止鸦片，这当然是中国对蛮夷文化不了解所产生的典型错觉。鸦片在英国非常流行，但却是那种不太容易上瘾的鸦片酊，即一种红酒，里面不过有一两粒鸦片。使用过这种鸦片的名人包括诗人萨缪尔·克里奇和作家托马斯·德·昆西，后者于1821年创作的一部自传性的书籍《一位鸦片吸食者的忏悔》曾畅销一时”。

林则徐写好这封信，经过道光审阅，可以寄出了，可一直找不到代为带信的人。

1839年12月，一艘名为“杉达”（Sunda）号的英国商船在琼州文昌县遭风遇难，船上人员得到了中国军民的搭救，该船医生喜尔（Hill）记述了

自己在16日在天后宫拜见林则徐、邓廷桢、怡良几人的经过：

> 他（林则徐）问我们什么时候离开英国，离开英国以前是否已有关于中国的乱事的消息传到英国，我们第一次在什么时候、什么地方听到这种消息，从安吉尔航行到中国需要多少日子，船舶在来中国途中是否惯常要在该地停靠，我们的船货的性质和价值，我们的船是否以前来过中国。为了向我们表明鸦片生意的可耻及最近几年来它的增长，他交给我们一份地尔洼先生作的小册子和另一本撕去封面的关于中国的小册子（我想是德庇时作的）。他要求我们阅读从两书中摘出的几段。两书中有几部分已经译成中文，贴在原文所在的书页上。他还有五六张东印度公司的卡片，上面载着一季中售出的鸦片数量。……他交付一封给英国女王的函件。文辞仍旧是一贯的浮夸口气，使我不禁失声而笑。他一看见这种情况，便问是不是不合式。我们说我们所笑的，只是文辞上的几处讹误。于是他便吩咐我们将信带入里屋，在那里修改我们所发现的一切错误，并在那里进茶点。原函很长，是用毛笔写的，笔迹清晰，内容主要是说鸦片贸易及其恶果的一篇长文，并且希望女王陛下能够加以干涉，协助遏止烟祸。林公又问起各种鸦片所自来的地点。他让我把这些地名给他写下来，我当即照办。提到土耳其的名字时，他问是否属于美国，或是美国的一部分。我们告诉他土耳其距离中国几乎需要一个月的航程。他似乎很惊奇。[1]

《广州周报》曾经评论说："中国官府全不知道外国之政事，又少有人告知外国事务"，"至今仍旧不知西边"。"然林行事全与上相反"，"于今观其知会英吉利国第二封信，好似初学知识之效验"。

---

[1] 《澳门月报》，1840年1月号。参见《中国近代史资料丛刊·鸦片战争》第五册。林则徐主持翻译的《澳门新闻纸》中，亦有本文的摘译，见《中国近代史资料丛刊·鸦片战争》，第二册上海人民出版社2000年版。

这封经过喜尔等修改过的致英国国王照会英文译本，后经缮封，于1840年1月18日交付英船“担麻士葛”号船主噂喇带往伦敦。

5. 鸦片为什么会越禁越多

虎门销烟的动静搞得很大，但结果似乎适得其反。

根据《澳门月报》1839年2月号报载，在6月，英商刚从广州撤退以后，已有沿海贸易船只重新经营鸦片贩卖了。

义律在写给英国国会的报告中也称：“在福建省几个地区，林钦差大臣的措施已经造成了一个由中国人走私商组织起来的可怕的集团，政府官员竟不加以干涉……真的，当我写这篇报告的时候，鸦片交易正在广州以东约200英里的几个地方极其活跃地进行。”[1]

不过短短几个月，“沿海一带从事于这非法交易的船只，为数之多，堪与以前任何时期相比拟，甚至还要更多些。”[2]

参加鸦片走私的美国人亨德（William C. Hunter在其《缔约前番鬼在广州》（*The Fan Kwae At Canton Before Treaty Days*，1825—1844）书中，就其当时目击沿中国海岸走私的情况记说：“价格好像荒年的物价一样，继涨增高；据说在刚刚销烟之后，在广州城里交货的每箱价格，就从500元涨到3000元。”

《澳门月报》（1839年10月号）则记：“在10月里，沿海一带，每箱价格大约在1000元到1600元。”

也就是说，鸦片走私量不但更大，价格也更高昂，所不同的是，交易情形和代理商家现在已经完全变更了。

《澳门月报》（1840年1月号）中说：“主要的代理商不再住在中国，

---

[1] 《中国通信汇编》，见马士：《中华帝国对外关系史》第一卷，张汇文译，上海书店出版社2000年版。

[2] 《澳门月报》，1840年1月号。

他们的船只，无论大小，都带有武装人员和武器、足能向中国水师挑衅；并且有不少的中国本地走私商也武装起来，借以保卫自己反抗他们政府的官兵。”

小弗雷德里克·韦克曼先生则说：“尽管采取了拘留、逮捕和查封等狂热的行动，林钦差铲除鸦片恶习的计划并未成功。”[1]

出现这种情况，主要是中国官吏的腐败和吸毒贩毒罪犯的捣乱。

举一个例子，林则徐提倡收缴烟膏、烟具，很多人认为这会导致形式主义。

事实上，早在林则徐在湖广任上大缴民间烟枪烟具时，邓廷桢就曾指着几案上的水盅对幕僚梁廷楠说：“譬如禁茶，茶碗收尽，还可以以这个水盅为饮具，尽绝吸食鸦片，只收缴烟具根本不是办法。”[2]

邓廷桢之外，提出了同样的看法的官员不在少数。

正是在这些官员们的唠叨下，道光帝下了一道严谕：“嗣后拿获吸烟人犯，不准以呈缴烟膏烟具入奏。”

这道谕旨，简直就可以使人认为政府禁止收缴民间烟土烟具，甚至使人误解为停止烟禁。

这，无疑对刚刚开展的全民禁烟运动起到了反作用。

事实也是这样，谕旨一下，广东以外，各省收缴烟土烟枪的工作很快陷于停顿。

为此，林则徐据理力争，上奏说：“滨海愚民，无知误会，近日纷纷传播，转谓烟禁已弛，有枪有土，仍听存留。前此赴乡查访之绅耆，辄被乡民恃顽抗拒，谓已奉旨免缴，何得多事？”

又说：“溺于鸦片之人，直以其枪为性命”，“若不收枪，则未犯案者固难望其自毁，即已犯案者仍不甘于弃枪，将使在家独吸之人合之而同吸于囹圄，并将各处散吸之人徙之而聚吸于配所，窃恐辗转流传，其势更难于禁

---

[1] 费正清：《剑桥中国晚清史》，刘广京编，中国社会科学院历史研究所编译室译，中国社会科学出版社 1985 年版。

[2] 梁廷楠：《夷氛闻记》，中华书局 1959 年版。

止矣”。直言收缴烟枪乃是“不能不歇之势”，“若因此顿更大局，非独前功可惜，更虞挽救无方”。

林则徐在奏折上提到的“烟禁已弛”这四个字，其实是有来历的。

自嘉庆朝始，随着鸦片输入的不断增加，虽然天朝屡次下令禁止进口和贩运鸦片，但成效总是不大。因此，在对待鸦片走私问题上，出现了两种禁运主张：即“弛禁”、“严禁”。

“弛禁”方面的代表人物是太常寺卿许乃济。

许乃济，字叔舟，号青士，钱塘（今杭州）人，嘉庆十四年（1809 年）己巳二甲四名进士，散馆授编修，历任山东道监察御史，给事中，广东按察使，太常寺卿。

道光十六年（1836 年）六月，许乃济向道光帝上了一道《鸦片例禁愈严流敝愈大亟请变通办理折》，提出了他的关于解决鸦片危机问题的弛禁策。

弛禁策的主要内容有三项：

第一项，鸦片贸易合法，课征关税。具体办法是“准令夷商将鸦片照药材纳税。入关交行后，只准以货易货，不得用银购买”。这样，“夷人纳税之费，轻于行贿，在彼亦必乐从”。

第二项，禁官不禁民。即主张对“文武员弁士子兵丁等，或效职从公，或储材备用，不得任令治染恶习”，“如有官员士子兵丁私食者，应请予斥革”，“该官上司及保结辖官，有知而故纵者，仍分别查议”；对“民间贩卖吸食者，一概勿论”。

第三项，准许内地种烟，以土烟敌洋烟。许乃济认为，洋烟性烈，土烟平和，“宽内地民人栽种罂粟之禁”，“内地之种日多，夷人之利日减，迨至无利可牟”，如此以土烟敌洋烟，洋烟“自不禁而绝”。[1]

应该说，许乃济的“弛禁策”在抵制洋烟的“入侵”方面还是有一定现实意义的，他既考虑到中英当时严重的贸易逆差，也从当时中国封闭的实际

[1] 《黄爵滋奏疏许乃济奏议合刊》，中华书局 1959 年版。

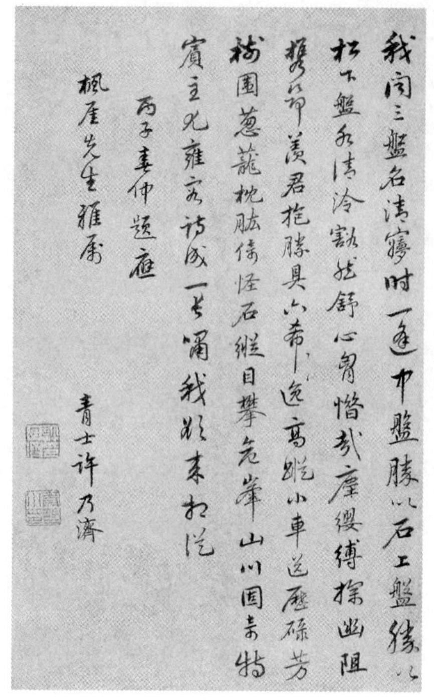

许乃济手书

出发，遵行经济发展规律，以毒攻毒，以烟制烟，企图打一场贸易战、一场商品战。

可是，他的主张却遭到内阁学士兼礼部侍郎朱樽、兵部给事中许球等人的猛烈攻击，被“降为六品顶戴”，最后含冤死去。

1858 年，被作为社论载于《纽约每日论坛报》9 月 20 日和 25 日上的马克思所撰写的《鸦片贸易史》曾因此评论说：“1837 年，中国政府终于到了非立即采取坚决措施不可的地步。因鸦片的输入而引起的白银不断外流，开始破坏天朝的国库收支和货币流通。中国最有名的政治家之一许乃济，曾提议使鸦片贸易合法化并从中取利；但是经过帝国全体高级官吏一年多的全面讨论，中国政府决定：‘这种万恶贸易毒害人民，不得开禁。’早在 1830 年，如果征收 25% 的关税，就会使国库得到 385 万美元的收入，而在

1837 年，会使收入增加一倍。可是，天朝的野人当时拒绝征收一项必定会随着人民堕落的程度而增大的税收。”

马克思对于“弛禁策”不能实施，流露出了无限的遗憾。

马克思甚至断言：如果中国政府使鸦片贸易合法化，同时允许在中国栽种罂粟，这意味着英印国库会遭到严重的损失。

此言非虚。鸦片战争后，天朝很多地方都将鸦片种植作为新的经济增长点，某些种植区域，如云贵川等地，产量惊人。1882 年，国产鸦片实现了自给自足，并且开始出口创汇，而到了 1917 年，鸦片进口完全停止，这充分证明了许乃济以土烟抵御洋烟的策略是有效的。

现在，道光帝下了“不准以呈缴烟膏烟具入奏”的严谕，民间很多人都以为朝廷开始“弛禁”鸦片，为此，他们面对林则徐的禁烟，据理力争，有恃无恐，振振有词地说：“已奉旨免缴，何得多事？”

这让刚刚开展的全民禁烟运动遇上了巨大的障碍。

另外，林则徐胁迫义律出具甘结之举，也被掌河南道监察御史步际桐上折指责为：“徒令接办之人，开一含混之路，甚非我皇上为时除害、拔本塞源之至意。”[1]

道光帝也因此将步际桐原折批发给林则徐，要他和邓廷桢一同“悉心筹划，务使弊源尽绝，永杜含混之端”[2]。

道光帝的举措，更加助长了反对禁烟者们的气焰。

此外，6 月 12 日，宗人府宗令、肃亲王敬敏领衔穆彰阿等廷臣数月会议拟定了一部禁烟法典——《严禁鸦片烟章程》三十九条，对贩、售、吸鸦片人犯严格制定了罪名，严立科条，宽予期限。这本是一件好事，但有识之士读了这部新法典，立刻得出结论：“分而观之，法制固为周详，合而考之，

[1] 《筹办夷务始末·道光朝》卷 6，中华书局 1964 年版。

[2] 同上。

彼此间有抵牾。”[1]

比如说，对吸食鸦片人犯，章程第十条规定：“止准地方员弁访拿究办，不许旁人讦告。”但第三十八条又出尔反尔地规定：“十家为牌，设一牌长，如牌内之人有犯，即行举发，倘有受贿知情等弊，一经犯案，与地保邻佑，一体惩办。”

这种自相矛盾的规定，让人无所适从。

道理很简单：“讦告则有干例禁，不举则大恐获惩。”[2]

既如此，章程就成了空文，无从实施。

许多以权谋私的官吏甚至就以第十条“止准地方员弁访拿究办，不许旁人讦告”为护身符，保护鸦片吸食者和他们自己贪污受贿的既得利益。

可以说，该禁烟章程的颁行，使得鸦片贩子和吸食者对抗禁烟的活动更加肆无忌惮，“始而风影伪传，既而歌词远播，以查拿为希旨，以掩捕为贪功，以侦缉为诡谋，以推鞫为酷罚。甚至诬以纳贿，目为营私，讥建议为急于理财，訾新例为轻于改律”，又“假托姓名，胪列款迹，向内外衙门投递揭帖，希冀代奏”。[3]

除《严禁鸦片烟章程》三十九条的颁行对禁烟造成极坏后果之外，对禁烟运动造成最致命影响的是：原本林则徐向道光帝提出，“夷人带鸦片烟来内地者，请照化外有犯之例，人即正法，货物入官，议一专条”。穆彰阿会同刑部研究后，却改为：“夷人如带有鸦片烟入口图卖者，即照开设窑口例，拟斩立决，为从同谋者，从严拟绞立决。”[4]

道光帝想也不想，当即下旨“依议”。

将“来内地”改为“入口”，无异于承认外国鸦片贩子在虎门口外的贩烟活动为合法，以后，如若林则徐再行收缴趸船鸦片便有违于法理。

[1] 陈光亨：《请酌议新定严禁鸦片章程疏》，见《养和堂遗集》卷 1，清光绪十九年（1893）刻本。

[2] 同上。

[3] 《邓廷桢传》，见《清史列传》卷 38，中华书局 1987 年版。

[4] 《筹办夷务始末 · 道光朝》卷 7，中华书局 1964 年版。

这种釜底抽薪的行为从根本上摧毁了林则徐杜绝烟患的基础。

6. 边衅，有还是没有

道光即位，颇想重振大清雄风。他先从自己做起：衣非三日不易，食物价高，虽喜不索；宫中用款，岁不过二十万。然腐败之风积重难返，国家财政，日趋困顿，生性节俭的道光嗟叹不已。

1839年初，两江总督陶澍因病重上折奏请辞职，他在《恭谢恩准开缺折子》中称“林则徐才长心细，识力十倍于臣”，荐举林则徐继任。

当时全国一共有八个总督（河道和漕运两位属于专职），其他总督都管两个省，四川总督只管一个省，只有两江总督，管理的是安徽、江苏和江西三个省。

所以说，在地位上，两江总督仅次于直隶总督。

而在财政上，两江总督所辖的三个省最为富庶，其财政收入约略相当于全国收入的六成以上。

道光完全同意陶澍的推荐，于 1840 年 4 月 22 日降旨调林则徐任两江总督，足体现其对林则徐的倚重。

1840 年 5 月 18 日，即林则徐在虎门收缴英船最后一箱烟土之日，就收到了省城转来的调任部文。

林则徐深知，缴烟只是禁烟的开始，禁烟运动还远没有结束。他上奏道光帝，力陈缴烟之后，禁烟运动不能停止。他认为不但广东对外国货船还要随到随查，就是沿海各省，亦应一体严查，时加防范，使“收缴之令随在得行”，方可永杜窜越售私之踪。同时，“内地兴贩已久，流毒甚深，囤积之家定必不少”，“虽已力塞其源而其流尚未有艾”，各省均应同心协力，“趁此机会严缉痛惩，首缴者许以自新，怙恶者寘之重典”。

但道光帝主意已定，决意要调他接任两江总督。

在道光帝的眼里，两江漕务已成首要之务，禁烟运动退居其次。

甚至虎门销烟后，林则徐在广东的禁烟事业已一度淡出了道光的视线。

道光帝认为，大量的烟土已经销毁，林则徐所要做的，无非是一些收尾工作而已，因此，他颇为不满地说："林则徐已放两江总督，现虽专办此事，岂能常川在粤？即邓廷桢统辖两省，公务繁多，亦不免顾此失彼！"还训示方略说："日后再有反复，即当示以兵威，断绝大黄茶叶，永远不准贸易。"[1]

林则徐被迫于 1840 年 8 月上了一道《密陈办理禁烟不能歇手片》，委婉地表达了自己暂时离不开广东之由。奏书中称："臣渥受厚恩，天良难昧，每念一身之获咎犹小，而国体之攸关甚大，不敢不以见闻所及，敬为圣主陈之。"

也从这个时间开始，林则徐发回京师的奏折一道道增多，将道光帝的心思重新拉回到禁烟事件上来。

这些奏折大部内容是围绕英商人的"具结"问题。

"具结"问题似乎永无休止，让人烦不胜烦。

道光帝多次暗示林则徐，此事适可而止，不必太过较真。

但林则徐置若罔闻，断然宣布"封舱"，停止中英双方在广州的一切贸易。即使英国人退到了澳门，林则徐仍步步进逼，称若英国人不肯具结，就必须离开澳门。迫得英国人从澳门撤离，漂浮在海面上。

为了让林则徐尽快做完手头工作，道光帝也下了一道谕旨，传令，全国范围内停止中英双方的一切贸易，以配合林则徐的行动。

然而，"具结"的事尚未有着落，到了 9 月，林则徐的奏报又多了一项内容："交凶"。

奏报上说："尖沙村中有民人林维禧，被夷人酒醉行凶，棍殴毙命。经新安县梁星源验明，顶心及左乳下各受木棍重伤。讯据见证乡邻，佥称系英咭唎国船上夷人所殴，众供甚为确凿。谕令义律交出凶夷，照例办理。将及两月，延不肯交。"

---

[1] 《筹办夷务始末・道光朝》卷 8，中华书局 1964 年版。

原来，这年7月7日，一群英国水手到尖沙嘴（咀）村买酒喝，酒醉后耍酒疯，和当地村民发生了冲突，群殴过后，中国村民林维禧因伤重而死。林则徐派人前去查办，要杀人凶犯，英国人拒不交凶。

“交凶”一事不断发酵，中英双方的矛盾就不断加剧。

林则徐在奏报里明白无虞地告诉道光帝，英国人开始“挑衅”天朝的尊严和制度了。

道光帝的头一下子大了。

原先，林则徐进京，道光皇帝在八天之内召见了八次，并进行了十九次秘密会谈，多次重申：“鸦片必要清源，而边衅亦不轻启。”

现在，林则徐这样寸步不让、一点点地把英国人往绝路上逼。难道就不怕英国人狗急跳墙，发起“边衅”吗？

道光帝的脊梁骨一阵阵发凉。

想当年，新疆南部发生了张格尔叛乱，朕忙得焦头烂额、心力交瘁，最后动用了四万多军队，花费了长达七年时间，耗帑一千多万两银子，才堪堪将这场叛乱平定下去。

相比那时，现在国家经过了十几年严重的“银漏”，国库空虚，已难于应对一场战争，而且，朕已年近六旬，再也经受不起折腾了，不求国势扩张，只求平安无事，你林则徐这么蛮着干，早晚会出事。

道光帝的心都提到嗓子眼上了。

但是，为了保持“天朝”颜面，道光帝也只能继续以“羁縻”之策谕示林则徐，“断不敢轻率偾事，亦不致畏功无能”[1]。

林则徐似乎并不将道光帝的告诫放在心上。

诚如前文所提，为了做到知己知彼，林则徐成立了属于自己的翻译团，“日日使人刺探西事，翻译西书，又购其新闻纸”。

此外，在广州开设眼科医院的美国传教士伯驾（Dr. Peter Parker）对林

---

[1] 中国第一历史档案馆编：《鸦片战争档案史料》第1册，天津古籍出版社1992年版。

则徐了解西方也提供了极大的帮助。

伯驾告诉了林则徐许多地理方面的知识，并送给了林则徐一本《各国地图集》、一部地理书和一架地球仪。

随着搜集资料的增多和研究工作的进行，林则徐得知，英国只一个岛国，国内人口约有四千万，不过大清帝国的十分之一。英国的军队只有区区十几万，是大清帝国的六分之一。且其除了海军装备较为精良外，难以与大清帝国相提并论。

从这些材料来看，英国是那样的孱弱，林则徐推翻了自己此前认为英夷会发起“边衅”的诊断，认定英国政府绝对不会发动对华战争。想想看，谁会跨越七万里路程去和另一个国家打仗？

先别说会不会，打这种仗，后勤补给都是问题。

林则徐还通过研究得知，英国是以贸易为立国之本，如果和天朝开战，商贸就会停止，以贸易为本的英国将会影响巨大，甚至难以立国。

因此，林则徐更加坚定了自己这一次的推断：英国绝对不会因为禁烟的事，跟天朝爆发战争。

他对道光的担心很不以为然，说：“向来恐开边衅，遂致养痈之患日积日深。”

他还公开扬言：“岂知彼从六万里外远涉经商，主客之形，众寡之势，固不待智者而决。即其船坚炮利，亦只能取胜于外洋，而不能施技于内港。”

在五月初四日（6 月 4 日）的《东西各洋越窜外船严行惩办片》奏折中，林则徐还跟道光帝分享了一个自己琢磨出来对付英夷的法子：只要雇募沿海地区那些水性好的渔民，驾着装满柴薪的拖船，带着火具、火器，分为几队，在夜间顺着风向放送，则“夷船中触处皆引火之物，未有不可以焦烂者”。

“边衅”问题一直是道光帝的心头大患，林则徐既有克敌制胜的奇招，道光便指示其“相机筹办”，“务使奸夷闻风慑服，亦不至骤开边衅，方为妥善”。[1]

为了让道光帝放心，林则徐又在七月二十四日（9 月 1 日）上了一道长达 2000 余字的夹片，即《英人非不可制严谕将英船新到烟土查明全缴片》，就“边衅”问题进行了专门的分析，说，臣自从接受了办理夷务的责任后，一直谨记圣上“鸦片必要清源而边衅亦不容轻启”的叮嘱，万事兼筹并顾，随时密察夷情。经过一番实际考察才知道，有没有“边衅”全在于治理鸦片法度的宽严是否得当。宽，当然可以消除“边衅”，但也会姑息养奸，祸患越积越大；严，看似容易挑起“边衅”，但也使我可以按照规矩法度去驱车奔驰。所谓小惩即可大诫。这其中的操纵玄妙，贵在时机的掌握。

对于英夷的作战能力，林则徐说，大家之所以震慑于英咭唎的威名，一则是因为其船坚炮利而以雄强著称，二则是因为其奢靡挥霍而以富庶夸耀。其实，该夷兵船笨重，吃水深达数丈，长处是可以乘风破浪而取胜于外洋。但是，只要我军避免在外洋与之交战，其长处就无从发挥，一旦引其到港口或内河，其则运棹不灵，遇上水浅沙胶，更是举步维艰。试想想，他们的货船进入内河，都必须花重金聘请当地人进行导引，则装载有重型大炮的舰船就更加笨拙了。从前律劳卑冒昧进入虎门，很快就惊吓破胆，回澳身死，便是明证。而且，夷兵除枪炮之外，击刺步伐俱非所娴，而其腿足缠束紧密，屈伸皆所不便，若到了岸上，根本不可能有任何作为，所以，英夷军队其实并不像传说中那么强大。

林则徐还说，虽说天朝的官兵有足够的办法制服英夷，但也犯不着跟他们干仗，因为，完全可以不战而使之屈服。

那么，怎么才能不战而使之屈服呢?

林则徐解释说，英夷生性奢侈贪婪，不从生产上务求财富，专门以贸易求利，而其贸易又全赖中国提供了通商的港口。我一旦闭关封港，则其不但不能购中国之货以赚他国之财，其所带来的洋布棉花等物也别无销售的去处。

[1] 《筹办夷务始末・道光朝》卷 7，中华书局 1964 年版。

所以说，贸易是该国赖以谋生的不二法门，而中国的通商港口，又是该国贸易者必不可少的命根子，有断断不敢自绝之势。只要我掌握住港口的开或放，就可以操控英夷的生或死。

林则徐下结论说，即使真有所谓的“边衅”，那也是英咭唎国内一些不法商人构成的。

林则徐还补充说，从英咭唎的国都兰顿（即伦敦）到广州，须历海程七万里，中间过一处险峡，风涛之恶，四海所无，夷人行舟至此，莫不股栗。也就是说，来华的夷人都是历经种种苦难的，自然会珍惜在华的机会。现在的英咭唎，国主为女性，在位四载，年仅二十，其叔父分封外埠，恒有觊觎之心，其内顾不遑，何暇窥边？不过，其国外出贸易的夷商，长住在他国，为谋巨利，往往争占港口码头，即使没有国主的命令，也会私约兵船前往攻夺，每占得一处新地，则准许出资之人取利三十年。所以，英夷常常会于贸易之处潜起并吞之心，像新埠（今马来西亚马来亚西岸的槟榔屿）、新奇坡（新加坡）等地方，都是其数十年来所侵据之地，距广东海程，不过旬日。其每占得一处，则以夷目镇守。其蚕食之心，日渐猖狂，不过，其秉性狡猾，往往畏强欺弱。嘉庆十三年（1808年），其曾以七船夷兵图谋豪夺安南东京之地，被安南人诱入浅港，乘夜火攻，七船俱成灰烬，从此再不敢进窥一步。如今阅读其商船条约，上面还有“不许近安南马头”之类的文字，其为创巨痛深可知。同在广州贸易的米利坚等国夷人，也都说英国不识好歹，只能接受制压，这是因为他们深谙英夷欺软怕硬的习性才说的。

对于这些不法商人，林则徐的看法是：臣已详细考察过夷情，约略窥知其底细，料定其万不敢以侵凌他国之术窥伺中华，而其居心叵测，总以鸦片的蔓延散播之势已经不可收拾。但臣林则徐甫抵广州，便雷厉风行，严令禁烟。该夷终于知道臣上秉天威，唯恐患不可测，一经严谕，乖乖将二万余箱鸦片和盘托出。嗣后，看到臣执法稍为宽假，未曾伤及夷人，惊魂甫定，便复萌故智，徘徊海上，申请以澳门为落脚点，幻想逃脱严法之约束，兼收被毁鸦片之损失。这就是其可以明显看得出的心思。

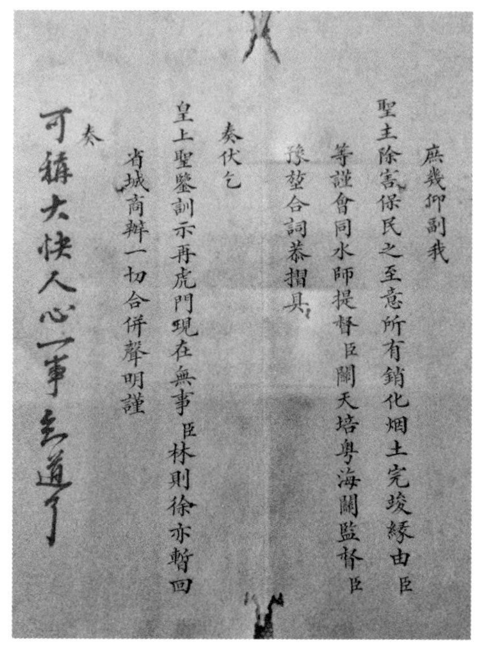
庶幾仰副我
聖主除害保民之至意所有銷化烟土完竣緣由臣
等謹會同水師提督臣關天培粵海關監督臣
豫堃合詞恭摺具
奏伏乞
皇上聖鑒訓示再虎門現在無事臣林則徐亦暫回
省城商辦一切合併聲明謹
奏
可稱大快人心一事 知道了

林则徐奏折

在这道奏折中，林则徐又谈到了自己改任两江总督的问题，他说：“此时绝续关头，间不容发，假使新烟不缴完，须遵照新例实办一二夷人，方足以示惩创。况命案抵偿，华夷通例，乃敢宣言于众，以为英国不能与他国相同；并知臣林则徐已调两江，私探起身何日。值此除恶务尽之际，臣林则徐何敢意存趋避，粉饰目前？”

林则徐自信满满地说，该夷别无伎俩，就算像之前律劳卑那样，未奉该国主调遣，私约来一二兵船，擅自到虎门一带武装游行，也不过虚张声势而已。只要我官兵严密防守各处口岸，无须与之开战，断其薪水，便可以从容使之坐困。

不过，林则徐提醒道光帝，说：“该夷义律在粤多年，狡黠素著，时常购觅邸报，探听揣摩，并习闻有‘边衅’二字，借此暗为恫喝，实则毫无影响。只因该国相距太远，转得影射欺人，且密嘱汉奸播散谣言，皆其惯技。

凡此诡诈百出，无非希冀鸦片复行。”要道光帝不要上义律的当，被义律所吓倒。[1]

真的是这样吗？

看着林则徐奏折上有恃无恐的语句，道光帝半信半疑，不知道该不该相信。

7. 那些眼花缭乱的捷报

八月十一日（9月4日），由林则徐主稿，两广总督邓廷桢、广东水师提督关天培列衔共同进呈的一份名为《英人偷袭师船已予反击并葡人出为转圜折》[2]的奏报，彻底打消了道光的疑虑。

该奏报开头一段为：“奏为英夷义律于出澳后，率领该国夷船，以索食为名，突向师船开炮，经参将赖恩爵等奋勇抵御，大挫其锋，该夷旋向澳门同知处恳求说帖，并托西洋夷目代为转圜，臣等仍当相度机宜，酌筹剿抚，先将现办情形，恭折奏祈圣鉴事。”

林则徐接着解释说，因为义律拒不肯交凶，自己便命令沿岸各处不准给漂浮在海上的英船供应粮食等补给品。被饿得狗急跳墙的义律遂率五艘舰船至九龙，要求九龙守将赖恩爵供应食物，遭到拒绝后，他们即向在该处的大鹏协水师营的三只兵船发动突然袭击。袭击虽然是突如其来，而且敌众我寡，但赖恩爵部还是沉着应战，一面命令九龙山炮台向英军开炮，一面调转舟楫，利用我方兵船小巧便利，与英方的船舰进行周旋。雾色阴沉，海面能见度极低，英船体格庞大，周转不便，不利近战，最后仓皇退却。

对于战斗的详细过程，奏折中描述得煞为精彩：“七月二十七日午刻，义律忽带大小夷船五只赴彼，先遣一只拢上师船递禀，求为买食，该将（指

[1] 《英人非不可制严谕将英船新到烟土查明全缴片》，见《林则徐集·奏稿》，中册，中华书局 1962—1965 年版。

[2] 此折在《林文忠公政书》中标题为《会奏九龙洋面轰击夷船情形折》。

九龙守将赖恩爵）正遣弁兵传谕开导间，夷人出其不意，将五船炮火一齐点放。有记名外委之兵欧仕乾，弯身料理军械，猝不及防，被炮子打穿胁下殒命。该将赖恩爵见其来势凶猛，亟挥令各船及炮台弁兵，施放大炮对敌，击翻双桅夷船一支，在旋涡中滚转，夷人纷纷落水，各船始退。少顷，该夷来船更倍于前，复有大船拦截鲤鱼门，炮弹蜂集，我兵用网纱等物设法闪避，一面奋力对击。瞭见该夷兵船驶来帮助，该将弁等忿激之下，奋不顾身连放大炮，轰毙夷人多名，一时看不清楚，但见夷人急放三板下海捞救。时有兵丁陈瑞龙一名，手举鸟枪，毙一夷人，被回炮打伤阵亡。殆至戌刻，夷船始遁回尖沙嘴（咀）。”

战后统计：我方两名士兵阵亡，两名重伤，四名轻伤，师船稍有破损。英方浮尸海上可寻者有十七具，跌落海中的帽数顶，受伤人数不计其数。

对于此战，林则徐对英军的评价是：“英夷欺弱畏强，是其本性，向来师船未与接仗，只系不欲衅自我开，而彼转轻视舟师以为力不能敌。此次乘人不觉，胆敢先行开炮，伤害官兵，一经奋力交攻，我兵以少胜多，足使奸夷胆落。即空趸屡驱不去，故智复萌，一炬成灰，亦可惩一儆百。”

嗯，不错。我军仅以微小的代价便重创敌军，获此大胜。

道光帝龙心大悦。

再看奏折结尾林则徐那充满了自豪的语句：“此后义律果能恪循法度，不越范围，自当宣布皇仁，宽其既往；若万不得已，仍须制以兵威。臣等亦已密定机宜，蓄养精锐，于山海形胜逐一详细讲求，且察看水陆官兵，似亦皆能用命，总期上足以崇国体，下足以慑夷情。不敢稍畏一日之难，致贻百年之患，以仰副圣主恩威并济中外兼绥之至意。”

读完林则徐的奏报，道光长长地吐了口气。

小小英夷，不过如此！

原先朕总提着一颗心，害怕禁烟会挑起“边衅”，总警告林则徐“万不可挑起边衅，万不可挑起边衅！”现在看来，所有担心都是多余的！哼！可恨英夷，空让朕虚惊了这么长时间，以后若不好好教训他们一下，他们又怎么知道我天朝法度？他们又怎么知道天朝诚不可欺耶？！

道光越想越来气，提笔在林则徐奏报后面两句旁边朱批道："既有此番举动，若再示以柔弱，则大不可！朕不虑卿等孟浪，但诫卿等不可畏葸，先威后德，控制之良法也。相机悉心筹度，勉之慎之！"[1]

"孟浪"是鲁莽、肆意妄为的意思，"畏葸"是害怕、畏缩不前的意思。"朕不虑卿等孟浪，但诫卿等不可畏葸"一句的意思就是说："我一点也不担心你们会鲁莽行事，倒是要告诫你们做什么事不要缩手缩脚。"

回头，又给林则徐降谕说："我兵先后奋勇，大挫其锋，该夷等自必畏慑投诚，吁求免死，惟当此得势之后，断不可稍形畏葸，示以柔弱。虽据该夷领事义律浼西洋夷目恳求转圜，但该夷等诡诈性成，外示恐惧，内存叵测，不可不防。着林则徐等相度机宜，悉心筹划，如果该夷等畏罪输诚，不妨先威后德，傥仍形桀骜，或佯为畏惧，而暗布戈矛，是该夷自外生成，有心寻衅，既已大张挞伐，何难再示兵威，林则徐等经朕谆谕，谅必计出万全，一劳永逸，断不敢轻率偾事，亦不致畏葸无能也。"[2]

对于九龙海战的大功臣赖恩爵，道光皇帝特别嘉奖："著（着）赏给'呼尔察图巴图鲁'（满语，勇士之意）名号，照例赏顶戴花翎，以副将即行升用，先换顶戴。"

林则徐再接再厉，于十月十六日（11 月 2 日）又发回一份奏折，称自己伏读了圣上的朱批和圣谕后，"仰见我皇上先机洞烛，训示严明，数万里外夷情，毫发难逃圣鉴。臣等服膺铭佩，遵守弥度"[3]。

接着汇报了发生在穿鼻和官涌的一系列战斗捷报。

对于穿鼻之战，林则徐的描述是："提臣关天培，督率舟师，数月以来，常驻虎门二十里外之沙角炮台，巡防弹压，间赴三十里外之穿鼻洋面，来往

[1] 道光朱批，见《林则徐集・奏稿》中册，中华书局 1962—1965 年版。

[2] 《筹办夷务始末・道光朝》卷 8，中华书局 1964 年版。

[3] 《英兵船阻挠该国商船具结进口并各处滋扰在穿鼻尖沙嘴迭次将其击退折》，见《林则徐集・奏稿》中册，中华书局 1962—1965 年版。

稽查。近日各国货船络绎具结，俱经验明带进黄埔。英国货船中首先遵结者曰弯喇，亦已进黄埔贸易。其次遵结者曰当啷，于九月二十八日正报入口。据有该国兵船两只，于午刻驶至穿鼻，其一即七月内向九龙滋扰之士密，其一则近来新到之华伦，硬将已具结之当啷货船追令折回，不得进品。提臣关天培闻而诧异。正在追究间，士密一船辄先开放大炮，前来攻击，关天培亟令本船弁兵开炮回击，并挥令后船协力进攻。该提督亲身挺立桅前，自拔腰刀，执持督政，厉声喝称：'敢退后者立斩'。适有夷船炮子飞过桅边，剥落桅木一片，由该提督手面擦过，皮破见红。关天培奋不顾身，仍复持刀屹立，又取银锭先置案上，有击中夷船一炮者，立即赏银两锭。其本船所载三千斤铜炮，最称得力，首先打中士密船头。是日士密船头，拨鼻拉索者，约有数十夷人，关天培督令弁兵，对准连轰数炮，将其头鼻打断，船头之人，纷纷滚跌入海。又游击麦廷章督率弁兵，连轰两炮，击破该船后楼，夷人亦随炮落海，左右舱口，间有打穿，华伦船不甚向前，未致受创。接仗约有一时之久，士密船上，帆斜旗落，且御且逃，华伦亦随同遁去。我军本欲追蹑，无如师船下旁灰路多被夷炮击开，内有三船渐见进水，势难远驶。而夷船受伤只在舱面，其船旁船底皆整株番木所为，且全用铜包，虽炮击亦不能遽透，是以不值追剿。收军之后，经附近渔艇捞获夷帽二十一顶，内有两顶据通事认系夷官所戴，并获夷履多件，其随潮漂淌者，不可以数计。我师员弁虽有受伤，并无阵亡。惟各船兵丁，除中炮致毙九名外，有提标左营二号米艇，适被炮火落在火药舱内，登时燃起，烧毙兵丁六名，继已扑灭。又有受伤之额外黄凤腾，与受伤各弁兵，俱饬妥为医治。”[1]

发生在官涌的战斗，一共有六次，林则徐汇报说：“尖沙嘴（咀）迤北，有山梁一座，名曰官涌，恰当夷船脊背之上，俯攻最为得力。当即饬令固垒深沟，相机剿办。”

官涌第一战：“夷船见山上动作，不能安居，仍纠众屡入三板，持械上

[1] 《英兵船阻挠该国商船具结进口并各处滋扰在穿鼻尖沙嘴迭次将其击退折》，见《林则徐集·奏稿》中册，中华书局 1962—1965 年版。

坡窥探。即经驻扎该处之增城营参将陈连升、护理水师提标后营游击之守备伍通标等，派兵截拏，打伤夷人两名，夺枪一杆，余众滚崖逃走，遗落夷帽数顶。”

官涌第二战：“九月二十九日，夷船排列海面，齐向官涌营盘开炮，仰攻数次，我军扎营得势，炮子不能横穿，仅从高处坠下，计拾获大炮子十余个，重七八斤至十二斤不等。官兵放炮回击，即闻夷船齐声喊叫，究竟轰毙几人，因黑夜未能查数。”

官涌第三战：“十月初三日，该夷大船在正面开炮，而小船抄赴旁面，乘潮扑岸，有百余人抢上山冈，齐放鸟枪，仅伤两兵手足，被增城右营把总刘明辉等率兵迎截，砍伤打伤数十名，刀棍上均沾血迹，夷人披靡而散，帽履刀鞘遗落无数。次日望见沙滩地上，掩埋夷尸多具。”

官涌第四战：“初四日，夷船又至官涌稍东之胡椒角，开炮试探，经驻守之陆路提标后营游击德连将大炮台炮一齐回击，受伤而走。”

官涌第五战：“十月初六日……我军五路大炮重叠发击，遥闻撞破船舱之声，不绝于耳。该夷初尤开炮抵拒，迨一两时后，只听咿哑叫喊，竟无回击之暇，各船灯火一时灭息，弃碇潜逃。初七日天明瞭望，约已逃去其半，有双桅三板一只在洋面半沉半浮，余船十余只退远停泊，所有篷扇桅樯绷索贡具，大都狼藉不堪。”

官涌第六战：“初八日晡时，多利併得忌喇吐两船，潜移向内，渐近官涌，后船十余只，相随行驶。我军一经瞭见，仍分起赶赴五路山梁，约计炮力可到，即齐放大炮，注定头船进击。恰有两炮连打多利船舱，击倒数人，且多落海漂去者。”

林则徐总结：“计官涌一处，旬日之内大小接仗六次，具系全胜。”

道光览此，欣然降谕道：“林则徐等奏轰击夷船情形一折，览奏均悉。英咭唎国夷人自议禁烟之后，反复无常，前次胆敢先放火炮，旋经剀谕，伪作恭顺，仍勾结兵船，潜图报复，彼时虽加惩则，未即绝其贸易，已不足以示威。此次吐嚓夷船复敢首先开放大炮，又于官涌地方占据巢穴，接仗六次，我兵连获胜仗，并将尖沙嘴（咀）夷船全数逐出外洋，该夷心怀叵测，已可概见。即使此次具出甘结，亦难保无反复情事，若屡次抗拒，仍准通商，殊属不成事体，至区区税银，何足计论！我朝抚绥外夷。恩泽极厚。该夷等不知感戴，反肆鸱张，是彼曲我直，中外咸知。自外生成，尚何足惜。著（着）林则徐等酌量情形，即将英咭唎国贸易停止。所有该国船只尽行逐出口，不必取具甘结。其殴毙华民凶犯，亦不值令其交出。”[1]

道光帝认为，贸易一停，就什么事儿都完结了。

至于关税方面的丧失，向来抠门的他朱笔一挥，潇洒无比地批道：“区区税银，何足计论！”[2]

1840 年 1 月 5 日，林则徐遵旨出示，宣布正式封港，完全断绝中英贸易。

早在前一年 12 月初，顺天府尹曾望颜在奏请封关禁海的折里曾提到，英咭唎夷目义律胆敢拦截外洋，不让其他烟贩呈缴烟土，其目的是“希图掩饰一时，俟钦差大臣离粤之后，仍载烟土来与内地奸民售卖”。

于是，就在林则徐宣布正式封港这一天，十二月初一日（1840 年 1 月 5 日），经过深思熟虑后的道光帝，郑重下谕：“邓廷桢着调补两江总督，两广总督着林则徐调补。”并明白示谕：“林则徐已实授两广总督，文武皆所统属，责无旁贷。倘查拿不能净绝根株，唯林是问。”[3] 调邓廷桢为两江总督（21 日改云贵总督，26 日又调闽浙总督），解除了林则徐钦差大臣的职务，任林则徐为两广总督。

同日又降谕说：“本日据林则徐等奏察看英夷反覆（复）情形一摺，览奏均悉。该夷反覆（复）无常，早已洞见，现当严禁鸦片，岂容该奸夷阳奉阴违，希图影射，著（着）林则徐仍遵前旨，凡系英咭唎夷船，一概驱逐出境，不准逗留，惟各国恭顺，照常通商。难保该夷不潜行偷漏，混入他国，私带烟土，妄冀销售，即大黄茶叶，亦恐他国加倍购买，转相付给，是名为

[1] 《筹办夷务始末 · 道光朝》卷 8，中华书局 1964 年版。

[2] 同上。

[3] 《清宣宗实录》卷 329，国家图书馆 1996 年版。

第一次鸦片战争前夕的广东水师快蟹战船

禁止英国贸易，而流弊益多，殊非核实办理之道。著（着）林则徐即将种种弊窦，筹划堵塞，其当啷一船，毋须招令入口，以归画一。林则徐现已简调两广总督，责无旁贷，务当趁此警动之机，为一劳永逸之策。至于区区关税之盈绌，朕所不计也。将此谕令知之。”[1] 明确将查烟、禁烟、驱逐英夷的任务交给了林则徐。

显然，道光帝再也不把“边衅”当作一回事了。以至于道光二十年二月二十六日林则徐给他发回《传闻英国添派兵船来粤已饬水陆严防片》密奏“传闻该国有大号兵船将次到粤等情”，道光就在奏片上朱批说：“无论虚实，总当不事张皇，严密防范，以逸待劳，主客之势自判，彼何能为也。勉之！”[2]

道光帝认为，英夷既然是如此无能为力，自己又有主场作战的优势，只

[1] 《林则徐集·奏稿》中册，中华书局 1962—1965 年版。参见《筹办夷务始末·道光朝》卷 9，中华书局 1964 年版。

[2] 《筹办夷务始末·道光朝》卷 10，中华书局 1964 年版。

要以逸待劳，用不着再紧张什么了。

的确，用不着紧张什么了。

这不，五月中旬，林则徐又发回捷报——《磨刀外洋焚剿贩烟英船擒获汉奸折》称："五月初九日（6月8日），副将李贤和都司马辰、守备黄琮、卢大钺等人，分带兵勇四百余名，暗伏岛澳，并多雇素谙夷话线民，假装济敌办艇，作为内应，乘夜半月落时候，各队火船移近磨刀外洋英船聚泊的水面，占住上风，出其不意，火船闯入夹烧，各线民也在假办艇内，同时纵火，将载有烟箱之夷船烧毁一只，另有夷船一只桅帆著（着）火，弃椗（起碇）驾逃，经夷众将将火扑救，先后延烧大小办艇十一只，又烧毁近岸蓬寮九座。其冲突窜逃各夷船，彼此撞碰，叫喊不绝，夷人带伤跳水，烧毙溺毙及被烟毒迷毙者，不计其数。"

林则徐的评价是：英夷"实无能为"[1]。

道光阅奏，飞快地批说："所办可嘉之至！"

[1] 《磨刀外洋焚剿贩烟英船擒获汉奸折》，见《林则徐集·奏稿》中册，中华书局1962—1965年版。

第五章

鸦片战争打响了

1. 如在云雾里的道光帝

道光帝收到林则徐奏报的时间是 1840 年 7 月 17 日。

可是，仅仅三天之后，即 7 月 20 日，他就收到了浙江巡抚乌尔恭额于 7 月 8 日发出的奏折，报告说英夷三四千人已登陆定海。

这……这是怎么回事？

明明英夷“实无能为”，怎么可能突然在定海登陆？！

道光帝有些懵了。

英夷不是都在广东吗？

怎么可能在定海登陆？难道出现在定海的都是林则徐在广东打败了的鸦片贩子？这些鸦片贩子跑到定海，是不是想“藉势售私”？

道光提笔批复乌尔恭额，说：广东严厉查办烟土，英夷大受打击，财路被断，必会窜入海口滋扰沿岸居民。这是朕早有所料的。朕多少次训诫海口各省督抚提镇必须多加严密防范，绝不许夷船透漏驶入。乌尔恭额啊乌尔恭额，今日你居然给我奏报英夷俱已上岸围攻定海镇城池，朕览奏之余，实深痛恨。不过，此等跳梁小丑，空逞其技，阻挠我天朝禁令，仍欲藉势售私，谅他能有何作为？！你乌尔恭额果真能认真防堵，水陆交严，又怎么会让英夷登岸有三四千人之多？！像你们这般偶遇事端，就张皇失措、不成样子，浙江营伍到底废弛到了何种地步？！著（着）令将乌尔恭额押交兵部严肃处理。定海县孤悬海外，情形危急，你乌尔恭额现在应该添拨水师，驰往救援。记住，往西窜走的夷船难保不会窥伺宁波、镇海等处，你乌尔恭额还必须派委将弁，分路严防，不给夷匪窜入的机会。本日已降旨由余步云酌带弁兵前往剿办，不日可到。你乌尔恭额务当悉心筹划，将功赎罪，稍赎前愆，若再有半点疏忽，必当从重治罪！[1]

余步云曾在平定川楚白莲教、张格尔诸役中立有奇功，道光帝指望他入浙即可驱赶走英夷。

可是，四天后，即 7 月 24 日，他就收到了乌尔恭额于 7 月 11 日发出的奏折，告知定海已经失守，英夷进逼镇海。

唉，定海就这样了，道光除了切责乌尔恭额并将之革职留任戴罪图功外，只好另外谕令闽浙总督邓廷桢选派闽省舟师入浙会剿英军，再谕令两江总督伊里布拣选水师数千名预备调遣。

道光帝于 7 月 26 日宣称："此次英咭唎逆夷滋事，攻陷定海，现已调兵合剿，不难即时扑灭！"[2]

然而，8 月 1 日，他收到了林则徐于 6 月 24 日发出的奏折，奏折上说，英军方面呈现出要大举入侵天朝之势，其"续来军舰 9 艘、轮船 3 艘，或泊九州，或赴磨刀，或赴三角外洋"[3]。

道光帝隐隐觉得有些不安，下朱批道："随时加意严防，不可稍懈。"

次日（8 月 2 日），道光帝又收到了乍浦副都统于 7 月 23 日发出的奏折，告知英舰 1 艘进犯乍浦。

再过一日，即 8 月 3 日，又收到了林则徐于 7 月 3 日发出的奏折，告知英方又增援军舰 10 艘、轮船 3 艘，可能会北上舟山、上海、天津。

道光帝愈加不安。

---

[1] 原文见《大清宣宗成皇帝实录》476 卷，全国图书馆文献缩微复制中心 2004 年版。本处有修改。

[2] 《军机处上谕档》，见《道光朝上谕档》，广西师范大学出版社 2009 年版。

[3] 《英人续来兵船及粤省布置情形片》，见《林则徐集·奏稿》中册，中华书局 1962—1965 年版。

在这道奏折中，林则徐还指出：英舰如果北上天津请求开通贸易，其必定以为自己国家向来得大皇帝宠幸厚爱，不会因此遭受重大斥责，因此恃宠生娇，指责微臣私自擅行，断其互市。倘若其所陈言辞还恭谨孝顺，仰恳圣上仍对其优以怀柔之礼，敕下直隶督臣按照嘉庆二十一年间遣归英国官员阿美士德的成案，遣散其牙爪，将其护送返广州，由此，我可以从容对其加以管理。倘若其所陈言辞诬陷微臣有不法行为，仰恳圣上钦派大臣来广州查办微臣。如此一来，英夷了解到天朝法度公正无私，定会敬畏万分，不敢再有借口。

按照林则徐的说法，英人北上天津，主要是因为贸易已停、财路被断，他们此举纯属恶人先告状。他建议，如果英人在天津恭谨孝顺，朝廷还可以采取安抚政策；而如果英人只是一味指责我林则徐，那么，朝廷可以另派钦差大臣来广州查办，以此消除英人的借口，使其迅速就抚。[1]

道光看了林则徐的奏折，心里直犯嘀咕，之前一意剿办的决心开始动摇，直觉“夷情叵测，诡计多端”。

他一面命令林则徐严密防守，“不事张皇”；一面根据林则徐的建议，谕令直隶总督琦善见机行事。

他细细交代琦善：如果英夷到了天津，情词恭顺，则你等可和颜悦色相告，天朝制度，向在广东互市，天津从无办过成案，此处不准通夷，断不能据情转奏。倘若英夷表现出桀骜情形，即统率弁兵，大加剿办。

这一天的下午，邓廷桢于7月16日发出的奏折突然呈至道光帝的龙案，这是一份捷报。捷报上称击退了来犯的英舰，击毙英夷无数。

道光一看，好嘛，邓老头子果然不负圣恩厚望，竟在厦门一战而捷，大败英夷！

道光帝的心又放下来了，想，那英夷本来就应该这样不堪一击。

他提笔在邓廷桢的奏折上点朱批道：“所办好！”对邓廷桢大加奖赏。

---

[1] 《英人续来兵船及粤省布置情形片》，见《林则徐集·奏稿》中册，中华书局1962—1965年版。

然而，第二天，即 8 月 4 日，道光帝又收到乌尔恭额于 7 月 24 日发出的奏折。

这个该死的乌尔恭额，传回的净是些晦气的消息。

乌尔恭额汇报说英国又增添了许多军舰，并投递了“伪相”（即巴麦尊）文书。

不怕不识货，就怕货比货。

乌尔恭额的办事能力和人家邓廷桢比较起来，差的可不是只有一点半点！

道光再次下令将乌尔恭额革职，留营效力，调邓廷桢赴浙主持军务，并兼署浙江巡抚。

可是，道光的谕旨尚未到达福建，8 月 6 日，邓廷桢于 7 月 21 日发出的奏折已到达了京师。邓廷桢说，他已尽知定海战况，本拟赶赴浙江，但恐英军再犯福建，自己军队首尾不能相应，婉拒入浙。

唉，说的也是。

道光只好改令两江总督伊里布为钦差大臣，前往浙江主持军务。

8 月 9 日，道光帝收到琦善关于天津防务的奏折。

琦善不同意道光帝于 8 月 3 日作出的指示，也否定了林则徐关于英船前往天津恳求贸易的说法，主张对英取强硬态度。

他说：“英夷诡诈百出，如专为求通贸易，该逆岂不知圣人一家，只须在粤恳商，何必远来天津？如欲吁恳恩施，何以胆敢至浙江占据城池？是其显怀异志，明有汉奸引导，不可不严兵戒备。”[1]

读了琦善奏报，道光帝突然意识到自己此前对“夷情”竟是那样一无所知。

道光帝又想起了几天前乌尔恭额提到“伪相”投递文书一事，不由得好奇心大起。这些英夷，他们在文书上到底都写了些什么呢？不行，得找来看看。

于是，道光帝决然毅然地做出了一项有违祖制的决定，谕令琦善：“督

[1] 《筹办夷务始末·道光朝》卷 12，中华书局 1964 年版。

饬所属，严密防范，临时仍相机办理。如该夷船驶至海口，果无桀骜情形，不必遽行开枪开炮。倘有投递禀帖情事，无论夷字汉字，即将原禀进呈。将此谕令知之。”[1]

至此，道光改变了先前“断不能据情转奏”的态度。

这将会导致事件产生巨大转折。

实际上，道光帝也吃不准英夷是不是会到天津，回头又发一道谕令，命正赶赴浙江的钦差大臣伊里布设法搞清楚英夷犯境的缘由。

因为广东、福建、浙江、天津各地与京师的距离是由远而近，在那个由脚力传递信息的年代，道光帝掌握到的英军行动顺序其实是颠倒的。

但经过 7 月 20 日至 8 月 9 日这近二十天时间的乱忙，道光到底还是意识到战争已经来临了。

英方一而再地增添军舰，绝非虚声恫吓，且看他们占领定海之势，如果处理不善，战争非但不可避免，恐怕还会扩大和拖延下去。

国库空虚缺饷，道光帝的心也跟着虚。

朕一直强调不要起“边衅”，不要起“边衅”，这“边衅”怎么说起就起了呢?

8 月 19 日，就在道光帝狐疑不定的时候，他收到了琦善于 8 月 17 日发回的奏折和转呈的《巴麦尊致中国宰相书》。

特别要说明的是，诚如清朝不了解英国制度一样，英国人也不了解清朝制度。英国实行的是君主立宪制，英王虽是一国之尊，实权却掌握在首相手里。巴麦尊不明就里，以为中国大皇帝的地位也和英王一样，话事权在宰相手里，所以，他在照会上的指定收件人不是中国大皇帝而是中国宰相。

为了能消弭战争，争取和平，道光帝原谅了英夷的无知，对巴麦尊的照会“详加披阅”。

---

[1] 《筹办夷务始末・道光朝》卷 12，中华书局 1964 年版。

2. 原来只是一次大规模的上访活动

琦善在奏折中强调，英人这次北上，“只谓迭遭广东攻击，负屈之由，无以上达天听，恳求转奏”[1]。

的确，巴麦尊照会上的开头就赫然写道：“兹因官宪扰害本国住在中国之民人，及该官宪亵渎大英国家威仪，是以大英国主调派水陆军师，前往中国海境，求讨皇帝昭雪申冤。”[2]

原来只是一次“乞恩通商”、“求讨皇帝昭雪的”的上访活动！

道光帝悬着的心放下了。

尽管巴麦尊在照会中提出了诸如赔偿被销鸦片、割让岛屿、赔偿军费等等许多非分的要求，但道光帝并没把这些内容当作重点，而且，他认为，双方既然已经激起了军事冲突，那么对方这些非分要求肯定属于漫天要价，自己一方当然可以坐地还钱，一切都好商量。

道光帝看重的是照会前面约占了全文五分之一篇幅的关于对林则徐禁烟的种种指控以及那句“大清国未善妥定事，仍必相战不息”。

“相战不息”四字实在是道光最大的心病。

道光帝倒不是担心天朝大军打不赢英夷，从之前林则徐对英夷作战能力的分析及九龙、穿鼻、官涌的捷报来看，英夷根本就不是天朝大军的对手。

可是，打仗其实就是烧钱。

道光帝不希望大清帝国被几个小小的英夷拖入一个烧钱的泥潭中去。

由此，他又认真研究了琦善的奏折。

琦善在奏折中详细地记录了自己劝说英夷统帅的原话：“上年钦差大臣林等查禁烟土，未能仰体大皇帝大公至正之意，以致受人欺蒙，措置失当，必当逐细查明，重治其罪。惟其事全在广东，此间无凭辨理，贵统帅等应即

[1] 《筹办夷务始末·道光朝》卷 12，中华书局 1964 年版。

[2] 同上。

返棹南还，听候钦派大臣，驰往广东，秉公查办，定能代申冤抑。至如烟价一节，当日呈缴之烟，原系违禁之件，早经烧毁，如所称凌辱抑勒各情，均系钦差大臣林等所为，现在既须查明该大臣受人欺蒙、措置失当缘由，重治其罪，则前项烟价，又将着落何人赔缴？譬如贵国率领多兵，前赴定海，占据城池，戕害职官兵丁，其被害之人，贵统帅又岂能起死者于九原，而各偿其本身生命乎。”[1]

很明显，琦善对英夷统帅的说辞是在推卸自己的责任，把所有责任都推到林则徐身上。

道光帝又好气又好笑。

这个琦善，到底怎么啦？原先林则徐说英夷北上就是要告状和恳求开通贸易，他口口声声说不能轻信，并且喊打喊杀要与英夷见仗，可是才和英夷接触，就反过来替英夷说话了，说英夷是受了广东方面的虐待，一味陈说林则徐的不是。不过，从琦善的反应来看，英夷在天津的表现应该还是恭谨孝顺的，既然这样，还是以安抚为主吧。

于是，在以稳定压倒一切的原则下，道光帝明知林则徐受冤，还是以“天下共主”的身份，照录琦善所拟的字眼，下了一道谕旨，让琦善代向英方宣布，命令英军返棹南还广东，静候办理。

该谕旨曰：“大皇帝统驭寰瀛，薄海内外，无不一视同仁。凡外藩之来中国贸易者，稍有冤抑，立即查明惩办。上年林则徐等查禁烟土，未能仰体大公至正之意，以致受人欺蒙，措置失当。兹所求昭雪之冤，大皇帝早有所闻，必当逐细查明，重治其罪。现已派钦差大臣驰至广东，秉公查办，定能代申冤抑。该统帅懿律等，著（着）即返棹南还，听候办理可也。”

这道谕旨之外，道光给琦善下了另一道谕旨，指示琦善：“所求昭雪冤抑一节，自应逐加访察，处处得实，方足以折服其心。”[2]

---

[1] 《筹办夷务始末·道光朝》卷 12，中华书局 1964 年版。

[2] 《筹办夷务始末·道光朝》卷 13，中华书局 1964 年版。

两道谕旨发出后的第二天(即8月21日)，道光又接到林则徐的一篇奏折，报告英船仍在广东口外减价倾售鸦片，引诱奸民乘夜出洋潜买，“从偏僻小港，乘潮往返，遮掩混藏，变幻百出，屡经侦拏搜获，始破其奸，而吸食之藏于密室深房者，亦复不胜枚举，广东流毒之久，陷溺之深，实不啻什佰于他省”[1]，遂加大查禁力度，渐断贩烟根株。

道光这时的心思已经转剿为抚，哪有心情再理会林则徐禁烟的事？信手批点道：“外而断绝通商，并未断绝，内而查拏犯法，亦不能净，无非空言搪塞，不但终无实济，反生出许多波澜，思之曷胜愤懑，看汝以何词对朕也。”[2]

8月24日，道光又接到琦善的奏称：“连日查探夷船全行起碇，自系前往山海关奉天等处窥探。”[3]

英舰驶往山海关、奉天等处窥探，显然是在向清廷加压，以赢取更多谈判上的筹码。

这个道理，道光当然懂。他给琦善下谕说：“英人狡狰异常，此时起碇他往，难保不赴山海关及奉天省等处，昨已降旨，饬令耆英、裕泰等严密防范，并谕令设法堵御，不准与之接仗，谅无他虞。惟该国意图贸易，又恐货物霉变，难以回国，正可乘其贪恋之私，藉用羁縻之法。着琦善照旧严密防范，毋稍疏懈。一俟该船回棹，仍遵前旨，随机应变，详细开导，总须折服其心，办理方可得手也。”[4]

9月1日琦善在大沽口发回汇报自己和英方交涉经过的奏折，并附呈两件已发给英夷统帅懿律的照会底稿。

第一篇照会比较简短，上面说：“上年钦差大臣未能仰体大皇帝上意，以致办理不善，现已恩准查办，定当重治其罪，冤抑无难立伸。”

在第二篇照会里，琦善反复陈说和平解决事端的好处，称：“自我朝

[1] 《筹办夷务始末·道光朝》卷13，中华书局1964年版。又见《林则徐集·奏稿》中册，中华书局1962—1965年版。

[2] 同上。

[3] 《筹办夷务始末·道光朝》卷13，中华书局1964年版。

[4] 同上。

二百年来，历蒙恩施格外，准与贵国通商，从无衅隙，今因钦差大臣林则徐，未能仰体大皇帝上意，操持过急，致使领事称屈，现经仰蒙圣恩，准予查办，即为至公无私。”[1]

道光帝于9月17日接到这份奏折和两篇照会，大感轻松欢悦，提笔批道："所晓谕者，委曲详尽，又合体统，朕心嘉悦之至！"[2]

既然琦善这么会办事，道光帝干脆委之予继续对英交涉重任，下命："琦善著（着）作为钦差大臣，驰驿前往广东，查办事件。”[3]

同日，又降谕沿海各督抚，说："英人听受训谕，业经全行起碇南旋”，要求沿海各处“各守要隘，认真防范：如有英国船只经过，或停泊外洋，不必开放枪炮，但以守御为重，勿以攻击为先”[4]。

谕令发出的第二天，道光帝接到了林则徐于8月16日发出的《英逆兵船续筹剿办折》。

林则徐并不知道道光已经改“剿”为“抚”，还在牵挂着定海已失、京畿被扰，为挽回危局，有意督水师出洋与英夷交战，以挫其锋，因此奏称自己愿意亲赴前方，督率将领，择日整队，出洋剿办。

道光哭笑不得，挥笔痛批，说：林则徐啊林则徐，上次你还说夷人以船坚炮利著称，该夷兵船笨重，吃水深达数丈，长处是可以乘风破浪而取胜于外洋，我军必须避免在外洋与之交战，使其长处就无从发挥，现在却又说要出洋剿办，这前后自相矛盾，该如何解释？你分明是看着英夷滋扰福建、浙江，又北驶至天津，分明是怕朕归咎于你在广东办事不周，所以才急于出洋，岂不知你这样先斩后奏，实是不晓事体。朕现在传旨严行申饬。现在如果已出兵攻剿，务必将交战情形迅速驰奏。如果尚未出兵，就应该

[1] 《筹办夷务始末·道光朝》卷13，中华书局1964年版。

[2] 同上。

[3] 同上。

[4] 同上。

持以慎重，毋涉轻躁！[1]

9月28日，琦善出都在即，道光降谕如下："前因鸦片烟流毒海内，特派林则徐驰往广东海口，会同邓廷桢查办，原期肃清内地，断绝来源，随地随时，妥为办理。乃自查办以来，内而奸民犯法，不能净尽，外而兴贩来源，并未断绝，甚至本年英夷船只，沿海游奕，福建、浙江、江苏、山东、直隶、盛京等省，纷纷征调，糜饷劳师，此皆林则徐等办理不善之所致。林则徐、邓廷桢等交部分别严加议处，林则徐即行来京听候部议。两广总督着琦善署理，琦善未到任以前，着怡良暂行护理。此次英夷各处投递禀帖，诉称冤抑，朕洞悉各情，断不为其所动。惟该督等以特派、会办大员，办理终无实际，转致别生事端，误国病民，莫此为甚，是以特加惩处，并非因该夷禀诉，遽予严议也。"[2]

降谕处分林则徐和邓廷桢的第二天（9月29日），道光接到山东巡抚托浑布奏报，称：英船自北折回，经过山东长山岛洋面，派杉杖小船驶至登州口岸，呈递字条，求买食物，词甚恭顺。当经他酌量赏给英夷牛、羊、菜蔬等物时，夷船遍插五色旌旗，鼓乐大作，夷众数百人，出舱罗拜，旋即开帆南驶。

托浑布绘声绘色地说："一时文武官弁，及军吏士民，万目环观，成谓夷人如此恭顺，实出意料之外，同声欣忭，欢惬非常。查前准直隶总督臣咨会，天津共有夷船八只，与现在南驶船数相符。"

道光阅奏，高兴得手舞足蹈，降谕说："英夷船只俱起碇南旋，既据该抚查明与天津夷船数目相符，着托浑布等体察情形，将前调防守各官兵，酌量撤退归伍，以节縻费。"[3]

同日，闽浙总督邓廷桢奏报闽省八百名水勇已由陆路赴浙江的奏折到京。

---

[1] 《筹办夷务始末·道光朝》卷13，中华书局1964年版。又见《林则徐集·奏稿》，中册，中华书局1962—1965年版。

[2] 《筹办夷务始末·道光朝》卷13，中华书局1964年版。

[3] 同上。

道光赶紧指示，现已议抚，福建团练水勇应分别撤留，以节靡费。

道光回头又降谕指示盛京将军耆英、署两江总督裕谦及广东巡抚怡良，说：“英夷船只现俱起碇南旋，恐沿海将军、督、抚等不知现在情形，特此飞示耆英、裕谦、怡良知悉，并着详加酌核，将前调防守各官兵，分别应留应撤，妥为办理。”[1]

道光认为，这场风波好歹算是平息了。

回过头来，道光不免有几分庆幸和得意，感慨地说：“英夷如海中鲸鳄，去来无定，在我则七省戒严，加以隔洋郡县，俱当有备，而终不能我武维扬，扫穴犁庭。试问内地之兵民，国家财富，有此消耗之理乎？好在彼志图贸易，又称诉冤，是我办理得手之机，岂片言片纸连胜十万之师耶？”

3. 义律的困境

道光以为风波已过，实际上是风雷将至。

须知，英国国会已经通过了出兵远东的决议，战争机器业已启动，则巴麦尊在照会中提出的诸如赔偿被销鸦片、割让岛屿、赔偿军费等非分的要求不能满足，战争就不会结束。

那么，英国国会是在什么样的情形下最终选择了出兵的呢？这事儿，还得从义律身上说起。

前文不是提到律劳卑在临死前口授了一封公开信给广州的英国商民吗？

帮助做笔录的人就是义律。

这封公开信到了广州，对生活在广州的英国商人产生了巨大的影响。

这些英国商人集体给英王写了一封请愿书，其主要内容如下：

一、由于英国同中国政府所处的反常局势使我们感到有必要呈请陛

[1] 《筹办夷务始末·道光朝》卷 13，中华书局 1964 年版。

下采取必要措施来维持我们国家的荣誉和利益。

二、我们相信陛下当初限制律劳卑等人的权力，目的是要尽可能避免和中国当局发生冲突。我们对没给律劳卑进行交涉的权利和没有提供他们应有的武力来保护他们免受侮辱，感到非常遗憾。我们深信，如果已故的律劳卑具有这个必要的权力和足够的武装力量，我们就不会悲叹我们的地位降到这样低落而无保障的地步。

三、具呈人恭请陛下派遣一位有适当的官阶、办事审慎和富有外交经验的人为全权公使，并建议命令他先乘军舰直驶中国东海岸，尽可能逼近首都北京。要有一支足够的海军力量作保卫。在全权公使登陆前，就用陛下名义提出要求充分赔偿损失。

四、具呈人提出要求清政府重新开放厦门、宁波、舟山等各个通商口岸。[1]

负责给英王送请愿书的是大鸦片贩子马地臣。

马地臣公开叫嚣说，打破行商制度，直接同中国中央政府往来，对于英国的贸易安全是非常重要的。“如果争取不到，英国政府就不能高枕无忧！”[2]

在广州的英国商人又在《中国文库》发文章说，伟大的宇宙创造者的原意没有把土地分给任何一部分人类独占。中华帝国像其他国家一样，有制定他们自己法令的权力，但任何国家都没有权力绝对排外和闭关自守，“如果我们要和中国订立一个条约，这个条约必须是在刺刀尖下，依照我们的命令写下来，并要在大炮的瞄准下”，才会发生效力。[3]

1836 年 2 月，英国曼彻斯特商会郑重其事地草拟了一件题为《论我国对华贸易的无保障状况》的呈文递交外交大臣。呈文中说，对华贸易有大大扩充的可能，因为它的产品既适合英国的需要，英国的产品也适合它的需要。

---

[1] 《鸦片战争史料选译》，中华书局 1983 年版。

[2] 《鸦片战争前中英交涉文书》，台北：文海出版社 1977 年版。

[3] 《鸦片战争史料选译》，中华书局 1983 年版。

呈文说，“我们一想到这项最重要的贸易——特别是自律劳卑勋爵的使命失败以后所处的不稳定和无保障的状况，实不能不非常忧虑。”

英国工商界一直视中国为潜在的最广大的市场，但开发中国市场的局面一直打不开，律劳卑的失败，让很多人失去了耐心，纷纷置身于对华“激进政策”之中。

并且，英国工商界把持着英国政界，武装侵华的议论喧嚣尘上。

英国学者格林堡（Michael Greenberg）在《鸦片战争前中英通商史》一书中说：“这也许是 1834 年律劳卑来华最重要的后果。”

英国工商界如此激进，作为第四任驻华商务总监的义律却难得地保持冷静。

义律目睹了律劳卑在华活动的全过程，包括律劳卑的死。

虽然，他坚持认为中国政府对律劳卑的死负有不可推卸的责任，但他并不想因此引起中英两国间的国际争端。

所以，继任后，他尽量采取低姿态来和中国政府打交道，甚至出动军舰帮助两广总督邓廷桢驱赶鸦片贩子。

可是，林则徐的缴烟要求把他推上了中英关系的浪尖。

为了保障广州外商馆里 350 多名外国商人的生命，他撒了一个弥天大谎，说英国政府会赔偿相关损失，恳劝手头有烟的鸦片贩子如数交上手头的烟。

2 万多箱鸦片上缴了，林则徐禁烟销烟的第一步目标达到了。

义律的处境却无比尴尬。

他明知英国政府不可能承认自己擅作主张所揽下的这笔账，等待他的将是英国政府的痛斥和切责。

当然，最难对付的，还是损失了鸦片的那些鸦片贩子，这么大一笔损失，他们可不愿白白放过自己。

等待自己的将是无穷尽的被讨债、被追债的悲惨生活。

而就在这样惶惑不安的日子里，林则徐又提出了不符合西方法律精神的

“具结”要求。这一要求几乎快把义律逼疯了。

义律不知道自己的明天到底会怎么样。

律劳卑的死，让他的心底在流血。

林则徐在封锁外商馆期间，一个中国平民，因为身上携带有洋文，就被中国官兵残忍地杀死了。

对这个中国平民的死，义律同样感到难过。

他不希望在禁烟运动中出现流血事件，更不希望有英国商人死在中国，即使是鸦片贩子也不行。

在他的心中，他一直以政府官员甚至是政府军人自许，他告诉自己，必须要保护每一个英国商人的生命。

他觉得，“这种甘结一方面会左右在中国辖境以外广大地区里英国政府的财政和经济政策，而在另一方面，无须审讯即将受到死刑和船货没官的处分，不但会加在签字人身上，也可能加在非签字人的身上”[1]。林则徐要他签字具结，就是要收回治外法权，以后会以具结上的条文去处死英国鸦片贩子。

你大清政府草菅自己国家的人命就算了，我义律绝不能因为我的签字让以后的英国人被杀！

义律是这么想的，他也是这么做的。

早在5月22日，虎门的销烟尚未开始，义律就发表了一道声明：钦差大臣只图奉承皇上的旨意并且不管一切困难，无理由地将广州全体外侨拘禁，更荒谬地拖延拘禁期限，以及强迫委弃财产，他对钦差大臣的正直和平也失去了信心。鸦片的缴出并不是因为鸦片应该缴出，而是迫不得已的，一切英国人必须在他以前或和他一起离开广州，一切英国船只目前均不得进广州入港口；他为他的政府保留了充分的权力以取消或变更他已发布的任何命令或已承诺的任何赔款主张。

---

[1] 马士：《中华帝国对外关系史》第一卷，张汇文译，上海书店出版社2000年版。

他以商务监督的身份主动停止了所有的中英贸易，并伴同尚未离开广州的所有英国人离开广州前往澳门。

4. 交凶事件发酵

澳门，古称濠镜澳，于秦始皇一统中国之时被正式纳入中国版图，属南海郡番禺县地。

在明代，澳门是当时葡萄牙与中国进行贸易途中的临时落脚地，葡萄牙商人通过贿赂当地明朝官员，得到允许在该地晒凉货物和整理包装、补给等。

随着到这里的葡萄牙人不断增多，明朝嘉靖三十六年（1557 年），葡萄牙人与明朝政府签订租地条约，以每年 500 两银子的价格，租借了澳门，取得了澳门正式居住权，成为首批进入中国长期居停的欧洲人群。

清廷入主中原后，默认了明朝的政策，仍旧以每年 500 两银子的价格租借澳门，并且使澳门成为了清初的四大海关之一（清初四大海关是澳门、云台山、宁波及漳州）。

尽管葡萄牙政府曾经多次与清政府协商，希望可以买断澳门，但清政府一直没有同意。这就使得澳门从此在相当长的时间内处在中葡双重管辖之下：葡萄牙定期向澳门派驻总督，声称澳门是葡萄牙的殖民地；中国方面也派出澳门同知，对澳门进行有效的统治。

因为有了葡萄牙人的西洋式管理，这块土地也就成了来华经商的洋人的后勤基地。

义律退回了澳门，而林则徐也忙着在虎门销烟，具结的事情就一直悬而未决。

谁也没想到，1839 年 7 月 7 日，虎门销烟刚刚结束，林则徐还没来得及处理英夷的具结事宜，就在香港码头对岸的九龙地方（尖沙咀）发生了“村民林维禧被殴打致死事件”。

义律在第一时间（7 月 10 日）赶到现场，尝试对事件进行了还原，从自己的腰包里掏钱出来，给举报这件事的村民奖励了200元，给林维禧家里赔了1500元钱。

作为一个对中国国情略有了解的人，义律还替林维禧一家考虑，1500元钱可能会招致官府或者村长的眼热，届时，不免对林家进行勒索，于是又给林家多加了400元的勒索备用费。

他还给其他被打伤的村民赔了100元医药费，悬赏100元让村民指认凶手。

按当时的汇率算，1元钱差不多接近1两银子，而很多农民一年的生活费大概也就是10两银子左右。有些穷苦人家一年到头来辛辛苦苦所赚到的也不过1两多银子而已。

所以说，这笔钱对林家来说，已经接近天文数字了。

林维禧之子林伏超等，也心甘情愿地给义律写了一份收执条，原文如下：

> 立遵依人林伏超、母张氏、马氏、弟伏华、叔奕禧及伯叔房族亲人等，缘因父亲维禧在于九龙贸易生意，于五月二十八（七）日出外讨账而回，由官涌经过，被夷人身挨失足跌地，撞石毙命。此安于天命，不关夷人之事。林伏超母子甘心向夷人哀求，幸夷人心行恻隐，帮回丧费银些少与伏超母子并亲人等，搬父亲维禧回家，殡葬妥息。此乃二家允肯情愿，日后伏超母子兄弟并叔伯房亲等，不得生端图赖夷人。各表良心，空口无凭，故立遵依一纸，与夷人收执存照。
>
> 道光十九年五月二十九日 立遵依人男林伏超。[1]

可是，这件事被林则徐知悉了。

林则徐觉得，英夷这么迫不及待地向死者家属缴交赔偿，绝对是做贼心虚。

[1] 《林则徐奏稿·公牍·日记补编》，中山大学出版社1985年版。

他正准备继续向义律他们索要具结，现在义律他们又搞了这么一出，正好，两件事儿一块办：具结、交凶。

林则徐派人前往澳门，严令义律交出凶手，以给死者偿命。

义律交不出凶手，也不可能将所有参与醉殴的水手交出来。他知道，这些水手一旦交出，很可能一个也回不来了。

中国的连坐制度，他还是有所耳闻的。

所以，他拒绝了林则徐的索求，声称自己要在船上临时设立一个法庭，公平公正地处理每一个人犯，并对林则徐派来的人说："诸位大人如愿委派官宪莅临审讯处所，义律当恭敬接待，妥为照料。"[1]

林则徐没有派人来参观，他觉得，义律这个所谓的审判形如儿戏，跟《水浒传》里李逵在寿张县私设公堂差不多，或者，还比不上人家李逵，那李逵胡闹的地方，好歹也是一个县的衙门，在船上审判，算什么回事嘛。

不管林则徐方面有没有人来，8 月 12 日，义律还是以法官的地位像模像样地组织了 23 人的大陪审团，再由 12 人组成了一个小陪审团，审讯参与斗殴的 5 名英国水手。判决如下：

3 名水手坐牢 6 个月，罚 20 英镑；2 名水手坐牢 3 个月，罚 15 英镑。

当然，义律强调，坐牢的牢房是英国国内的，坐天朝的牢房，怎么死的都不知道。

随后，义律把判决结果报告给林则徐，说没有查到真正的凶手，按照英国的法律，在没有查出真正凶手之前，不宜将这些嫌疑犯送交中国审判。

当然义律也向林则徐承诺，一旦查出真正的凶手，那么等待凶手的将是死刑。

林则徐根本就不认可义律的审判。

义律组建起来的所谓审判团，代替不了法律机构，义律的审判纯属个人行为，义律的审判结果当然是无效的。

---

[1] 《澳门月报》，1839 年 8 月号。

退一万步说，就算义律组建起来的审判团是得到英国授权的，林则徐通过阅读自己组织的翻译班子所翻译出来的由瑞士法律学家埃梅利克·得·瓦台尔所著的*Law of Nations*（《国际法》），已经掌握到了一些国际法知识，知西洋各国之间并不存在治外法权，他也不能接受义律的审判结果。

他对义律的要求只有两个：具结、交凶。

如果这两件事儿不做好，那居住在澳门的所有英国人都必须离开澳门，哪儿凉快哪儿待着去。

结果，这两件事儿义律都没法做好。

8月25日林则徐从香山县发出一份告示，称：如果不具结、不交凶，"则一齐治罪，玉石俱焚，后悔将无及焉"[1]。

没奈何，义律只好卷起铺盖上船，在漫无边际的大海上流浪。

他们是在8月26日上船的，"男人、妇女和儿童，都匆匆从住所出来，赶到船上寻觅安身的地方。一小队挤满了乘客的小船、双桅帆船和欧式沙船，当慢慢驶离港口的时候，真是一片凄凉景象"[2]。

林则徐于8月31日又发出一道告示，说英国人的"执拗与肆无忌惮"是需要惩戒的，所以号召沿海居民"群相集议，购买器械，聚合丁壮，以便自卫。如见夷人上岸滋事，一切民人各曾准许开枪阻止，勒令退回，或即将其俘获。夷人为数甚少，自不能敌众。夷人上岸觅井汲水，应加拦阻，不许其饮用。但若夷人并未上岸，尔等不得擅自登舟，驶近夷船，徒生枝节，违者当予严惩"[3]。

马士在《中华帝国对外关系史》中说："这告示如果在别的国家里，就是一封宣战书了。"

9月12日，一艘经常装载货物往来于马尼拉和澳门之间的西班牙帆船"比

---

[1] 《澳门月报》，1839年8月号。

[2] 同上。

[3] 《澳门月报》，1839年9月号。《中国通信汇编》，见马士：《中华帝国对外关系史》第一卷，张汇文译，上海书店出版社2000年版。

尔拜诺”（Bilbaino）号就在澳门港口内被误认为是从事鸦片交易的英国帆船“弗吉尼亚”（Virginia）号遭到中国水师的袭击而焚毁。

另一艘从澳门前往香港的英国商船“不腊克久”（Black Joke）号也在海上遭到了袭击。在这次袭击中，中国水师化装为海盗，将船上的水手和九名乘客几乎全部杀光，只剩下一名叫茂斯的水手。本来，“海盗”们也要处死茂斯的，他们割下了茂斯的左耳，强迫他吃下肚子里，准备看着他流血而死。因为海面上出现了另一艘武装商船，“海盗”们于是匆匆离开了“不腊克久”号，茂斯侥幸躲过一劫。[1]

怪就怪道光一直在催促着林则徐赶赴两江总督，否则，林则徐是不会走这么极端的路线的。要知道，义律等人的船只游浮在茫茫的大海之上，缺乏食品和淡水，用不了多久，他们还得靠岸找吃的。

果然，9 月 4 日，因为得不到食物和淡水的补充，义律亲自驾船到九龙花高价买到了一船食品。

可是，船还没离岸，广东水师就赶来将食品没收了。

义律终于出离愤怒了，他将一封抗议书递交给中国官员，内中有：“此地数千英人缺乏食物接济，长此以往，频频冲突，自不能免；诸位宪台应对后果负其责任。此乃和平与正义之言。”[2]

在“经过了五六个小时的延宕和令人发怒的托辞推诿”后，义律再也忍不住，向当时“勒令中国人取回所售食物”的中国师船开火。[3]

这就是林则徐和两广总督邓廷桢、广东水师提督关天培列衔共同进呈的那份名为《英人偷袭师船已予反击并葡人出为转圜折》（亦即《会奏九龙洋面轰击夷船情形折》）奏报上所提到的九龙大战。

[1] 《义律为英国三板被劫水手商客陆续找到二人说帖》，见《林则徐奏稿·公牍·日记补编》，中山大学出版社 1985 年版。

[2] 《中国通信汇编》，见马士：《中华帝国对外关系史》第一卷，张汇文译，上海书店出版社 2000 年版。

[3] 同上。

5. 那些捷报的真相之一

其实英国还没有通过议案，也没有准备要对中国发动战争，但义律也是饿极急疯，已经管不了许多了，他动用了几艘属于印度舰队的小战舰对中国水师打响了第一炮。

林则徐奏折中说，“义律忽带大小夷船五只赴彼”[1]，后又在战斗中以“更倍于前”的战舰投入。义律也在给英国政府的报告中说，他先是以“珍珠”（Pearl）号、“路易莎”号、“窝拉疑”号所属小船进行战斗，后又以“威廉要塞”（Fort Williams）号所属小船助战，且“甘米力治”（Combriclge）号船长忌喇士率 16 名士兵划船参战，而“窝拉疑”号等大型战舰因风停而无法迫近，所以均未加入战团。义律承认，是自己先开的炮，并认为清军作战相当骁勇，战斗从下午二时进行到六时半，其第一次后撤是为了补充弹药，最后主动撤出了战斗，自己一方仅受伤数人，且没具体给出清军的损失数字。

也就是说，此战，双方谁胜谁负，其实不好评定。

但林则徐对道光皇帝汇报的战果却是：“计是日接仗五时之久，我兵伤毙者二名，其受伤重者二名，轻者四名，皆可医治。师船间有渗漏，桅蓬亦有损伤，均即赶修完整。嗣据新安县知县梁星源等禀报，查夷人捞起尸首就近掩埋者，已有十七具。又渔舟叠见夷尸随潮漂淌，捞获夷帽数顶，并查知假扮兵船之船主得忌喇士手腕被炮打断，此外夷人受伤者，尤不胜计。”[2]

美国学者特拉维斯·黑尼斯三世和弗兰克·萨奈罗对此评价说：“几千年来，为了政治目的，为了挽回面子，中国总是改写历史，此时这种修正主义的双重信念再次出现了：中国船上的司令官在给林则徐的报告中说，他们战胜了英国侵略者，取得了重大胜利，击沉几艘英国船，并且毙伤了五十名

[1] 《会奏九龙洋面轰击夷船情形折》。

[2] 同上。

英国士兵。”

然而此战过后，广东水师明显不敢再去干涉向沿海渔船购买食品和淡水的英国战舰，义律等人得以渡过食品危机。

对义律来说，之所以会发生九龙水战，就是为了搞到食物，目的既然已经达到，在没有得到英国政府确切的训令之前，他也不敢做出更大的动作。有了食物，他通过澳门总督向林则徐递话，说，抱歉，发生了这样不愉快的事情，实在是饿急了，为了保命，没办法。不过，我们谋求的还是和平。

林则徐也感觉到在海面上干不过英国人，目前只能等广东沿岸的炮台建设完毕才能跟英国人较劲，于是默认了渔民售卖食品给英国人的行为，但口头上对义律仍是寸步不让。他说，要和平，可以——交凶，具结。

在林则徐的脑子里，他也并不把武力作为解决中英双方纷争的手段。九龙之战后的第二天，9 月 5 日，他就给怡良写信，表示不明白义律为什么硬要跟自己对着干，他说：“然替义律设想，总无出路，不知因何尚不回头？”[1]

不过，他加紧修筑沿海炮台，训练水勇，还是把广州的战备提高了许多。

此外，林则徐的封港政策也让义律苦不堪言。

贸易停止了，许多从英国运来的货物只能长期在海上漂着，受潮发霉，许多英国商人实在受不了，纷纷背着义律去跟林则徐签订具结，这其中就有“担麻士葛”号、“皇家撒克逊”号等。

所以，面对要求和谈的义律，林则徐语气强硬得很，一口咬定，交凶、具结两件事绝无商量余地。

另外，林则徐还于 9 月 20 日由澳门同知转谕义律：这段时间有新运来营商鸦片必须全部上交，并且指名驱逐 16 名英商。

9 月 24 日，义律做出了答复，他说，现在尖沙嘴（咀）船只，真的没

[1] 林则徐：《致怡良书》，见《林则徐全集》第 07 册信札卷，海峡文艺出版社 2002 年版。

带一两鸦片，不信请带人搜查，一经查出，货物尽行没官，英国政府绝不保护。所指名的16名英商，并不都是鸦片贩子，其中有一个只是十几岁的孩子，他真的没贩鸦片，没贩烟的能否准许留下？至于具结，还是由各个商人各个伙计自行具结吧，一经具结，若有不守信者，天朝可以随时驱逐。林维禧的事，目前实在无法查出真凶，参与群殴的还有美国人，如果有人能指证是英国人的话，我作为英国官员可以给指证者奖赏2000元整。

话虽这样说，义律看林则徐在交凶、具结问题上咬得这么死，也感觉到不交凶、不具结恐怕过不了关。9月27日，他准备用一具外国水手的尸体冒充林维禧之凶交差，并且同意具结，具结的内容跟林则徐的要求基本相同，只不过把"货尽没官、人即正法"这八个字中后面的"人即正法"四个字去掉。

但林则徐是一个原则性极强的人，绝不通融。他于9月28日回复说：现在仍有鸦片在偷卖，不主动上交的话，很快就会安排官员搜查。被指名驱逐的夷商限6天内离境，一个也不许留，再事拖延，当即拿下。杀害林维禧的凶手必须在10日内交出。具结上光写"货尽没官"不行，原来的"人即正法"四字不容删减。

义律于10月5日回复：16名商人，6名已走，4名正准备走，其余暂缓几日，2名非鸦片贩子，请予留居；凶犯尚未查出；具结需等国内训令。至于是否有偷卖鸦片，他愿与天朝官员一同搜查。

有意思的是，义律请求林大人给他的文书用词客气些儿："远职为英国特派官员，敬请大宪谕内不用轻慢字眼也。"

林则徐看了，含在嘴里的一口茶差点没喷出来。10月8日，他给义律直接发出谕帖，说："节次所谕，无非声明义理，训诲成全，有何轻慢？"[1]要求义律把货船都开到广州，搜查和具结同时进行，具结不用搜查，不具结，将其船只起空搜查。

---

[1] 萧致治：《西风拂夕阳：鸦片战争前夕中西关系》，湖北人民出版社2005年版。

显然，林则徐是想通过搜查逼迫义律签字具结。

10月27日，林则徐特别提醒义律：还是具结吧，搜查的后果是很严重的。首先，搜查就必须盘空抽验，这前后时间大概得要两百多天，你们等得起吗？其次，搜查时就要解捆，货物不可避免地会被糟蹋、抛撒，造成不必要的损失。再次，收验之后，须换驳船装载入口。一只大船上的货物需用五六十只驳船，一只驳船需要两人护送，你们忙得过来吗？而如果缺少了人手护送，半路有货物丢失，天朝概不负责。

林则徐友情提示说，还是具结吧，具结了就用不着搜查了。

可是义律就是宁死不肯对具结上“人即正法”四字负责，他的回答是：宁愿让清兵搜查也不肯具结。

义律这么搞，不但林则徐不乐意，很多英国人也不乐意了。

11月3日，英船“皇家撒克逊”号背着义律做了具结，并迫不及待地想运船上的货物入关贸易。

之前义律曾经宣布停止中英间的商贸，“皇家撒克逊”号这么做，是对义律权威的一种挑战，更是一种背叛。

义律当即率领英国兵船“窝拉疑”号和“海阿新”号进行阻拦。

“窝拉疑”号向“皇家撒克逊”号轰了一炮，义律本人高踞船头勒令撒克逊船长回返。撒克逊船长哭丧着脸，只好吩咐船只掉头。

这时候，海面上出现了天朝水师提督关天培所率领的29艘水师巡船，一场“大战”徐徐拉开序幕。

6. 那些捷报的真相之二

这场“大战”，就是林则徐给道光帝所上《英兵船阻挠该国商船具结进口并各处滋扰在穿鼻尖沙嘴迭次将其击退折》中描述到的“穿鼻大战”。

在林则徐的奏折中描述说：“提臣关天培闻而诧异，正在追究间，士密一船辄先开放大炮，前来攻击，关天培亟令本船弁兵开炮回击。”

士密是“窝拉疑”号舰长，他之所以先开炮，是因为看见清朝方面这29只密集成群的师船向2艘英舰驶来，意似有所举动，而且，前面大船挂有一面耀武扬威的红旗（其实，红旗是水师提督出巡的“仪帜”），按照英国海军的理解，挂白旗是示好，挂红旗是宣布开战，所以，在他看来，清军是来者不善。因此，他马上向清军发出了一个通知，声明他不得不“断然要求所有来船立刻开回沙角以北原泊的处所，这样做会有好处的”。

然而，关天培却答复说“如今我所要求的不过是杀害林维禧的奸夷一个人”[1]，并且还补充说，他的水师是可以撤回的。只要在声明的限期内，交出凶手就行。

士密回答说：“义律曾经再三地郑重声明他并不知道杀害林维禧的凶手，如果他已经查出，他早就惩办了；如果以后拿获的话，他也一定要惩办的。”[2]看着中国师船不但不肯退走，反而组成了一个战斗阵形，士密便向义律请求说，不能让清军的战舰从商船当中经过，一旦出现了特殊情况，谁也负不起这个责任。

义律犹豫不决，没有得到英国政府的准确命令，他不敢发动战争，但海军将领出身的他，也觉得士密的请求是合理的，最后，还是同意了士密发起进攻的请求。

士密舰长随即向中国水师开火，迫使中国师船撤退。

1839年11月号的《澳门月报》对于这场战争结果的记录是：在此后的行动中，英国方面损失很轻微，但中国方面却有4只师船被炸沉，其余的船只也受伤退回。

特拉维斯·黑尼斯三世和弗兰克·萨奈罗在《鸦片战争：一个帝国的沉迷和另一个帝国的堕落》一书中的描述比较详细：双方交火后，1艘中国船的弹药库被击中，爆炸后下沉，中国船开始害怕，之后，又有3艘中国船下

[1] 《中国通讯续编》，1839年10—11月。

[2] 同上。

鸦片战争海战

沉，其他船上的船员们纷纷跳船，船队离开，只剩下关天培的旗舰，以一种自杀式的精神继续向英舰开火。义律对于这位老人的勇气感到非常震惊，命令史密斯不要再开炮，允许这艘破损不堪的旗舰开走。

义律在向英国政府的报告中也称，清军 3 艘师船被击沉，1 艘击中火药舱而爆炸，还有几艘明显进水。“窝拉疑”号仅受了轻微损伤，没有人员伤亡。

对于关天培的表现，义律评论说：“作为一个勇敢的人，公正的说法是，提督的举止配得上他的地位。他的座船在武器和装具上明显优于其他船只，当他起锚后，很可能是斩断或解脱锚链，以灵敏的方式驶向女王陛下的战舰，与之交战。这种毫无希望的努力，增加了他的荣誉，证明了他行动的决心，然而，不到三刻钟，他和舰队中尚存的师船便极其悲伤地撤回到原先的锚泊地。”[1]

可是，在林则徐的奏报中，却是：“接仗约有一时之久，士密船上，帆斜旗落，且御且逃，华伦亦随同遁去。”

当然，林则徐也提到，当敌舰逃走时，“我军本欲追蹑，无如师船下旁灰路多被夷炮击开，内有三船渐见进水，势难远驶。而夷船受伤只在舱面，其船旁船底皆整株番木所为，且全用铜包，虽炮击亦不能遽透，是以不值追剿”。坦承我军有三船进水，而且敌舰外裹铜皮，我军的炮打不穿。而且“各船兵丁，除中炮致毙九名外，有提标左营二号米艇，适被炮火落在火药舱内，登时燃起，烧毙兵丁六名，继已扑灭。又有受伤之额外黄凤腾，与受伤各弁兵，俱饬妥为医治”。

既是这样，那么问题来了，炮打敌舰不能入，自己三船进水，一船着火，伤毙多人，为什么敌舰就“帆斜旗落，且御且逃”了呢？

林则徐笔下的九龙水战和穿鼻大战大致情形既然是这样，那么，关于官涌的六次战绩，诸如：“打伤夷人二名，夺枪一杆，余众滚崖逃走，遗落夷帽数顶”、“即闻夷船齐声喊叫，究竟轰毙几人，因黑夜未能查数”、“夷人披靡而散，帽履刀鞘遗落无数”、“该夷初尤开炮抵拒，迨一两时后，只听呷哑叫喊，竟无回击之暇”、“击倒数人，且多落海漂去者”等等，也就很可疑了。

特别值得注意的是，上述官涌系列战争英方没有任何记载，而170年过后，汇总各种资料进行考证，真相令人大感遗憾——这些战役除了在《林则徐集·奏稿》中册第704页的《英兵船阻挠该国商船具结进口并各处滋扰在穿鼻尖沙嘴叠次将其击退折》和《林则徐集·日记》第359页找得到，其他地方全无记载，让人怀疑，这些战绩可能都是杜撰虚构的——不仅瞒过了后人，也瞒过了林则徐。因为，从林则徐的日记来看，他得到前线官兵传来的所谓“捷报”，是非常兴奋的。

---

[1] 《中国通讯续编》，1839年10—11月。

但，正是这些虚构的战绩把道光帝给蒙蔽住了，道光帝真以为天朝的军事力量强大到了足以应对任何国家的任何挑衅，一下子狠劲发作，给林则徐批示说："朕不虑卿等孟浪，但戒臣等不可畏葸。"[1]

其实，对于英人的船坚炮利，国人并非一无所闻。乾、嘉之间流传的《粤中采访》、《澳门纪略》等书，都曾报道了英国船炮是如何坚利。萧令裕于道光十一年写的《英咭唎记》，对于英国的兵船枪炮，就绘声绘影地详加描述，并且说"英咭唎恃其船炮，渐横海上，识者每以为忧"，只是没能引起朝堂之上的道光君臣注意而已。

何况，道光皇帝原本就是一个很自负的人。他不想打仗，是太过心疼银子，其实，他的骨子里是好勇斗狠的。

后人看道光皇帝的画像，感觉一干巴巴的老头子，弱不禁风。真实的道光皇帝，可是崇尚武力的。

《春冰室野乘》和《南亭笔记》都有道光箭法高超的记载。而最能充分表现道光帝勇武的，是天理教作乱那年。那一年是嘉庆十八年，教徒攻入了皇宫，众皇子抱头鼠窜，当时同样身为皇子的道光帝正在上书房读书，闻变后表现镇定，"急命进撒袋、鸟铳、腰刀，饬太监登垣以望"。这时，有的教民手举白旗，攀墙登殿，靠近养心门，道光帝"发鸟铳殪（打死）之，再发再殪"。

所以，道光帝非但不懦弱，反倒异常悍勇。

道光皇帝铆足了劲要教训对方，岂不知对方也开始憋足了气要回来开战了。

穿鼻战役结束后不久，义律就给英国的主战派建议："在我看来，对于这种不公正的暴力，就应该以事先毫不知会的形式，给他们以迅疾而有力的打击。"

用不了多久，英国政府方面就开始正式对华开战了。

[1] 道光朱批，见《林则徐集·奏稿》中册，中华书局 1962—1965 年版。

7. 英国人正式宣战了

说到英国政府对华宣战，则有一个人不可不提。

这人就是英国最大的鸦片贩子威廉·渣甸。

威廉·渣甸是一个极富传奇色彩的人物。他出生于苏格兰邓弗里斯郡的一个农庄，16岁时进入爱丁堡大学医学院学医，毕业后加入英国东印度公司，在公司的一艘商船上挂职行医。

在东印度公司全面负责对华贸易期间，渣甸的商业头脑得到了开发。他与一位苏格兰从男爵的儿子——詹姆斯·马地臣合伙，在中国广州成立了一个普通合股公司：怡和洋行，买卖鸦片、茶叶和其他货物。

1833年，国会结束了英国东印度公司对中英贸易的专营权。怡和洋行抓住机会，填补了东印度公司留下的真空，从事包括从印度走私鸦片到中国、从中国进口茶叶和丝绸到英国、到菲律宾收购香料和糖、处理货物包装和货物保险、出租船坞和仓库等等贸易活动，一跃而成为亚洲最大的英国洋行。

渣甸走私鸦片的份额很大，很早就引起中国方面的注意。

道光十六年（1837年），给事中许球在请禁鸦片的奏疏中提到了9名臭名昭著的外籍烟贩，渣甸的名字位列榜首。道光因此责令邓廷桢将这9名外籍烟贩驱逐出境，这9个人却一直推诿不肯离开，尤其是渣甸，依然我行我素，待在广州，没有半点要走的意思。

道光十八年十二月十二日（1839年1月26日），渣甸却突然请牌下澳，四天之后自澳门搭船回国。

渣甸为什么会选择在这个时候回国呢？

毫无疑问，与林则徐到粤禁烟有莫大的关系。

因为，林则徐被任为钦差大臣的消息是道光十八年十二月初七日（1839年1月21日）传到广州的，渣甸在这个节骨眼上离开，不免让人浮想联翩。

大家都说，渣甸这是慑于林则徐林大人的威名，闻风而遁。

林则徐本人在《奏报英国烟贩查顿情形及请早颁严惩吸食鸦片律例》也

怡和洋行

称："查奸夷查顿（即渣甸），系咭唎国所属之港脚人，盘踞粤省夷馆历二十年之久，诨号'铁头老鼠'，与汉奸积惯串通，鸦片之到处流行，实以该夷人为祸首。伊仅系夷中之一奸贩，并非该国有职之人，只以狡黠性成，转恃天朝柔远之经，为伊护符之计，其因售私，以致成富，人所共知。道光十六年冬间，即经督臣邓廷桢等进奉谕旨，查明驱逐，而该夷藉称清理账目，又作两载逗留。去冬臣蒙皇上发交太仆寺少卿杨殿邦等条奏各折，带来广东查办，其折内所指，亦以该夷人为奸猾之尤，臣于未出京时，即先遣捷足飞信赴粤，查访其人，以观动静。闻十二月间，广东省城互相传播，以为钦差大臣一到，首拿查顿（即渣甸）究办，该夷人遂即请牌下澳，搭船回国。是其饱则扬去，固为鬼蜮常情，要在使之不敢再来，乃为善策。"[1]

说起来，渣甸这个"铁头老鼠"的诨号可是用鲜血才换来的。

---

[1]《鸦片战争档案史料》第一册，上海人民出版社 1987 年版。

渣甸曾经在广州俱乐部被中国百姓强势围观，单单围观还不够，百姓还用石头、臭鸡蛋掷打。渣甸的头部被石头击中后，鲜血直淌，渣甸为了显示自己的强悍，故意装出若无其事的样子，面不改色，一任鲜血自流。

“铁头老鼠”的诨号传出，渣甸也得以凭凶悍、专横而知名。

当年，律劳卑一意采取强硬的政策对待卢坤，很大程度上，就是渣甸在背后作支撑。

从这一点来说，渣甸其实也很有做政客的潜质。

中国的百姓都说，渣甸回国，是因为害怕林则徐。

到底是不是这样的呢?

答案是否定的。

在许球等人不断向道光皇帝请禁鸦片时，渣甸却在为扩展鸦片贸易而努力。他安排马地臣回到英国去说服政府对中国采取强硬行动，以促使贸易能进一步开放。

不过，马地臣在英国遭到了英国外相“铁公爵”威灵顿的反对，活动未能成功。

马地臣沮丧万分地向渣甸报告说，他被一个傲慢愚蠢的人所侮辱。

于是，这年，渣甸让马地臣回到亚洲，自己回到英国，继续完成马地臣的使命。

回国前夕，其他外国鸦片商人都对他表达了敬意。

义律还专门给他写了一封引荐信，信中说：“这位绅士已经有几年时间是我们的商业社团的领袖，由于长期以来的慈善行为和公众精神，光荣地赢得整个外国社团的尊敬。”

义律称渣甸为“我们的商业社团的领袖”。的确，渣甸的组织能力和工作能力非常强。

他召集了英国的鸦片贩子，组建了一个代表团，规定凡在中国贩卖的鸦片，每箱抽一元作为公关费用，总计有两万多元。

带着这两万多元的活动经费，渣甸自信能促成政府出兵。

威廉·亨特曾记录说："渣甸从广州出发前几天，整个外侨社团在东印度公司的餐厅里招待他。来自所有国家的大约 80 个人出席，包括印度，直到下半夜才分散。"

所以，渣甸的离开，并非灰溜溜地遁走，而是带着使命离开的。

回到伦敦，渣甸高薪聘请了很多新闻媒体的知名记者，在英国最有影响力的报纸上，对中国的禁烟事件进行了详细的报道。当然，其主题主要集中在中国政府蛮横的禁烟、海关的勒索、官员的腐败、总督的傲慢、受困的英商、惨死的律劳卑等事件上，借此激起英国市民对中国的反感，甚至仇恨。

马地臣给渣甸写信说："让几家重要报纸来为我们服务，这种方法非常便捷，记者最精确的字眼、最明晰的结构来写一份漂亮的请愿书。"[1]

渣甸还印刷了无数宣传册，非常煽情地述说英国人在中国受到的种种"侮辱"，说英国人"忍饥挨饿、终日囚禁"，很快就要遭到嗜血成性的中国人施加的极刑，并诬称林则徐之所以要这么专横地禁烟，是因为他"有几千公顷土地，都种植罂粟"，他这么做，是要垄断中国的鸦片。又说，现在的英国商人整天被中国军队到处追赶，每天都在躲避枪炮和屠杀。

一开始，人们对渣甸所散布的言论并不相信，甚至，有很多人和媒体还在对鸦片贸易进行谴责，一些激进的宗教人士还呼吁政府能够结束鸦片贸易。

但是，林则徐那封写给英国女王的信不合时宜地出现了。

信中有意无意地透露出来的狂妄和傲慢，让英国民众越来越相信渣甸的话。

从 1839 年 9 月份开始，无数的英国商会和商人开始向政府请愿。

这时，英国的外相又换成了巴麦尊。

巴麦尊虽然醉心于霸权主义，这时还不敢贸然对中国用兵。

在过去三年时间内，英国政府每年的财政赤字高达一百多万英镑，出兵

---

[1] 特拉维斯·黑尼斯三世、弗兰克·萨奈罗.《鸦片战争：一个帝国的沉迷和另一个帝国的堕落》，生活·读书·新知三联书店 2005 年版。

将面临着昂贵的军费开支。

实际上，对于义律在广州以政府的名义答应赔偿因为向林则徐上缴鸦片而导致鸦片贩子的损失，英国政府曾一度打算认下这笔烂账的，但财政实在没钱，只好装聋作哑，当作没看见。

义律也是从政府财力的角度着想，不敢奢望大规模出兵，只提出过一个建议：派出一艘战舰、两艘护卫舰、三艘蒸汽船以及一些小型武装船只，从广州到北京的海岸线上对中国实施攻击，给北京施压，迫使道光皇帝撤换林则徐以改善广州的贸易现状就可以了。可是，就这么一个简单的要求，也因资金问题遭到了财政部长弗朗西斯·巴尔宁的断然否定。

渣甸为了促成政府出兵，他除了策动数百名在亚洲和英国的英国商人向国会递交请愿书外，还制定了详细的战争计划、战争策略，提出了政治需要以及军队和军舰的补给需求。

最终诱使巴麦尊动心的是：渣甸明确提出了几点，如完全补偿林则徐没收的 2 万箱鸦片，通商条约要组织进一步的签订，并开放更多的港口贸易，诸如福州、宁波和上海。

渣甸还建议有必要占领广州附近的一个岛屿或港口，香港由于拥有安全广阔的港口，最为理想。

陆军大臣、89 岁的著名历史学家托马斯·巴宾顿·麦考雷在渣甸的基础上提出解决战争经费的有效的方案：让中国政府为这场战争买单。

他说：如果决定跟中国干仗，就必须找到快捷有效的路线，那么就用最快的速度、最强有力的手段，对中国进行最有效的打击，迫使中国来赔偿战争经费以及商人的损失，这样，所有问题也就迎刃而解了。

巴麦尊于是向英国首相迈尔本作了详细的报告，指出：英国政府是否要赔偿商人的损失，如果赔偿钱从何来，是否强迫中国政府支付。是否应该与中国签订条约，如果要签订的话，需不需要一些强制手段。

于是，是否要对华开战问题正式提上了议会议事日程。

渣甸的计划也因此被称为“渣甸计划”（Jardine Paper）。

巴麦尊在接受《泰晤士报》采访时，已经透露出“保证英国纳税人的钱不会用来赔偿鸦片商人的损失”之类的口风了。

1840 年 4 月 7 日到 4 月 9 日，英国下议院展开了激烈辩论。

反对党托利党领袖罗伯特·皮尔爵士对巴麦尊在《泰晤士报》放出的开战风声大为不满，提交了弹劾议案，告诫政府绝不能动用武力去处理中国的鸦片危机。

陆军大臣麦考雷却不以为然，说：“我请求申明我最真诚的愿望，这场最正义的争论将会有一个胜利的结局，这不仅将鼓舞英国人的士气，而且英镑的名气也将得到提升。”

托利党议员威廉·格拉斯顿（后来的英国首相）反驳说：你是否知道走私到中国的鸦片全部都来自英国的港口、孟加拉和孟买全境？难道我们不应该采取什么限制性的措施来制止这种不道德的贸易？我们只要阻止走私船只的航行，只要摧毁了伶仃洋的窝点，只要遏制了印度的鸦片种植，并对那些参与此事的人予以道德的谴责，那么鸦片贸易就会削弱。中国人已经警告过你们了，不要进行鸦片贸易，可是你们不愿意停止。中国人有权把你们从中国的海岸线赶走，可是你们固执地进行着不道德的残暴的贸易。正义在中国人那边，他们是异教徒、半开化的蛮族人，却占据了正义。而我们这些开明的、有教养的基督教徒，却在追求着与正义和宗教背道而驰的目标。这场处心积虑的战争会给英国蒙上永久的耻辱。现在，就在你们这些贵族老爷的庇护下，我们的国旗成了海盗的旗帜，她所保护的是可耻的鸦片贸易。

其实，非但格拉斯顿把鸦片贸易定义为一场肮脏且可耻的交易，给巴麦尊写信要求对中国予以“迅疾而沉重的打击”的义律也是持这一观点的。他在给巴麦尊的那封信里，也同样极其愤慨地说道：“对于中国口岸进行的这种强迫性贸易，没有人比我更加深恶痛绝其带来的罪恶和羞耻。作为公务员，我一直通过手中掌握的各种合法手段劝阻这种行为，为此我完全牺牲了个人多年的舒适生活。”

可是，在下议院的辩论会中，有“饶舌的马科维列”之称的托马斯·巴宾古谷·马科维列却有意绕开了鸦片贸易是否罪恶的话题替辉格党发表了一通充满帝国主义霸权味道的演说。他说："义律先生命令在受包围的商馆的阳台上高高地挂起英国国旗。……看到这面国旗，濒死的人们的心也会立刻苏醒过来。因为这使他们想起了自己是属于从不知道失败、投降和屈辱的国家，……在普拉希原野上为布拉克大厅的牺牲者复仇的国家，自从伟大的摄政宣誓要使英国人的名字比以前的罗马市民更受人尊重以来、从不知道后退的国家！他们虽然受到敌人的包围，又被大洋和大陆隔绝了一切的支援，但他们知道对自己施加危害、哪怕是动一根毫毛的人，是不会不受到惩罚的。"[1]

托利党的詹姆士·古拉哈姆则对这一演说进行了长达三小时的批驳，他认为："这样不义的战争，即使胜利，也不会得到任何光荣。"

另一个反对者古拉多斯谷也发表了演说："我从不知道，也从未在哪一本书中读过有这样非正义的战争，这样会永远成为不名誉的战争。刚才和我意见不同的一位绅士谈到在广东飘扬着光荣的英国国旗。可是，这面旗子是为了保护臭名昭著的禁品走私而飘扬的。如果现在要在中国的沿海升起这样的旗子，我们一看到它都不能不感到恐怖和战栗。"[2]

巴麦尊却为英国的鸦片贩子推卸责任说，中国鸦片泛滥，其罪在购买者，而不在出售者。他认为，如果英国停止向中国出售鸦片，那么土耳其和波斯就会揽过这个生意，把鸦片卖给几百万"心甘情愿"购买的中国人。

在功利面前，巴麦尊的现实主义是很容易击碎格拉斯顿的道德谴责的。

甚至，作为辉格党反对党的议员詹姆斯·格拉汉爵士也跟巴麦尊唱同一腔调。他说：禁止英国同中国进行鸦片贸易，但却允许美国等其他国家抢走英国的生意，使得国库每年损失了几百万美元的鸦片税收，这是不公平的。

曾参与了马戛尔尼和阿美士德两个使团出使中国并在中国待了20多年的中国通小斯当东在关键时刻发表了看法。他说："我们进行鸦片贸易，是

---

[1] 贺尔特：《在中国进行的鸦片战争》，引自特拉维斯·黑尼斯三世、弗兰克·萨奈罗：《鸦片战争：一个帝国的沉迷和另一个帝国的堕落》，生活·读书·新知三联书店2005年版。

[2] 同上。

否违反了国际法呢？没有。当两广总督用他自己的船运送毒品时，没有人会对外国人也做同样的事感到惊讶。如果我们在中国不受人尊敬，那么在印度我们也会很快不受人尊敬，并且渐渐地在全世界都会如此！正在准备中的战争是一场世界性的战争。它的结局会产生不可估量的影响。根据胜负，这些影响又将是截然相反的。如果我们要输掉这场战争，我们就无权进行；但如果我们必须打赢它，我们就无权加以放弃。”

小斯当东的特殊身份引起了大家的特殊重视，所以，在他发言的时候，没有人说话，大家都认认真真地倾听他说每一句话、每一个字。

小斯当东用铿锵有力的语气给出了最后的结论：“尽管令人遗憾，但我还是认为这场战争是正义的，而且也是必要的。”

几分钟后，大厅里响起了长时间的掌声。

最终，巴麦尊否认他的政府支持这种不法的鸦片贸易。他坚持说，他们所希望要做的一切只是为了保证将来贸易的安全和英国公民的安全。应该记住的一件重要事情是英国已经受到了侮辱。[1]

下议院投票的结果是：主战派 271 票，反战派 262 票。

就是这 9 票之差，促成了鸦片战争的爆发。

值得一提的是，那个被割了耳朵并被强迫自己吃掉的茂斯先生现身说法，让英国人见识到了中国人的残暴与野蛮。

因此，也有英国人戏称，鸦片战争是因为一只耳朵引起的，也叫一只耳朵的战争。

8. 坚船和利炮

英国正式出兵开战了。

义律的堂兄乔治·懿律为全权大臣兼全军总司令，伯麦为海军司令，布

[1] 费正清：《剑桥中国晚清史》，刘广京编，中国社会科学院历史研究所编译室译，中国社会科学出版社 1985 年版。

尔利为陆军司令，海军 2000 多人，陆军 4000 多人，共 6000 多人，出动 16 艘军舰，4 艘武装轮船，1 艘运兵船和 27 艘运输船。

以人数而论，对于拥有 80 万军队的天朝来说，这支由 6000 多人组成的英国远征军绝对是个小数目。

但这支英国远征军的规模，在西方的殖民史上，却堪称数目庞大。

也就是说，为了一举征服远在东方的这个古老帝国，英国政府已经全力以赴。

英国政府的全力以赴并不代表他们对这场战争没有信心，相反，他们正是对这场战争已稳操胜券才毫无保留地全力以赴，争取在最短时间内对中国予以雷霆猛击。

英国国会的所有议员，无论是主张开战的辉格党还是反对开战的托利党，他们都认为战争的胜负没有任何悬念，所争论的焦点只关乎道德与罪恶。

后来的事实也证明，就是这支由 6000 多人组成的远征军，在中国漫长的海岸线上，万里驰骋，来去如风，摧毁了中国所有的抵抗，把天朝上下搅得天翻地覆，毫无还手之力。

之所以会出现这样的结局，原因很简单——大英帝国有着当时领先于世界的坚船和利炮。

先说坚船，有幸见过英军舰船的清朝大臣是这样向道光奏报的："大夷船，长三十二丈五尺，头尾宽三丈，船身吃水一丈，出水一丈六尺，周身内外均用白铁包裹，惟底用铜包。船身内有三层，其留一层炮眼者，一面炮眼十八个，每眼安大小炮二尊，一船共安大小炮七十二尊。"

单看这样的描述，如果尚不足以体现英军舰船之高大、抗沉性之好、抗击力之强的话，就拿同期清军水师的舰船为参照物，比较一下，答案不言而喻。

当时，清军水师最大的船只是福建横洋棱船和广东米艇。横洋棱船长为 8.2 丈，宽为 2.6 丈；广东米艇长为 9.5 丈，宽 2.06 丈。且所有船只的船头一般没有保护装置，不能撞击，又因过于简陋，不能负载过重，一般只能配置 10 门火炮，炮位均安在舱面，炮手无所遮蔽，易受火力杀伤。

英军战舰船身高大，机动性和航速却远在清军水师之上。虽然在鸦片战争时期英国的战列舰全部依靠风帆，但各种海船、军舰的舵柄已经用缆绳与装在后甲板上的舵轮连接起来，改变了过去那种靠人力在整个甲板上大幅度转舵的笨拙方法，大大地提高了军舰的机动性，节省了舵手人数。船首部纵向三角帆和桅杆之间的支索帆比仅仅采用横帆航行起来更能吃风。横帆因增加了翼帆，使驱动力得到加强。有两桅或三桅，悬挂十余面帆，能利用各种风向航行。满帆时，一艘大型帆船可以挂起 36 面帆，以 30 多里的航速破浪前进。

此外，19 世纪 30 年代出现的蒸汽动力铁壳明轮船，已开始装备海军。如“复仇神”号战船，尽管吨位小，安炮少，在西方正式海战中难期得力，但因航速快、机动性强、吃水浅等特点，在中国沿海和内河横行肆虐。

相较而言，这时的清军水师全是靠人力划桨并配以少量小型风帆航行，航速慢，经不起风浪颠簸。战船为双桅纵帆，尚未采用转舵装置，继续使用那种依靠 7—8 人在甲板上大幅度用力转舵的方法。造船工艺落后，与英军军舰相比，战船虽小，但相当笨拙。船体容易腐朽，需要经常修缮，9 年以后已基本上不能再用。

英军的坚船已经是这样的无敌巨无霸了，接下来，再说说坚船上所携带的利炮。

18 世纪后期，欧洲冶铁技术大幅度提升，使得钢铁产量猛增。英国在 1806 年铁的年产量不过为 25 万吨，到了 1850 年便高达 250 万吨。这便为火炮铸造业发展提供了坚实基础。

19 世纪 20 至 30 年代，英国发明了全金属车床，从而使火炮的制造进入了车床切削铸造时代，制造出来的火炮炮身均匀、对称、光洁，各种尺寸比例和火门的设计科学合理，射击精确度高。到了 19 世纪中叶，随着机械制造精密度的提高，火炮所用的游隙值更减少到内径的 1/42，这么一

英国战舰

来，只要装填较少的火药就可达到较高的速度，且同时提高发射的准确性。再者，由于用药量的减少，管壁即使变薄亦不致于膛炸，连带也使得火炮的机动性大增。

和英国相比，中国因为没有经历工业革命，传统钢铁技术继续缓慢发展，手工生产的能力非机器生产所能相比，故其钢铁产量极低。1840 年前后，年产铁约 2 万吨，仅是英国的 1/40。此外，除少量大型火炮是以铜制造外，大多数由液态的生铁铸造，铸造出来的火炮质地脆硬，施放炮弹时很容易炸裂，自伤炮手。从安全角度考虑，铸造者就不得不加厚火炮管壁，火炮的重量也就因此大为增加，这也是清军为什么喜欢用重量作为衡量火炮性能优劣依据的原因。显而易见，这种衡量依据远远没有以炮身与口径比例搭配为主要性能参数的衡量更科学合理。此外，即使炮管已经加厚，毕竟手工工艺太过落后，炮管内部还是会形成较多气孔气泡，被炮管内火药炸碎裂的现象还不能完全避免，清军不得不在施放炮弹时尽量减少火药填量。于是，这一增一减之间，使得数千斤的笨重火炮威力反而不如西方的小型火炮。

作为发明和使用火药的老祖宗，这时候中国制造出来的火药威力并不比英国人差。不过，清军制造的火药，以手工作坊或工场生产为主，无法提纯硝和硫，亦无其他先进的工艺设备进行粉碎和拌和，只靠石碾等工艺，硝、硫、炭比例中含硝量过高，容易发潮，难以久贮，爆炸效力低。以至于1841年1月7日的大角、沙角之战，《英军在华作战记》中云：“（中国）火药库是普通式的建筑之一，里面存着几千磅粗火药，装在木桶或泥罐中，我们全部投之于海。因为虽然中国火药的成分几乎和我们的相同，却是一种粗劣的东西。”接着英军进犯虎门、广州，导致“逆夷炮无虚发，我炮虽发无准，火药半杂泥沙，轰击不能致远”。

19世纪初英国的火药制造工业，已经居于世界各国的领先地位，火药生产如提纯、粉碎、拌和、压制、烘干等工艺已进入近代工厂的机械化生产阶段，其所生产出来的火药坚固、密实、均匀，有一定的几何形状，能保持良好待发的干燥状态，大大延长火药的贮藏期。这就是英人“炮利”的秘密之所在。

将坚船和炮利结合在一起运用的是战舰。

在舰船上所配备的火炮数为英国战舰等级分类的参数之一。

英国战舰大体上分为6个“等级”：头3个等级属于3桅横帆大战舰，1级有3层甲板，共配备100或100门以上火炮；2级也有3层甲板，共配备约90门炮；3级也就是作战舰队中的载重炮，有2层甲板，共配备64至74门炮；巡洋舰属于4级，有2层甲板，配备有50门炮。

反观中国方面，诚如前面所述，清军水师的木质舰船小，而且简陋，难堪重负，一般只能配置10门火炮，与英军动辄几十门甚至上百门火炮的战舰相比，实在显得可怜。

本来吧，舰船小就应该机动灵活，可是，由于仅靠人力划桨和借少量小型风帆航行，航速又慢又经不起风浪颠簸。舰体上还没采用转舵装置，使用的还是那种依靠七八个人在甲板上大幅度用力转舵的方法，航向的转变也非常笨拙。航向难以转变也就罢了，最惨的是装备在舰船上的火炮并没有灵活转动的炮架，或者其炮架只能调整高低夹角而不能左右活转，这就极大限制了射击范围。

综上几点，中英武力间的高下已判。

此外，在火炮的射击精度方面，英军已对弹道学作过初步研究，瞄准器具也已具备，使得射击精度大大提高。而清军火炮射击，士兵大多凭经验。对于双方火炮的射速，清军火炮装填程序复杂，费时多，射速慢，如果第一发不中，则第二发已因敌舰远去而鞭长莫及。火炮每分钟可能达到 1—2 发，但炮管无法承受持续射击，隔一段时间就需休息以冷却，故每小时平均只可能发射 8 发，每天通常不超过 100 发，且铁炮在射击 600 发、铜炮约 100 发后，就已不太堪用。英军重型火炮，射速一般已达每两分钟 3 发，其程序包括装入火药包、放入炮弹、瞄准开炮、清理炮膛，再装入火药包、炮弹等。1832 年清地理学家萧令裕所著的《英咭唎记》中记：其国“有大铳，能于两刻间连发 40 余次，恐涉于夸，然亦可见其概矣”。

英军舰队以其强大的海军和火炮数，决定了战争的时间、地点以及规模。

先不说大炮质量之间的差距，这次来华的英军战舰的载炮数为 540 门，比虎门九座炮台加在一起的大炮总数 340 门还多出了 200 门，数量上就远多于清军，英军如果要进击虎门，虎门根本就守不住。

9. 是上访还是战争

可是，英国远征军到了香港以后，义律提出，不能攻击虎门，也不能攻击广州。

义律认为，政府这次出兵的目的主要是要中国赔款（包括鸦片赔款、商欠和军费）、割让海岛、平等外交和五口通商。

而要达到这些目标，就必须北上天津，甚至北京，向天朝的皇帝索要。

否则，就算是将虎门和广州夷为平地，那也只会引起更大的争端，对自己毫无好处。

于是，6 月 28 日，义律发布了封锁珠江口的告示，只留下了 5 艘军舰执行封锁，自己和堂弟懿律及伯麦率领其他的军舰扬帆北上了。

义律这一北上，很快就把道光皇帝给弄晕了。

虽然林则徐于 6 月 24 日给道光帝上奏折报告，英军方面呈现出要大举入侵天朝之势，可是从广州到北京的路途太远，这道奏折还没到达北京，义律一行已仗着坚船利炮纵横在中国广大的海岸线上了。

7 月 2 日，英军途经厦门海域，义律让“布朗底”号舰长包祖向厦门投递本应该投递在广州的《巴麦尊致中国宰相书》的副本。

与律劳卑当年给卢坤投递文书一样，根本没有中国人愿意代投。

非但没有中国人愿意代投，守卫在海岸炮台上的清兵用弓箭阻止英国人上岸。

气恼之下，包祖下令开炮。

轰隆隆的炮声一响，岸上的炮台和附近的清军水师登时成了惊弓之鸟，一下子逃得半个人影也不剩。

人都逃光了，包祖只好把公函装在一个漂流瓶里，扔到海滩上，匆匆起锚离开了厦门。

就是这样的一场冲突，清军沿海炮台被毁，9 名士兵死亡，14 名士兵受伤，英方无一人折损。新任闽浙总督的邓廷桢却将之描述成“厦门大捷”，奏报给远在北京的道光皇帝，说自己将来犯英夷悉数击退。

该奏报于 8 月 3 日下午呈至道光帝的龙案之上，而早在 7 月 24 日，道光帝就收到了浙江巡抚乌尔恭额关于定海已陷于英夷之手的报告。

定海失守，道光帝惊骇莫名，回头看到邓廷桢的捷报，大喜之外，提笔朱批道：“所办好！”

那么，定海是怎么失守的呢?

义律一行于 7 月 2 日抵达定海。

定海地处舟山群岛，归宁波管辖。

宁波原是康熙年间的重要通商口岸，但乾隆二十二年（1757 年）乾隆实行对外单口开放后，除了广州以外，全国所有通商口岸都关闭了。

马戛尔尼访华时，曾向乾隆提出割让或者租借舟山群岛，而英军此次侵华，仍然不忘通过战争胁迫清政府割让舟山群岛中的一两个岛屿。

所以，定海成了义律等人侵占的对象。

应该说，清政府在定海镇的武备还是比较强大的，共设有水师 3 营，士兵 2800 人，兵营 13 间，另有水师战船 20 余艘，船炮 170 余门，岸炮 20 门，由总兵统领，其沿海防卫能力仅次于广州城外的虎门。

但是，英军对定海县沿海炮台发起攻击，历时仅用 9 分钟，便将所有炮台和师船摧毁得七零八落，清军士兵死的死，伤的伤，余下全逃得干干净净。

定海县城遂落入英军之手。

旅日作家陈舜臣在《鸦片战争实录》中说："关于战争的经过，恐怕没有必要详细叙述。在拥有坚舰巨炮和经过很好训练的英国远征军的面前，中国的陆海军简直就像个婴儿。"

但美国学者特拉维斯·黑尼斯三世和弗兰克·萨奈罗的《鸦片战争：一个帝国的沉迷和另一个帝国的堕落》一书还是详述了这么一个情节：

定海失陷前，定海总兵张朝发和定海知县姚怀祥曾驱舟到英国舰队前质问英国人的来意。伯麦和翻译郭士立直截了当地对张朝发说：要么交出定海，要么面对由此而出现的后果。张朝发面不改色，选择了后者。伯麦没有立刻实施自己的威胁，反而邀请张、姚两人登上自己乘坐的"威厘士厘"号，并以酒饭款待，企图以此缓和自己的态度。但他这样做，完全是徒劳。

姚怀祥的勇气也给郭士立留下了深刻的印象。

郭士立回忆，姚怀祥在仔细观察了装有 74 门大炮的"威厘士厘"号后，

中国水师战船被英军炮舰轻易击毁

说：“是的，你强大而我弱小，但我仍要战斗！”[1]

《鸦片战争实录》记：战斗当日，可怜定海的三营守兵二千人，几乎是赤手空拳同英军搏斗。定海总兵张朝发身负重伤，躺在门板上撤退，数日后死去。英军没有流血就占领了定海。他们占领了定海道头洋炮台时，一看那里的大炮上刻着的制造年代和铸造者的姓名，不觉轻松地吹起了口哨。上面刻着“Richard Philip 1601”。原来炮龄已经 240 年！

定海知县姚怀祥在城破时从容投水就义。西欧的历史学家这样写道：“这是那长长的一系列的插曲中最初的插曲。它在英国人的心中引起了混合着尊敬与轻蔑的感叹。”

占领了定海，义律派人乘小船径往浙江镇海向浙江巡抚乌尔恭额呈交《巴

[1] 《中国丛报》（*The Chinese Pepository*），即《澳门月报》的另一译名，该条见《澳门月报》1841 年 7 月号。

中国内河停泊的水师战船

麦尊致中国宰相书》的副本。

在大清体制下，乌尔恭额不敢代传该国书，命人原封退还。

义律于是留下部分军队镇守定海，自己和堂弟懿律率领其他的战舰北上天津。

道光帝在收到邓廷桢“捷报”的同一天（即8月3日）上午，已收到了林则徐于7月3日发出的奏折。林则徐告诉他，英方增援军舰10艘、轮船3艘，可能会北上舟山、上海、天津。

道光帝便根据林则徐的建议，谕令直隶总督琦善到天津主持大局。

道光帝在谕令中叮嘱琦善：如果英夷到了天津，情词恭顺，则你等可和颜悦色相告，天朝制度，向在广东互市，天津从无办过成案，此处不准通夷，断不能据情转奏。倘若英夷表现出桀骜情形，即统率弁兵，大加剿办。

琦善不同意道光的指示，也否定了林则徐关于英船前往天津恳求贸易的说法。他主张对英取强硬态度，回奏道光帝说：“英夷诡诈百出，如专为求通贸易，该逆岂不知圣人一家，只须在粤恳商，何必远来天津？如欲吁恳恩施，何以胆敢至浙江占据城池？是其显怀异志，明有汉奸引导，不可不严兵戒备。”

然而，8 月 6 日，当英舰耀武扬威地出现在天津城外的白河口时，琦善傻眼了。

看着这些装备了数百门大炮的超级巨无霸，琦善清楚地知道，打是打不过人家的了。

幸亏，在他之前的强烈反对下，道光帝突然有了要了解“夷情”的好奇心，给琦善下了一项有违祖制的谕令，称“督饬所属，严密防范，临时仍相机办理。如该夷船驶至海口，果无桀骜情形，不必遽行开枪开炮。傥有投递禀帖情事，无论夷字汉字，即将原禀进呈。将此谕令知之。”[1]

这道谕令，使琦善有了转圜的余地。他赶紧改变了之前的强硬态度，用和平友好的态度接待了义律这群不速之客，并收下了义律那封一直没人肯为代投的《巴麦尊致中国宰相书》，以最快的速度进呈给道光皇帝。

道光帝读了巴麦尊照会上的开头，误认为这只是英国人的一次上访活动，英国人上访的原因是在广东受到了林则徐的“不公平待遇”。

于是，道光帝给琦善下旨，指示道：“所求昭雪冤抑一节，自应逐加访察，处处得实，方足以折服其心。”[2]

为了让琦善“逐加访察，处处得实”，最终可以“折服其心”，9 月 17 日，道光帝下令：“琦善著（着）作为钦差大臣，驰驿前往广东，查办事件。”

道光帝天真地以为，只要琦善查实了林则徐引起中英矛盾的不是，惩治了林则徐，替英夷出了这口气，并恢复贸易，甚至在“货价”上给英夷一些优惠政策，则什么事情都雨过天晴了。

其实，义律和懿律之所以这么听话同意从天津南下，是因为他们的船只没有靠岸停泊的基地，一直在海上漂浮着，而季风即将过去，一旦北方的海

[1] 《筹办夷务始末·道光朝》卷 13，中华书局 1964 年版。

[2] 同上。

洋在冬季冰冻，舰船的行动将会大受限制，而且他们现在已有定海作为筹码，不怕天朝反悔，这才转棹南下的。

行文至此，从 1839 年 6 月到 1840 年 9 月间中英两国发生的国内事务、虎门销烟、甘结风波、“尖沙嘴（咀）村民林维禧被殴打致死事件”以及九龙大战、穿鼻大战、英国对华宣战内幕、厦门大战、定海之战等事件总算交代清楚了。下面，且看新一任钦差大臣琦善在广东是怎么处理中英事务的。

第六章

发生在广州的和与战

1. 英国人在谈判桌上的诉求

琦善，字静庵。博尔济吉特氏，满洲正黄旗人，史载其遇事机警，多谋善断，曾在河南按察使任上捕获汝宁、光州一带白莲教起事者700余人，得赏戴花翎。道光元年（1821年）六月，琦善任山东布政使，后升巡抚，在任内捕杀临清反政府武装军300余人，并筹济江南高家堰工费80万，得到了道光帝的赏识，从此官运亨通，青云直上，历任两江总督、四川总督、成都将军等职，并于道光十年（1830年）任直隶总督，成为大清疆臣之首。

这一年（道光二十年，1840年），琦善为文渊阁大学士，仍署直隶总督，于8月29日与义律会谈于大沽口南岸，并经多次反复照会，说服了英方返回广东谈判。

9月17日，琦善任钦差大臣，于10月3日启程赴粤。

1840年11月29日，琦善抵达广州。

琦善的使命其实和林则徐是一样的，即："上不可以失国体，下不可以开边衅。"

关于这样的使命，美国加利福尼亚大学历史教授小弗雷德里克·韦克曼是这样评价的："任何一个处在林则徐地位的官员都会同样遭到失败和受到处分。在这些年间，对钦差大臣的每一次任命都体现着清帝的这样一个决心：在不损害他自己所提条件的情况下保持和平与秩序。因此，鸦片战争的历史就是这种决心受到英国人反复打击的过程。最后，清帝的这个愿望终将破灭，但是在此以前，他派的代理人员面临着一种矛盾的要求：既要讲和，又不许让步。这就是林则徐进退维谷的处境及其继任者的悲剧之所在。”[1]

就在琦善到达广州的当天，英方出现了人事变动：正全权公使兼舰队司令懿律身染重病，辞职回国，其舰队司令之职由伯麦继任。而全权公使仅剩义律一人。

12 月 3 日，广州谈判拉开帷幕。

琦善这次南下，专门找来了精通英语的鲍鹏。

鲍鹏，原名亚聪，号望山，广东香山（今中山）人，自幼学习英语。1828 年在广州充当美国洋行买办，翌年曾充当美商闭黎开办的闭馥馆买办。1836 年跳槽到宝顺洋行当买办。宝顺洋行的老板正是英国大鸦片贩子颠地。1839 年林则徐开展禁烟，因为颠地的原因，亚聪被列入通缉名单内。为了不被处死，亚聪乔装打扮，改名为鲍鹏，逃亡到了山东潍县。不久，英船北上到了山东，山东衙门急需会讲夷语的人才，鲍鹏得到了山东潍县知县招子庸的荐举，在山东巡抚托浑布手下工作。琦善要来广东办夷务，听说托浑布那里有精通夷语的人，就把他要了过来，任通事，授八品衔。世事就这么奇妙，一年之前，在广东，鲍鹏还是一个通缉犯；一年之后，同样在广东，鲍鹏竟然摇身变成了一个几乎可以左右广东局势变化的人。

在梁廷楠的《夷氛闻记》中，鲍鹏被说成是大鸦片贩子颠地的幸童，也不知梁廷楠说这话有没有根据，反正，英人对鲍鹏的印象很好，说他“是一个机敏聪明的人，约有四十五岁，混合话说得很流利”[2]。

自古以来，军事是政治的延续和保证，在英国人的手里，掌握着近 20 艘全副武装的军舰，并占据定海，谈判的资本非常雄厚。

中国方面，虽然军事上处于劣势，但却掌握着是否全面停止商贸的主

[1] 费正清：《剑桥中国晚清史》，刘广京编，中国社会科学院历史研究所编译室译，中国社会科学出版社 1985 年版。

[2] 《中国近代史资料丛刊·鸦片战争》第五册，上海人民出版社 2000 年版。

动——正常开展商贸，可是英国人发动这场战争的目标之一。

也就是说，双方都不愿看到战争的发生。

也正是基于这一点，双方才有机会坐到了谈判桌的两边。

可是，双方在谈判上的诉求，差别实在太大，这也就早早地注定了这场谈判的失败。

先说说英方的开价。

《巴麦尊致中国宰相书》作为英国政府的正式文件，上面赫然向清政府提出了五项条件：

一、赔偿被销毁的鸦片。

二、中英官员平等交往。

三、割让沿海岛屿。

四、赔偿商欠。

五、赔偿军费。

这五项条件，其实只有三个内容：平等外交、赔款和割地。

这三项内容，只有赔款一项中方可以勉强部分接受。

实际上，接受部分赔款也只是琦善的想法，按照道光帝的意思，中国方面的还价只有两个：

一、惩办林则徐。

二、允许英人在广州恢复通商。

所以，当义律给琦善亮出自己政府所拟定的五项条件时，琦善差点没晕厥倒地。

琦善和道光都以为，英国人这次谈判，头等大事就是要严惩林则徐，可是，人家对这个压根儿就不在乎，只字不提。

这就是中西方文化重大差距的一次体现。

据说，在定海，两江总督伊里布曾派家人张喜将林则徐革职一事告诉伯麦，顺口说了一句："庆贺之至！"哪知伯麦并不领情，而是很严肃地说："林则徐先生是一位有着杰出才能和勇气的总督。可惜的只是他不懂得外国的情况。"

英国人不拿林则徐说事，琦善也就不能拿朝廷已经惩办了林则徐来向英国人示恩了，他只能老老实实地对英国人开出的条件逐条还价。

琦善表示：

> 一、鸦片属于违禁品，而且是义律主动上缴的，销毁就销毁了，不能赔偿。
>
> 二、中英官员间的平等外交很难做到，比方说，两国官员的官阶划分不同，无法体现两国间哪一阶官职是平等的，总不能让一个国的大官和另一个国的小官平起平坐吧？当然，两国间官方文件来往用"照会"的方式还是可以考虑的。
>
> 三、没有割让海岛的说法。英国来中国贸易就要让中国割让海岛，那其他世界各国去英国贸易岂不也要英国割让海岛？你英国割得过来吗？
>
> 四、商人的欠款就该找商人讨要，怎么能向政府索还？
>
> 五、赔偿军费更是不可能，每个国家打仗都要耗军费的，英国要天朝赔偿军费，那天朝的军费谁来赔偿？

也就是说，对于英方开出的五项条件，一开始，琦善是全部拒绝的。

琦善还为自己的辩驳感到得意，其实，这五项条件还不是英军此次出征的全部要求。

1840 年 2 月 20 日，英国政府在颁发《巴麦尊致中国宰相书》给义律时，还附加了一份巴麦尊的第 1 号训令，其中还包含了更多要求。巴麦尊甚至拟就了十条对华草案供义律在谈判中使用。该草案为：

一、中国开放广州、厦门、宁波、上海和福州为通商口岸。

二、英国政府可在各通商口岸派驻官员，与中国政府官员直接接触。

三、割让沿海岛屿。

四、赔偿被销毁的鸦片。

五、废除中国的行商制度，并赔偿商欠。

六、赔偿军费。

七、未付清的赔款以年利百分之五计息。

八、条约为中国皇帝批准后，解除对中国沿海的封锁，赔款全部付清后，英军方撤离。

九、条约用英文和中文书写，一式两份，文义解释以英文为主。

十、条约在规定期限内由双方君主批准。

巴麦尊特别指出：草案中只有第三项的“割让海岛”可以通融，其他一律没商量。当然，第三项“割让海岛”的通融是在五项条件作为交换的基础上进行的，该五项交换条件是：

一、允许英国商人在口岸的极度自由的贸易和各种活动。

二、清政府公开进出口关税则例，清政府官员不得征收高于该则例的税费。

三、给予英人最惠国待遇。

四、中国不得对从事非法贸易的英国人以人身虐待。

五、给予英国领事裁判权。

这些条款义律没有在一开始全部提出，是担心吓跑了琦善，从而导致谈判过早结束。

2. 两个入戏已深的人

义律在异想天开，他以为，只要自己有足够的耐心，通过对琦善的循循善诱、慢慢渗透，最终一定可以让琦善全盘接受大英帝国提出的条件。

所以，他很投入地在和琦善谈，按照《巴麦尊致中国宰相书》的条款次序，从赔偿被毁鸦片的价格开始，一点点地出价、让价，再出价、再让价。

他最先开价 2000 万，后来降到了 1600 万，再到 1200 万……

义律并不知道，琦善只是道光手中的提线木偶，本身并没有谈判的决定权，他所提出的条款就算琦善点头通过，也会被道光皇帝百分之一百否定。

当然，义律名义上是英方的全权代表，但从巴麦尊的训令来看，义律也是无权降低英方的要价的。

在训令中，巴麦尊明确表示：中方要么接受条件，要么开战，没有必要在谈判桌上过多地消磨时间。

而琦善这次南下广州谈判，肩负着消弭战端、和平解决问题的重任，也不能看着谈判早早破裂，他也想在赔款一项上多少给英方一点甜头，争取可以免去割地等款项，于是，也就很认真地还价。

琦善知道，道光生性吝啬，由政府赔偿，绝无可能。

他准备把赔偿鸦片烟钱摊派到那些无辜的行商身上。

经过一次次争执、讨论、让步、协商，赔偿的价最终锁定为 600 万元。

为了牵制英方，琦善不愿把钱一次性交付，要求只先付 100 万元，余款分十余年还清。

义律只同意延期在七年内还清，未付清的赔款按巴麦尊的指示，以年利百分之五计息。

就这样，双方唇枪舌剑，你来我往，一个月下来，都入戏了。

在这一个月时间里，义律也就一点点透露出了割地和赔款之外诸如五口通商、废除行商制度等条款。

入戏已深的琦善天真地以为，只要自己耐得住性子跟义律磨，义律所提

琦善与英军谈判图

出的这些条款都是可以变通甚至消除的。

于是，他就不厌其烦地和义律一项一项地磋商。

也许，亲眼见识过英军坚船利炮的琦善认为，只有这样，才可能消弭这场即将降临在天朝的大灾难，他是抱着一种担当、一种大义、一种国家的责任感在和义律谈判的。

他觉得，在义律所有的条款里，最大的麻烦就是割让海岛一项。

英国的武力强大，一旦开战，天朝根本不能抵御，那怎么才能取消割岛呢？

他从义律后来透露出的条款里找到了转机。

义律不是提出要五口通商吗？琦善就以五口通商作为交换条件，要求划掉割岛条款。

琦善认为，康熙朝和乾隆朝都曾有过五口通商的先例，现在重新开放这些口岸，说不上是违反祖宗之法。

而且，英国人现在占据着定海，已经造成了事实上的割占，一旦他们同意划掉割岛条款，就等于是同意归还定海了。

真是一举两得啊，只是增加了通商口岸，就免除了割岛，还收回了定海！

琦善简直要为自己这个天才式的创意拍案叫绝。

12 月 15 日，琦善照会义律，重申割地是“天朝从来未有之事，其势断不能行”。至于通商口岸，琦善表示可“代为奏恳圣恩”。[1]

同样入戏已深的义律被琦善这个提议吸引了。

的确，从英国方面来说，从增加通商口岸获得的利益比割让海岛更多。增加了通商口岸，就可以在短时期内提升商贸的规模，为英国政府增加税收，而割让海岛无非是给商人们提供一个货源集散地而已。

至于定海，9 月 28 日，义律从天津南返重上舟山时，留守在定海的英军正处于一场可怕的瘟疫之中，士兵水土不服，大批量死亡。彼时，义律和主持天朝浙江军务的钦差大臣伊里布已有了一个由多次照会文件所组成的“浙江停战协定”，义律还在口头上流露出了“原不欲久据定海”之语。

义律既然有归还定海的意向，琦善又得寸进尺，说一次性开放五个口岸，管理上的难度加大了，五个口岸只能放一个，即厦门。

琦善的内心想法是：厦门离广州较近，很多广州的走私船就开往厦门，而福建水师能力有限，无力驱逐这些走私船，也就是说，厦门虽然还不是口岸，却已经有了通商的事实，以厦门通商作为条件，自己在皇上那边多少也有点交代。

尽管这样，琦善还担心自己步子迈得过大了，又附加了一些条件，说厦门虽然改为了通商口岸，但外国人同样只准“乘舟载货前往，即在舟中与行户互市，仍遵定例，不得上岸居住，与居民私自交换”[2]。

英国政府要求的是五口通商外加割地赔款，你琦善只答应了一口通商，怎么可以？

---

[1] 《琦善照会》，见佐佐木正哉编：《鸦片战争之研究（资料篇）》，台北：文海出版社 1983 年版。

[2] 同上。

义律当即拒绝。

琦善只好硬着头皮，同意再增设福州作为通商口岸。

琦善觉得，福州和厦门都属福建管，地处东南沿海，没有两江位置重要，厦门既然都开放了，再开放一个福州也没什么大的关系。

看着琦善牙口咬得这么紧，义律也觉得让清政府一下子就开放五个口岸实在太难了，也就退了一步，提议用广州、厦门、定海的三口通商来作为交还定海的条件，并且要清政府承诺，无论今后开放哪个口岸给其他国家，英国都要享有同样的权利。

可以说，两人在谈判中的表现都是满分。毕竟，双方的分歧开始在缩小，事态似乎在朝好的方面发展。

1840 年 12 月 1 日，义律极其乐观地写信给巴麦尊，说十天之内英国政府的全部要求都能得到满足。

可是，过了十三天，义律不得不在给奥克兰伯爵的信中承认，他没有得到承诺，但是估计很快会成功。不过，他又说了，任何成功“都远远达不到政府的要求，但是我们已经播种了迅速改善的种子，经商不用再经受没完没了的干扰。我们应避免战争拖长，那样将会导致更加深刻的仇恨”[1]。

不管怎么样，义律和琦善两人都忘了，谈判的最终决定权都不在他们的手里。

特别是琦善，他此前所做的这一切，全是擅作主张，搞不好，会招来杀身之祸。

琦善也知道这里面所包含的风险，所以，他尽可能赔着小心地给道光皇帝上了一份奏折，大意是洋人气焰嚣张，我军船炮筹备不足，前景堪忧，现在自己只能委曲求全，和英夷谈判周旋，但英夷条款苛刻，要不要同意，敬请皇上定夺。

琦善的心思是想让道光皇帝知道天朝现在的处境，经过通盘权衡，答应

[1] 义律 1840 年 12 月 10 日给奥克壮信件，见英国外交部文件集，17/39。

义律所提条款。

可是，道光帝的批复一下子就把琦善击蔫了。

道光帝的批复是："逆夷要求过甚，情形桀骜，既非情理可谕，即当大申挞伐。所请厦门福州两处通商及给还烟价银两，均不准行。逆夷再或投递字帖，亦不准收受，并不准遣人再向该夷理谕。现已飞调湖南四川贵州兵四千名，驰赴广东，听候调度。著（着）琦善督同林则徐、邓廷桢妥为办理。如奋勉出力，即行据实具奏并著（着）琦善整饬兵威，严申纪律，傥逆夷驶近口岸，即行相机剿办。朕志已定，断无游移。该大臣受国厚恩，责任綦重，固不可失之冒昧，尤不可少有畏葸，务须计出万全，妥为筹办。将此由六百里谕令知之。"[1]

道光帝到底是怎么啦？火气为什么一下子变得这么大？

为了让皇上消消火，琦善赶紧上奏折劝慰，要他慎重考虑打仗的事。

当然，琦善是不敢说天朝打不过英国，只说："此时若与交仗，纵幸赖圣主洪福，而其事终于未了。"[2]

对于英国人所提条款，琦善最难向道光帝开口的是割地。事情已经到了这一步，也只好硬着头皮如实汇报了。他对道光说："惟请给地方之说，若仰沐圣恩，假以偏隅尺土，恐其结党成群，建台设炮，久之渐成占据，贻患将来，不得不先为之虑。"[3]

3. 要命的谕旨

琦善不知道，是定海的伊里布彻底把道光帝惹恼了。

伊里布，字莘农，隶籍满洲镶黄旗，和清太祖努尔哈赤是同一祖上，故

[1] 《筹办夷务始末·道光朝》卷 18，中华书局 1964 年版。

[2] 同上。

[3] 《中国近代史资料丛刊·鸦片战争》第四册，上海人民出版社 2000 年版。

按照清代制度，为“觉罗”[1]。

也就是说，伊里布血统高贵。难得的是，伊里布跟普通的纨绔子弟不同，他自小喜欢读书，嘉庆六年（1801 年）中进士，授国子监学正职，后出任云南府南关通判，历任澄江知府、腾越知州。道光元年（1821 年），剿平永北少数民族叛乱有功，从而进入了道光帝的视线，从此飞黄腾达，官位一路飙升，历任安徽太平知府、山西冀宁道台、浙江按察使、湖北布政史、浙江布政使、陕西巡抚、山东巡抚和云南巡抚，曾在四年间七度迁官，升迁之快，让人咋舌。其于道光十三年（1833 年）调任云贵总督，道光十八年（1838 年）授协办大学士，是继琦善之后的疆吏中获此殊荣的第二人。

伊里布的官宦生涯大部分是在云南度过的，而云南属于少数民族聚居的地区，属于天朝政府眼中的“夷地”，是极难治理的地方，特别是雍正朝施行了改土归流政策，打破了云南原先的社会结构，使得云南叛乱不断。但由于伊里布为人果敢，处事干练，在他的治理下，云南地区出现了少有的安宁祥和。伊里布也因此成了道光帝深为倚重的地方大员。

道光十九年（1839 年）十二月，伊里布调任两江总督。

道光二十年（1840 年）七月，在听说英夷扬帆北上、定海失守后，道光帝吃惊不小，考虑到伊里布办“夷”有术，特钦命他为钦差大臣赴浙江。

按照伊里布的性格，他原本是要动用武力强行收复定海的。

实际上，在定海失守之前，他耳闻有外国战舰游弋于浙江沿海一带，就在第一时间赶到宝山指挥布防吴淞口。紧接着，又调令江南提督陈化成在上海附近部署了 1 万多名士兵，同时，未经请旨就私自调动外省军队增援，大批征调雇用广东和福建的大型商船，从江南水师仅有的 2900 名水手当中抽调了 2000 人以准备配合水师作战，并备足了火药和铅弹各 5 万斤，让整个江苏沿海都进入了备战状态。

[1] “觉罗”在满语中为远支之意，从清太祖努尔哈赤的曾祖父塔克世开始算起，凡是努尔哈赤的叔伯兄弟的后裔都统称为觉罗，爱新觉罗当中的爱新二字，是部落的名称。皇太极称帝后，依照汉族习惯，将爱新觉罗定为姓氏。

然而，等他到了镇海，站在海滩上，看到对岸定海一端正在执行封锁的英国战舰，他冒汗了。

他第一次明白“坚船利炮”这四个字的真正含义。

以自己现有的水师去跟英军水师开战，根本就是送死！

伊里布觉得，靠武力收复定海，只能是痴心妄想。

而且，英军不攻镇海犹可，英军真要攻打镇海，自己也无法守得住。

所幸，英军得了定海，并没转攻镇海，而是一路向北，上天津去了。

在英军北上天津期间，道光帝一再催促伊里布尽快收复定海。伊里布只能玩起了“拖”字战术，直言英军“势殊非小弱，且其船只之高大坚厚，炮械之猛烈便利，破此尤非易易，非厚集兵力，亦恐难以制胜”，从而一会儿说自己缺乏战船，一会儿又说自己缺乏大炮，一会儿又说自己缺乏人手……他甚至提出了一个四省合围的方案，即调动起广东、福建、浙江、江苏四省兵力，共同出击，以图一举收复定海。

道光帝已经被他拖得不耐烦了，听说他以调动四省兵力合围只有寥寥数千人的英夷，一下子就火了，下旨痛斥他意在拖延观望，责令他迅速起兵兜剿。

就在伊里布进退两难之际，义律在天津向琦善投递国书成功，道光帝以为英国人只是进京上访告状，满口应承受理英国人的诉求，通过琦善将英国人打发回了广州。

为此，道光帝还谕令沿海各省“如有该夷船只经过，或停泊外洋，不必开放枪炮”[1]。

伊里布这才逢凶化吉，暂时脱离了两难的煎熬，附和道光帝说：“该夷即起碇赴粤，听候查办，是其俯首帖耳，已有响化之忱，浙省更不宜轻于攻击，致误事机。”[2]

---

[1] 《筹办夷务始末·道光朝》卷14，中华书局1964年版。

[2] 同上。

按照道光“只言片语远胜十万大军”[1]的说法，英军就应该从定海撤离了，可是事实上并不是这样。

伊里布只好向道光帝奏报，说：“英夷起碇赴粤，尚有留住定海之人。”[2]

道光帝很大度地回答伊里布：“英夷诡谲异常，朝夕反覆（复），早在意计之中。朕前此准令琦善赴粤查办盖欲因势利导，示以羁縻，及早戢兵原系为斯民谋久安长治之策。该夷贪狠性成，蹂躏地方，挟定海以求澳门，稍不如意，便生觊觎。澳门定海均为海疆要区，安可听其贸易。此朕深虑熟筹，早有定见者也。现在琦善想已到粤，如该夷听受训谕则退还定海，无俟劳师，实为上策。傥意不遵约束，种种逞刁，则琦善必据实奏闻，另筹办法。统俟粤省奏到，再示机宜。各路调兵，现已陆续归伍，而本地营兵，为数不少，分隘散布，巡察防堵，全在加意整饬，毋稍疏虞。”[3]

真是谢天谢地，皇上既然这样说了，那么自己就用不着瞎操心了。

伊里布悬着的心终于放下了。

而因为义律率舰队已经起碇南返，道光帝也以为大局已定了。

然而，道光帝的和平之梦没维持多久，一道来自广东巡抚怡良的奏折将他惊醒。

怡良奏，他本人按照皇上的吩咐，撤防师船。但在师船归营途中，“猝被英夷在洋轰击，夺去米艇兵丁”[4]。

道光帝“览奏之下，不胜骇异”，下谕称：“该夷性原诡谲，惟在天津业经约定前赴粤省，听候查办，并有沿海各处，如不开炮，渠亦断不滋扰等语。且据怡良奏称，该夷于天津情形，火轮船已为传说，是该夷不得诿为不知，何以遽行开炮。琦善此时谅已抵粤，著（着）传谕该夷，天朝抚驭夷人，从不失信，既已相约戢兵，且专派钦差大臣前往查办，代为昭雪，

[1] 《筹办夷务始末·道光朝》卷16，中华书局1964年版。

[2] 《筹办夷务始末·道光朝》卷14，中华书局1964年版。

[3] 同上。

[4] 《筹办夷务始末·道光朝》卷18，中华书局1964年版。

何以于撤防兵船，猝加轰击，如此反覆（复），是诚何心。著（着）琦善一面详加诘问，并向该夷要回掳去兵丁船只，一面严饬文武员弁，密加防范，毋许夷船驶入内洋。是为至要。怡良原摺，著（着）钞给阅看。将此由五百里谕令知之。”[1]

因为怡良的这份奏报，道光帝起了疑心，疑心英夷并非“俯首帖耳”，而是另包祸心，别有企图。

1840年12月25日，道光帝收到了琦善到了广州后于12月7日写就的关于广东谈判的奏折，该奏折有“英夷此次自浙旋回，词气既形傲慢，难保不别怀诡计”之句，道光当即降谕琦善，说：“著（着）琦善详加体察，密行侦探，一面与该夷目善议戢兵，一面整饬营伍，遴选将弁，枪炮务须得力，船只必堪驶驾，妥为布置，毋少疏虞。如该夷实系恭顺，退还定海之外，别无非礼之请，自可仍遵前旨查办。傥敢肆鸱张，始终桀骜，有必须剿办之势。”[2]

可以说，彼时，道光帝又已对英夷起了杀心。

然而，让道光帝大感泄气的是，琦善却大谈广东军备不可靠。

琦善说：“其自虎门至省城一百八十里，向所筑之土台，有仅止容兵十余人，或数十人，安炮数位者。设遇逆夷来势凶猛，众寡既不相敌，难保不望而却退。且其建设处所，亦非扼要之地，甚至有水道中央，间遇山麓沙滩，亦皆建筑炮台，势处虚悬，四面受敌。即前督臣邓廷桢、林则徐所奏铁链，一经大船碰撞，亦即断折，未足抵御。盖缘历任率皆文臣，笔下虽佳，武备未谙，现在水陆将士中，又绝少曾经战阵之人，即水师提臣关天培，亦情面太软，未足称为骁将。而奴才才识尤劣，到此未及一月，一旦经费无出，且欲置造器械，训练技艺，遴选人才，处处棘手，缓不济急。”

琦善还说：“该夷进攻之始，止用中小兵船数只，排列多炮，鱼贯而入，

[1]　《筹办夷务始末·道光朝》卷18，中华书局1964年版。

[2]　《筹办夷务始末·道光朝》卷21，中华书局1964年版。

连环施放，力量极猛，击中石墙，即致碎裂飞散。我军势不得不竭力回击，而该夷无论受伤与否，一面暂先却退，一面易船复进，旋击旋退，旋去旋来，循环数次，其船可易而炮台不能易，其炮位则各船皆有，而我军只有台内安设之炮，不但无可更换，亦断不及更换。且从前所铸之炮，甚不精良，现就有断折者观之，其铁质内土且未净，遑问其他？故连放数次后，炮已发热。而该夷待我军兵力疲乏，炮将炸裂之时，其大小兵船，蜂拥前进，逞志欲为。”“计该夷水战之具，船只则大小悉备，火器则远近兼施，更有所谓飞炮者，子内藏放火药，所至炸裂焚烧，又有炮内尽属铁片，系于桅顶，高出炮台之上，能使射入台中，一经散放，约及数十丈广远，而台内台外，同时被焚。他如火枪火箭火罐火球之类，亦皆远且准，而为我师之所不及。且兵船非货船之比，吃水本浅，其小兵船火轮船，更不过数尺之水，即足以资浮送，行捷如飞，路径循熟，随处窜越。前督臣林则徐备有灌注桐油之草船，以备火攻……夷船未被烧毁，火船已成灰烬……”

长敌人威风和灭自己志气之外，琦善还就向英夷赔偿、许以两口通商等啰啰唆唆说了一大通，道光帝越看越恼。

够了！够了！琦善你够了！

1841 年 1 月 6 日，道光帝急火攻心，怒不可遏，给琦善下了一道毫无商量余地的严旨：“逆夷要求过甚，情形桀骜，既非情理可谕，即当大申挞伐。所请厦门福州两处通商及给还烟价银两，均不准行。逆夷再或投递字帖，亦不准收受，并不准遣人再向该夷理谕。”

注意，在这道严旨中，道光帝又开始强调“逆夷再或投递字帖，亦不准收受，并不准遣人再向该夷理谕”了。

此外，道光还降旨令湖南、四川、贵州各督抚挑选兵丁随时准备着等待调遣。他说“夷情益形桀骜，且所愿甚奢，其势不得不大加征剿”，称“傥有夷船驶近口岸，即开放枪炮痛加剿洗，其自粤回浙夷船及留屯定海逆夷，一有可乘之隙，不必俟广东知会，即行相机剿办，固须计出万全，尤当一鼓作气”。且再次强调“逆夷在粤情形既多桀骜，如在浙投递夷书著（着）

即行拒绝”。

甚至，下令起用已被革职、在广州听候处理的林则徐、邓廷桢，让他们协助琦善“妥为办理”。

道光觉得，瘦死的骆驼比马大，就算朝廷现在国库空虚，再经不起折腾，也不能在英夷面前丢份子。这仗，无论花费多少银子都要打一打，教训教训这些不知天高地厚的夷人！

老虎不发威，你还真当成病猫了？

接下来的日子里，道光一次次给琦善下令，声称“惟有大加惩创，方可以褫夷魄而绝后患”，要他“厚集兵力，用张天讨”。大谈什么湖南、四川、贵州各兵一旦抵粤，便可分布要隘，“乘机痛剿，不留余孽”。又说：“至淡水食物，必应断绝，该夷无可接济，不能久持，自己不战而溃。”[1]

这样，战火又再次点燃了。

4. 沙角大战

道光帝既然已经表现出了强烈的战争欲望，琦善当然就不敢继续和义律再谈下去了。尽管，他清楚地知道，和英军开战，天朝必败，但他不能抗旨不遵，他只能沉痛万分地关闭了和谈的大门。

义律并不想开战，为了把琦善重新拉回谈判桌，他完全违背了巴麦尊那务必让中国政府割让海岛的精神，一再约琦善到澳门详谈，说自己同意不再要求割让海岛，改为在广州的外海另设一块地方给自己国家的商人“寄居”。“予给外洋寄居一所，俾得英人竖旗自治，如西洋人（即葡萄牙）在澳门竖旗自治无异。”[2]

琦善大人，到底约不约？

[1] 《筹办夷务始末·道光朝》卷 18，中华书局 1964 年版。

[2] 佐佐木正哉编：《鸦片战争之研究（资料篇）》，台北：文海出版社 1983 年版。

之前，琦善向道光奏报英国人要求割岛的想法，道光曾有朱批：“愤恨之外，无可再谕。”[1] 后来，当琦善奏报他已答应对英赔偿烟价并增开通商口岸一处时，道光朱批：“恰与朕意吻合”，“好”。[2]

可见，道光皇帝在其他方面还是同意让步的，独不能割地。

也就是说，自谈判以来，免除割让海岛，一直是琦善梦寐以求的头等大事，但道光皇帝已经降下了严旨，琦善只好痛苦地回绝了义律的邀约。

接下来的日子，琦善忙于增兵虎门各处炮台，加强防务。

由广州出约 50 公里便是狮子洋，再由狮子洋出约 8 公里，便是大角山、沙角山，其后就是虎门水道，直通外海。

由于珠江其他出海口水道水浅滩多，大的船只难于航行，只能从虎门水道出入，因此虎门水道的地位十分重要。

虎门的地位既然这么重要，清政府对虎门水道的防御就极为重视了。

自康熙朝以来，负责虎门守备的官员就开始针对虎门水道的特点，因地制宜地构建军事防御体系了。

虎门水道南北走向，沙角、大角二山东西斜峙，沙角山在东岸，大角山在西岸。从大角山、沙角山溯江而上约 3.5 公里，有一江心小岛，名为下横档岛（也称南横档），其北面 550 米处有稍大一岛，为上横档岛（也称北横档），两岛中间一礁石，俗称饭箩排，卧于两岛之间偏东处。水道至此分为东、西两道，东水道水势较深；西水道宽水浅滩多。沿水道北行，过上横档岛约 5 里，有岛形似大虎，称为大虎山岛。大虎山岛北偏西不远的江中也有一小岛，岛上有山酷似小老虎，被称为小虎山岛。虎门水道之名就因大虎山、小虎山而来。

康熙朝两广总督杨琳率先在上横档岛东侧建横档炮台，在对岸武山西侧建南山炮台，两炮台隔江相望，炮火互相支援，防御的主要对象是海盗。

---

[1] 《筹办夷务始末·道光朝》卷 18，中华书局 1964 年版。

[2] 《筹办夷务始末·道光朝》卷 20，中华书局 1964 年版。

随着海外贸易的繁荣，广东的对外防御任务日益加重。

到了乾隆二十二年（1757 年），朝廷规定对外贸易仅限于广州一口，虎门水道来往船只大量增加，虎门一带开始大量修筑炮台，新涌炮台、蕉门炮台、镇远炮台、大虎山炮台、威远炮台、巩固炮台、永安炮台、靖远炮台等，形成了以沙角炮台为第一门户，横档、镇远为第二门户，大虎为第三重门户的“三重门户”。再加上木排铁链、水底石堆暗桩，构成虎门防御体系，成为清朝最大最坚固的海防要塞，把守着中国的南大门。

1834 年，关天培到粤赴任广东水师提督后，在原来的基础上，加大建设力度，完善虎门防御体系。

然而，就是这样严密的防守体系，竟然在 1838 年被律劳卑招来的英国东印度公司舰队轻松闯破，顺利进入虎门。

经过此事，关天培安置了大量的木排铁链，并加建了许多炮台，以加强虎门的防御力量。

现在，谈判已经破裂，战事重开，且来看看关天培关于加强虎门防御工作的成效到底如何。

义律看见中国已经拒绝了谈判，和谈已经转化为战争，遂于 1841 年 1 月 7 日上午八时发动军舰向虎门进击。

冲锋在前的是“萨马兰”号、“摩底士底”号、“都鲁壹”号、“哥伦拜恩”号等 4 艘英舰。

仅仅半个时辰，大角炮台的炮墙被轰塌多处，旗杆被打倒，火药库也被轰炸，兵房被毁多处，清军守将千总黎志安身受重伤，被迫撤出炮台。

黎志安在撤离前，为了不让炮台上 14 门大炮落入英军的手中，免受资敌之名，指挥士兵将之悉数推沉入海。

其实英军根本不屑也不敢使用这种又笨又重，还容易炸膛的劣质大炮。

在占领大角炮台之后，英军同样缴获了大量的火药，他们将这些质量远逊于英国制造的火药一股脑儿倒入了海中。

在进攻大角炮台的同时，英军又以舰船在正面轰击、另以地面部队从侧后方登陆抄袭的战术进攻沙角炮台。守台副将陈连升及近 300 名兵丁战死，炮台沦陷。

大角、沙角炮台的失陷，宣告虎门的第一重门户已经失去。

该战，中国共战死 277 人，伤重而死 5 人，受伤 462 人；而英方无死亡，受伤 38 人。

沙角之战结束，英舰队溯江而上，进逼虎门第二重门户横档一线，并围困上横档岛，广州局势危急。

不过，英军并没就此发起攻击，而是释放了所有的清军战俘，并让战俘给清军主帅关天培带回一封照会，声称清方若有“顺理讲和之议”，英方亦同意停战。

看来，英国人对和谈还是比较着急的。

义律没有乘胜追击是有他的考虑的。

他并不担心攻打不下广州。

但英帝国发动这场战争，既不是征服，也不是扩张本国国土，归根到底只有两个字：求利。

在他看来，就算攻占了广州，其结果不过和攻占了定海一样，既不能统治当地的人民，也不能和当地的人民友好相处，反而将自己完全置于一种孤立的敌对局面之中，并无半点好处。

他在写给马地臣的信中是这样说的：“我希望我们不再流血就能解决此事。钦差大臣（琦善）知道，只要我们乐意，我们所获得的会比他希望给出的更多。”[1]

所以，他停止了进攻的步伐，给琦善留下了谈判的空间。

虎门第一重门户已失，局势危急，拿到照会的关天培不敢怠慢，赶紧复照，称自己已将英方照会转交琦善，谈判之事，只要“缓商办理，未有不成”。

[1] 杰克·比钦：《中国鸦片战争》，本书间接引自特拉维斯·黑尼斯三世、弗兰克·萨奈罗所著《鸦片战争：一个帝国的沉迷和另一个帝国的堕落》，生活·读书·新知三联书店 2005 年版。

鸦片战争手绘图

显而易见，关天培深谙对方军队的厉害，无心再战，只求对方早日退兵。他在照会上就以英方退兵为重开和谈的条件。

英方随即提出了停战的五个条件：

> 一、英军占领了沙角，现将沙角视为寄居之地。
>
> 二、广州重新开始贸易，贸易地就选在沙角。
>
> 三、英商应当缴纳的税费，暂时交在沙角。
>
> 四、从即日开始，清军的炮台建设必须停止，否则英军将立即开战。
>
> 五、以前商议的内容不会因为英军战胜而改变，英方的要求还是开设口岸，赔偿烟价，且英军还是会按时缴还定海。[1]

义律强调，所列各款，不能更改，琦善必须在三日内给予明确答复，否则“必仍行动兵交争”，攻破虎门，直逼广州。

[1] 佐佐木正哉编：《鸦片战争之研究（资料篇）》，台北：文海出版社 1983 年版。

关天培虽然有意以谈判解决双方争端，但他只是一名地方军事长官，对和谈说不上话，只有把和谈的希望寄托在琦善身上。

5. 还是和谈吧

沙角已失，广州岌岌可危，琦善只好咬牙顶上了。

义律要求三天之内答复，向道光皇帝请示是万万来不及了。琦善清楚，如果自己不尽快决策，丢失虎门和丢失广州就是指日的事。

经过这既漫长又短暂的三天时间的煎熬，琦善铤而走险，决定冒着牺牲自己个人功名利禄甚至家族性命的危险和义律谈判。

他在 1 月 11 日照会义律，表示可考虑英方原来的要求，“代为奏恳”，在外洋给予一“寄居地”，以替代沙角，进出口关税则必须在广州上缴。且既然已经提供了寄居的地方，那么就不再增设口岸。

并且，琦善还顺势提出自己的要求，广州开放贸易必须在归还定海之后。

义律接到了琦善照会，当即照复，表示“以尖沙嘴（咀）面所滨之尖沙嘴（咀）、红坎即香港等处，代换沙角予给”。同意以尖沙嘴（咀）和香港代换沙角。

他说：“若除此外别处，则断不能收领。”[1]

义律所说的“香港”一词，彼时并非香港全岛的总称，而是专指香港岛上的西南一隅。岛的西北部称裙带路，东北部叫红香炉，中部是大潭，东面是赤柱。

其实，就算是香港全岛，彼时的香港岛一片荒芜，生活在岛上的只有黄竹坑旧围一个渔村，共计五个大姓二百多名村民。这样一个荒岛，根本不能跟把守广州门户的沙角相比。同意让英国人寄居在这个荒无人烟的小渔村里，就收回了地理位置更加重要的沙角、大角以及定海，从而保证广州的安全，

[1] 佐佐木正哉编：《鸦片战争之研究（资料篇）》，台北：文海出版社 1983 年版。

琦善觉得是可以接受的。

而且，据琦善所知，当年乾隆施行海禁时，曾经一度把这个小渔村放弃过。

退一万步来说，给义律一个地方居住，也是有成例的，譬如澳门。

澳门虽然允许给葡萄牙人居住，但澳门的主权，并不归葡萄牙人所有，清政府依然在澳门收税。

但不管怎么说，琦善还是感到难办。

因为，道光皇帝这时还在眼巴巴地期待着广州大兵兜剿英夷，以申国威，让这些洋鬼子片帆不回呢。

1月12日，琦善上《英占炮台欲攻虎门和省垣现拒守两难折》向道光皇帝大倒苦水，说英军难于战胜，其“战船则大小悉备，火器则远近兼施。占夺炮台后，势将直击虎门，进攻省垣，拒守实难”，当下形势，只能勉为其难先答应了他们的要求。

琦善这边还没做通道光皇帝的思想工作，1月14日，义律又照会琦善，要求“将尖沙嘴（咀）、香港等处，让英国主治，为寄居贸易之所”[1]。

名为“寄居”，却又要由“英国主治”，那就是割让了。

琦善急了，赶紧在次日照会义律，表示尖沙嘴（咀）与香港两处，只能“择一地方寄寓泊船”，望义律“筹思具复，以便即为代奏”。[2]

义律第二天复照，先说同意按琦善来文办理，但又说“一面以香港一岛接取，为英国寄居贸易之所”，一面归还定海和沙角、大角等地。[3]

1月20日，义律照会琦善，表示立即归还沙角、大角，“所有兵船军师，撤退九龙所近之香港岛地驻扎”[4]。

还没等琦善反应过来，就在这一天，义律单方面发布了一个公告，公告如下：

---

[1] 佐佐木正哉编：《鸦片战争之研究（资料篇）》，台北：文海出版社1983年版。

[2] 同上。

[3] 同上。

[4] 同上。

女王陛下的全权公使兹宣告他和中国钦差大臣已经签订了初步协定，其中包括以下各款：

（1）香港本岛及其港口割让与英王。大清帝国对于香港商业应征收的一切正当捐税按在黄埔贸易例缴纳。

（2）赔偿英国政府600万元，其中100万元立刻支付，余数按年平均支付，至1846年付清。

（3）两国正式交往应基于平等地位。

（4）广州海口贸易应在中国新年后10日内开放（1841年1月23日为中国历法次年元旦），并应在黄埔进行，直至新居留地（香港）方面安排妥当时为止。

然后，公告对于从那时起英国对华政策里的一个重要部分，作了首次公开的声明："全权公使利用这个最早的机会来宣布，女王政府并不在中国寻求单独有利于英商和英船的特权，他不过尽他的责任贡献出英国的国旗来保护那些愿意来到女王陛下属地的其他列强的臣民，公民和船只。在女王陛下另作决定以前，英国政府不收港口税或其他捐税。"[1]将来建立在这个初步协定基础之上的条约，它的范围不会超过以上所订立的条款很多，因此这位全权公使的举动不久就被本国政府所否认。[2]

义律这么做，是担心琦善反悔，为了造成既定事实，就急急忙忙地发布了这个公告。

这一行为，就跟上次以英国政府名义承担鸦片商上缴鸦片一样，再次印证了义律的胆大妄为。

义律也不想想，这大清的江山，是人家道光帝的，割地这么大的事情，

[1] 《澳门月报》，1840年12月号。

[2] 马士：《中华帝国对外关系史》第一卷，张汇文译，上海书店出版社2000年版。

琦善一个奴才，哪里做得了主？

琦善也知道自己做不了主，他之所以同意寄居外洋一处，其实只是拖延义律的进攻，为广州到北京的公文往来争取时间。割让领土的决策权在道光帝的手里，他还得等待道光帝做最终的决策。

因为这只是义律自作主张、自以为是的公告，并不具备任何法律效力，所以，谈判还在继续进行。

其实，也是在这天，琦善收到了道光发自 1 月 6 日的上谕，道光明确表达了要对英夷“大申挞伐”，并强调“朕志已定，绝无游移”。[1]

即使道光帝的战意已决，眼瞧着广州已经到了生死存亡关口，琦善还是决定豁出去，抗旨不遵，继续和义律谈判。

可是，谈判还没出结果，1 月 26 日，义律又出其不意地发兵强占了香港。

这一天，伯麦照会大鹏协副将赖恩爵，内容如下：“照得本国公使大臣义律与钦差大臣爵阁部堂琦善，说定诸事，议将香港等处全岛地方让给英国主掌，已有文据在案。是该岛现系归属大英国王治下地方，应请贵官，速将该岛全处所有贵国官兵撤回。”

伯麦的照会，全是一派胡言。

首先，他所说“已有文据在案”，只不过是义律与琦善往来磋商和照会。这照会中有的意见统一，有的并不一致，并非什么正式协定。他这么一弄，却让人感觉双方已签订条约了似的。

其次，琦善答应“代为奏恳”的是把香港作为英人寄居贸易之所，并非割让。伯麦所称“让给英国主掌”，由“英国王治”，完全是睁着眼睛说瞎话。

再次，琦善答应“代为奏恳”的是将香港一隅作为英人寄居之所，而并非全岛。要知道，琦善在 12 月 28 日给道光帝的奏折就说：“至于香港地方，奴才先已派员前往勘丈，俟奉旨准行，再与该夷酌定限制。”[2] 如果是割让

[1] 《筹办夷务始末·道光朝》卷 18，中华书局 1964 年版。

[2] 《筹办夷务始末·道光朝》第二册，中华书局 1964 年版。

全岛，哪里还用“勘丈”“限制”啊。

这日，琦善紧急约义律相会于虎门。

27 日和 28 日，双方进行了有关条约的谈判，地点在狮子洋莲花山。

义律出示自己拟定的条款，其中第一条便是“香港之岛及港让与英国”。

对此，琦善没有答应。英方的记载也非常明确：“二十七日，义律大佐和琦善在莲花山塔下会见。……但是他们毫未达成具体协议。”[1]

琦善在事后的奏折中也说：义律呈出章程草底，“奴才当加指驳，该夷即求为酌改，兹已另行更定，容俟拟就，录呈御览”[2]。不过，琦善也撒了谎。他说，是日义律“情词极为恭顺”，实际上是英军强占香港已成为事实，义律在软硬兼施，诱迫琦善加盖关防。谈判由是陷入僵局，琦善无奈，以身体不适为由，要求会议延期再举行。

回到广州，琦善反复修改，于 1 月 31 日拟定了中英条约的修正案，即《酌拟章程底稿》，派人送给义律。

《酌拟章程底稿》的条款只有四项：

> 一、准许英人在广东通商，准许英人在香港地方一处寄居。
>
> 二、此后英人来广东贸易，悉按旧例办理。
>
> 三、英船夹带鸦片和违禁品，或漏税走私者，货即没官，人即治罪。
>
> 四、英人今后对此处理不得有异议。

本来还有一项是关于 600 万鸦片款的赔偿的，但琦善说要顾及天朝的体面，要求义律不用写到账面上，义律同意了。就这四项条款，义律根本不接受，固执己见，并以战争相胁。

双方照会频频，最后约定 2 月 11 日再次会谈。

[1] 《中国近代史资料丛刊·鸦片战争》第五册，上海人民出版社 2000 年版。

[2] 《筹办夷务始末·道光朝》第二册，中华书局 1964 年版。

会谈的日子还没到，即2月9日，道光帝的谕旨到了。

这道谕旨是一道死命令："现在逆形显著，惟有痛加剿洗，以示国威，尚有何情理可喻。已飞饬四川湖南贵州各省官兵，迅即赴粤，并饬江西前所调南赣镇兵二千名，驰赴接应矣。广东本省官兵，悉归该署督统辖。现在情形紧急，著（着）先行分布要隘，按段拒守，毋许再有疏虞。所调各兵，计正月内可以陆续到粤。著（着）即督率将弁，奋力剿除，以图补救。至广东炮台，前据邓廷桢等安设排练，阻截夷船，此次攻破之大角沙角炮台，是否即系其处。著（着）琦善一并查明据实具奏。"

原来，道光帝已于1月27日收到了琦善于1月8日所奏报的"逆夷于上年十二月十五日纠约汉奸，乘坐多船，直逼虎门洋面，开炮轰击，伤我官兵，并将大角炮台攻破，沙角炮台占据"。道光恼羞成怒，除给琦善下了这道死命令外，降旨授奕山为靖逆将军，隆文、杨芳为参赞大臣，赴粤协同剿办。又添派湖北、四川、贵州三省兵丁各一千名，迅速至广东接应。

道光责令琦善："赶紧团练兵勇，奖劝士卒，并储备军需粮饷枪炮火药，俟奕山等到后，和衷共济，协力进剿，克复海隅，以申天讨而建殊勋，万不可稍有畏葸，致失机宜。"

看了皇帝的谕旨，琦善只有苦笑。

这个远居朝堂之上的傻皇帝，口口声声说要"申天讨而建殊勋"，根本不知道英夷的炮火犀利迅猛到什么程度。打，只能是以卵击石，根本就没有取胜的机会啊！

琦善决意要将和议进行到底。

他给道光回了一封奏折，说："夷献出沙角大角炮台，并遣人赴浙缴还定海。恳请俯准所请，暂示羁縻。"

道光皇帝被琦善这道奏折激得怒不可遏，直接下旨将琦善严加议处，谕旨中称："览奏曷胜愤懑，不料琦善怯懦无能，一至于此，英逆两次在浙江广东肆逆，攻占县城炮台，伤我镇将大员，荼毒生灵，惊扰郡邑，大逆不道，覆载难容。无论缴还定海，献出炮台之语，不可凭信。即使真能退地，亦祇复我故土。其被害之官弁，罹难之人民，切齿同仇，神人共愤。若不痛加剿洗，何以伸天讨而示国威。著（着）奕山隆文兼程前进，迅即驰赴广东，整我义师，歼兹丑类，务将首从各犯及通夷汉奸，槛送京师，尽法惩治。其沿海各省将军督抚等，尤当加意严防，来即攻击，务令片帆不返，同奏肤功。至琦善身膺重寄，不能申明大义，拒绝妄求，竟甘受逆夷欺侮，已出情理之外。且屡奉谕旨，不准收受夷书，此时胆敢附摺呈递，并代为恳求，是诚何心。且据奏称同城之将军副都统巡抚学政及司道府县，均经会商，何以摺内阿精阿、怡良等并不会衔。所奏显有不实。琦善著（着）革去大学士，拔去花翎，仍交部严加议处。”

道光帝的反应，琦善是意料得到的。他继续向道光奏报：“英夷现已遣人前赴浙江缴还定海，并将粤省之沙角大角炮台及原夺师船盐船，逐一献出，均经验收。该夷兵船，已全数退出外洋。奴才查勘各情形，地势则无要可扼，军械则无利可恃，兵力不固，民情不坚，若与交锋，实无把握，不如暂示羁縻于目前，仍备剿捕于后日。”[1]

2 月 11 日，琦善带着鲍鹏再次来到了虎门的蛇头湾和义律面谈。

琦善拿出了自己拟定的条款，着重讨论第一条，坚称：“既经奏请大皇帝恩旨，准令英咭唎国之人仍前来广通商，并准就新安县属之香港地方一处寄居。应即永远遵照，不得再有滋扰，并不得再赴他省贸易，以归信实。”[2]

义律看了琦善的拟条款，连连摇头，表示不同意，他“坚求全岛”。这次会谈仍无结果。

6.《穿鼻草约》签订了吗

2 月 13 日，义律照会琦善，拿出了他拟定的《善定事宜》[3] 让琦善加

[1] 《筹办夷务始末·道光朝》卷 23，中华书局 1964 年版。

[2] 同上。

[3] 佐佐木正哉编：《鸦片战争之研究（资料篇）》，台北：文海出版社 1983 年版。

盖关防。

《善定事宜》计七条，内容为：

一、英人前往广州贸易，按旧例领取牌照，准许自由出入。中国政府保证其生命财产安全。查无违禁品的英船主，无须具结。

二、两国官员平等往来，商人业务由商人自办，并按旧例向中国官宪具文。

三、天朝大皇帝准将治属之广东新安县附近海滨者香港一岛，给予大英国王，并准许中国船只去香港通商。

四、在华英人犯罪，应由英、中两国官员共同审理，在香港服刑。在香港的中国人犯罪，引渡给中国，由中、英两国官员共同审理。

五、英船按旧例驶入黄埔。英商交纳行商费用以道光二十一年正月初一为准，不得再增。

六、今后英商携带鸦片和违禁品，或漏税走私者，货即没官，人犯或由中国驱逐，或交英方处理。

七、条约由英全权代表和清钦差大臣盖印，然后由英国政府批准，再由清朝钦命大学士盖印。

这七项内容和《巴麦尊致中国宰相书》相比，少了赔偿军费一项，与巴麦尊拟定的《条约草案》相比，少了增开通商口岸、英国在通商口岸派驻官员、赔偿军费等内容，增加了领事裁判权、另订通商章程、取消行商制度等内容。

不难看出，义律这个《善定事宜》所开出的价码比巴麦尊拟定的《条约草案》有所降低，对中国更有利。

但，《善定事宜》开出的价码也还是比琦善的《酌拟章程底稿》高出了许多。

并且，义律知道要找中国皇帝签字那是千难万难的事，他就认准了琦善，说“清钦差大臣盖印”、“清朝钦命大学士盖印”，协议内容就产生法律效力。

因此，义律软硬兼施地逼迫琦善在条约上签字。

琦善原本抱定了壮烈牺牲自己的决心要在自己拟定的《酌拟章程底稿》签字的，一看义律的《善定事宜》与自己所期望的差别这么大，他动摇了，但鉴于英军的武力，也不敢公开抵制，于是再次捏了个“推”字诀，“请再予十天进行考虑”[1]。溜了。

当日（2月13日），琦善回到广州，收到了道光于1月30日发出的谕旨，谕词严厉，云：“朕断不能似汝之甘受逆夷欺侮戏弄，迷而不返，胆敢背朕谕旨，仍然接受逆书悬求，实出情理之外，是何肺腑？无能不堪之至！汝被人恐吓，甘为此遗臭万年之举。今又摘举数端，恐吓于朕，朕不惧焉。”[2]

和谈又不能成功，新的将军、参赞即将到来，自己被黜，已成定局。

琦善长叹一口气，上奏折向道光帝保证：“此后该夷再来投文，自应遵旨拒绝。”[3]

那边义律见琦善不肯签字，又获悉清政府正在调兵遣将，决定再次以武力相威胁。

2月16日，他给琦善的照会，说舟山的英军已经撤离，琦善必须于2月20日在《善定事宜》签字，所谓：“本月之内，倘终未能以善定事宜条款，盖印了结，诸事全妥，必使再开衅端，不免仍复相战。”

事已至此，如果再坐视不理，势必战祸又开，广州难保。

本来完全可以置身事外的琦善只好将自己向道光帝所作的保证抛之脑后，拼着将来的一身剐，于2月18日照会义律：“本大臣爵阁部堂，本欲备文商酌，因日来抱恙甚重，心神恍惚，一俟痊可，即行办理。办此先行照会，即已承平，务望等待。倘再如上年之不候回文，即行滋扰，则前议一切，

[1] 宾汉：《英军在华作战记》，见《中国近代史资料丛刊·鸦片战争》第五册，上海人民出版社2000年版。

[2] 《筹办夷务始末·道光朝》卷21，中华书局1964年版。

[3] 同上。

皆归乌有。本大臣爵阁部堂，万难再为周旋。”

为了自己日后能有个说法，当日琦善也给道光上了一奏折，说：“奴才前拟章程四条，未据该夷遵依，续又据其自行拟具条款，呈请用钦差关防，其词尚多矫强，奴才以事关印文，未敢轻许。……奴才一面备文告以患病，藉延时日；一面将其条款，酌加删改发还，饬令另缮，呈请盖用关防。仍佯谕以此出自奴才之意，尚未具奏，系大皇帝之所不知。以备将来奕山等到后，可以再酌。”[1]

琦善一再推三阻四不肯签字，“活阎罗”义律只好动武了。

2月19日，英军舰开往虎门。

琦善实在不愿虎门和广州毁于炮火，急派通事鲍鹏带书信两封，面见义律。一封信重申以前的意见，另一封信则答应从原先的“只许香港一隅”扩大为“许他全岛”。

琦善叮嘱鲍鹏，若义律态度蛮横，毫无和谈诚意，后一封信便不要递交。

眼见义律的战舰已经开拔，炮弹已经上膛，战事不可避免，于是，鲍鹏未向义律出示后一封信，而是将它带了回来。[2]

好了，之所以在广东谈判这个环节花费这么多笔墨，主要是因为英国人占据香港，对中国而言，是一件世纪大事，而从这个过程来看，中国起初根本就没有割让香港给英国。退一万步说，就算琦善签字同意割让，也只是琦善私人的许诺，并无法律效力，更何况，琦善根本就没有签字呢？所以说，香港落入英国人的手中，全是英国人讹诈加强占而得。

流传后世、众说纷纭的所谓《穿鼻草约》，其实是在英军强占香港以后才单方面制定的条文，中国方面没有任何人在该约上签字或加盖关防。

所以说，《穿鼻草约》不仅事后未经中、英两国政府批准，即便当时也并没有签订。所谓的“订立”、“签订”、“签字”等说法全是子虚乌有的事。

[1] 《筹办夷务始末·道光朝》第二册，中华书局1964年版。

[2] 《中国近代史资料丛刊·鸦片战争》第三册，上海人民出版社2000年版。

甚至，英国外交大臣巴麦尊看到本国报纸刊载的义律发布的“公告”，非常不满地说：“别忘了，我们的海军如此强大，我们可以告诉皇上我们要获取什么，而不是由他来说他要割让什么！”[1]

他致函义律说：“在你和琦善之间，对于割让香港一节，并不像是签订了任何正式条约，而且无论如何，我们可以断言在你发布通告的当时，这种条约即使经琦善签字，也绝不是已经由皇帝批准的，因此你的通告全然是为时太早。”[2]

巴麦尊还满腹牢骚地对英国女王说：“义律大佐似乎已经把寄给他的训令完全置之度外，甚至在舰队的行动已经获得完全的胜利，他可以自由规定条款的时候，他好像还是同意了极其不够的条件。鸦片赔款不及被勒缴的鸦片的实价，而且此次远征费用以及倒闭行商所欠英商债款都毫无着落。全权公使所接奉的要为在中国的英侨获得安全保证的明确的命令并没有执行；曾经特别通知他们要保留到全部赔款付清为止的舟山岛已经匆遽地并且是莫名其妙地撤出了；甚至香港的割让还结合着一项有关缴纳捐税的条款，这样就使那个岛屿变成一个并不是英王的属地，只是像澳门一样，在大清皇帝的国土上经许可才保持着的居留地。”[3]

英国女王致函比利时国王时也说：“中国事件很使我们懊恼，巴麦尊极其感到羞辱。如果不是由于查理·义律的那种不可思议的奇怪举动，我们所要的一切或许已经到手了……他完全不遵守给他的训令，却尝试着去取得他能够取得的最低条件。”[4]

英国内阁于 4 月 30 日召开会议，会议讨论的结果是：英国政府不能批

[1] 杰克·比钦：《中国鸦片战争》，本书间接引自〔美〕特拉维斯·黑尼斯三世、弗兰克·萨奈罗所著《鸦片战争：一个帝国的沉迷和另一个帝国的堕落》，生活·读书·新知三联书店 2005 年版。。

[2] 马士：《中华帝国对外关系史》第一卷，张汇文译，上海书店出版社 2000 年版。

[3] 《维多利亚女王书牍》第一卷，1841 年 4 月 10 日巴麦尊子爵上女王书。要看英政府给懿律和义律的训令，可参阅此书的附录（1）和（2），引自马士：《中华帝国对外关系史》第一卷，张汇文译，上海书店出版社 2000 年版。

[4] 《维多利亚女王书牍》第一卷，1841 年 4 月 13 日女王致比利时国王书，引自马士：《中华帝国对外关系史》第一卷，张汇文译，上海书店出版社 2000 年版。

准根据这个初步协定所订立的任何条约，必须要求中国政府“对于英国人过去所受的损害付出更大数目的赔款”，并且对将来的贸易作出更大的安全保证；舟山必须重新占领，义律大佐必须召回；并且遣派璞鼎查爵士（Sir Henry Pottinger）前往接替。[1] 这样的口气是很强硬的；可是因为距离远隔，直到 8 月为止，英国的政策依然在义律大佐的操纵之下。

下面，且来看看义律发动的虎门大战。

7. 虎门大战

1841 年 2 月 24 日，英军向广东水师提督关天培发出最后通牒，要求关天培投降，放弃横档各炮台。

关天培当然拒绝。

于是，25 日，英军用于进攻的舰船全部到达虎门，除各种轻型舰船外，还有军舰“威里士厘”号、“伯兰汉”号、“麦尔威厘”号、“都鲁壹”号、“皇后”号、“马打牙士加”号以及 4 艘运输船。

下午，英舰“复仇神”号运送军火及登陆部队在清军未设防的下横档岛登陆，并在下横档岛制高点上设立了三门野战火炮和野战工事。

夜间英军工事虽遭清军炮击，但清军炮火质量很差，英军无伤大碍，很快完成了集结，为第二天进攻做足了准备。

26 日破晓，英军开始用安放在下横档岛上的野战炮炮击上横档岛，岛上的兵房、军营多次被英军炮火击中。

守卫上横档岛的清军奋起发炮还击，威远炮台亦开炮向下横档岛上的英军轰击。

可是，上横档岛五座炮台的炮火威力太小，射程太近，根本打不到下横档岛上，导致只有挨打的份，没有还手之力。

---

[1] 《维多利亚女王书牍》第一卷，1841 年 5 月 3 日美尔柏恩子爵（Lord Melbourne）上女王书，引自马士：《中华帝国对外关系史》第一卷，张汇文译，上海书店出版社 2000 年版。

威远炮台的炮火威力较大，虽可打到下横档岛，但距离实在太远，射来的炮火已是强弩之末，杀伤力不大，对英军构成不了大威胁。

既然这样，英军就毫无顾忌地往上横档岛疯狂开炮。

一通炮火下来，上横档岛上的清军损失惨重，永安炮台守将庆宇、横档台守将达邦阿、横档月台守将刘大忠觉得与其守在岛上挨炮弹还不如“保存实力以图将来”，于是驾船逃跑了。

上午十一点半，英军的军舰开始启动，“伯兰汉”号、“麦尔威里”号、“皇后”号轮船和 3 只火箭小船昂然进攻亚娘鞋山（武山）。

“伯兰汉”号和“麦尔威里”号驶至威远炮台西南侧距威远炮台一里处从容抛锚泊定，“伯兰汉”号用右舷排炮射击亚娘鞋山（武山），“麦尔威里”号则用偏舷排炮对准威远炮台、靖远炮台轰击。

威远炮台、靖远炮台的火炮炮架固定，不能转向，在这样短距离的对攻中仍然不能对英军构成威胁。

双方炮弹你来我往，清军的炮弹全都落入海中，激起水花不断，对英军毫无杀伤；而英军的炮弹落到清军的炮台之上，清军非死即伤，损失惨重。

面对如此不对等的战斗，大批的士兵选择了逃跑。

关天培不跑。这天，他亲自在威远炮台上指挥作战。

为了激烈士气，他变卖了所有的家产，将白银摊开在作战现场，悬赏杀敌者。

在英军地毯式的轰炸下，他明知炮台必失，也坚不退却。

他要用自己的血肉之躯来向侵略者展示自己宁死也要抵御外侮的决心。

最后，英军的炮火成全了他。

在经过持续了四个小时的狂轰滥炸后，炮台失守，60 岁的老将关天培战死于靖远炮台，武山一侧的炮台除了关天培和 20 多名兵丁的尸体外，已经空无一人了。

原本，是有千余名清军驻守在后山上的，他们的任务是等英军登陆后冲出来与英军进行肉搏战，但是，英军的人炮实在太猛、太恐怖了，这些人就会同炮台溃散逃回的士兵一起逃命去了。

下午两点钟，英军轻轻松松地占领了亚娘鞋山（武山）。

在珠江的西水道，英舰“威厘士厘”号、“都鲁壹”号和4艘轻型战舰在西水道的正中央抛锚泊定，用两侧舷炮分别向上横档岛的永安炮台和芦湾的巩固炮台轰击。轻型战舰“加略普”号、“硫磺”号、“萨马兰”号和“先锋”号一道，冲过西水道，在上横档岛的西北部轰击上横档岛的军营和各处炮台。

一小时后，上横档岛东、西侧的炮台（即横档东台及永安炮台）同样逃脱不了被攻陷的命运，炮台上的清兵在英舰密集的炮火中甚至连逃跑的机会也没有。

下午一点钟，英军武装轮船“复仇神”号运送陆军登上上横档岛，俘虏了岛上1000多名清兵。

在上横档岛，被炮火击死的清军有200多人，另有100多人受伤。

下午四点，“复仇神”号与几艘小船运送英军水兵在巩固炮台前面登陆，炮台上的清兵早已逃跑得无影无踪，英军放火焚烧清军军营。

至此，虎门防御体系第二道门户被攻破。

虎门防御体系第三重门户——大虎炮台，清军主动放弃。

下午五点，虎门大战结束。

号称中国最强的海门防线，竟然就这样轻松被毁，英军无人阵亡，付出的代价仅仅是5人轻伤。

虎门防御体系三重门户失守后，英军随时可以闯入珠江内河，进而长驱直入省城广州，只要他们想这么干。

2月27日，义律率领5艘战舰进逼到了广州城外的乌涌口。

乌涌口的守将是湖南提督祥福，他是道光调来配合奕山全面剿夷的，不过，发自京师的奕山未到，他由湖南先行一步，这日刚刚抵达广州。

广州城存亡在即，容不得他多想，他赶紧将自己带来的900名湖南兵和700名广东兵整编在一起，出动40艘水师战船和林则徐购买的战舰迎敌。

这根本抵挡不住英舰的横冲直撞。

英舰“摩底士底”号不过是一艘装炮20门的小型战舰，它一马当先，悍然冲进乌涌口，把大量的炮弹尽情地倾泻在了清军临时搭建起的炮台和军营之中。随后，其他小型军舰也相继发威，清军大为震恐，有人发一声喊，数百人丢盔弃甲，纷纷逃亡。

英军陆军迅速登陆，利用排枪射击，成功地开辟了滩头阵地。

湖南提督祥福及手下军官31人阵亡，士兵死伤450人。英军共计8人受伤，仅1人死亡。

乌涌失守。

3月1日，英军乘胜北进。

琦善虽然已是戴罪之身，但当此危难之际，他仍命人在所有河道狭窄的地方钉下木桩阻塞英舰，又特派广东巡抚怡良亲自坐镇。

然而没有用，这些木桩根本阻挡不了来势凶猛的英军战舰。英舰乘风破浪而至，炮声隆隆，琶洲、琵洲、猎德三大炮台相继失陷。

广州城内，上至各大官员，下至兵弁百姓，全都惊慌失措，各自打点包袱行李，准备逃命。

即使是无畏无惧的林则徐林大人，这时也六神无主，早早把家人安置在船上，做好了退走的准备。

琦善面如死灰。

本来他已经被罢黜了，新任钦差大臣一来，他就会被锁拿进京，那时，广州是存是亡，都与他没有关系了。

可是，为了这广州城一城生灵着想，他决定再次违旨，出面向义律调停战争。

义律虽然已经知悉琦善在广州没有话事权了，但对于停战，他还是欢迎的。他提出，要停战，可以，但中国方面必须签订一个新的条约。在这份新条约当中，赔款是1200万元，其中的600万元必须在三天之内交出，除了割让香港岛之外，还要再加上尖沙嘴（咀），并给予英国片面最惠国待遇，三天之内不能签约，英军将攻下广州城。

这个条约，义律并不要求琦善签署，他要求条约的签署人是广州城内的几大巨头：怡良、林则徐、邓廷桢以及广州将军阿精阿。

实际上，仅仅十天之后，即3月12日，琦善就被汉军副都统英隆锁拿回京受审了。

特拉维斯·黑尼斯三世和弗兰克·萨奈罗在所著的《鸦片战争：一个帝国的沉迷和另一个帝国的堕落》中说："在虎门战役中，琦善给皇上送过一份相当坦率的备忘录，完全没有官场的隐讳。林则徐则向京城的皇上虚构了一幅节节胜利的图景。而琦善告诉皇帝，中国军队腐朽落后，根本不是夷人的对手。琦善建议在未来的战役中做策略性的投降，因为鸦片贸易的重新开始使之成为无法避免的。因为坦诚，琦善被召回北京。"

被锁拿回京的琦善并不孤单，因为，同样被锁拿回京的还有两江总督、钦差大臣、负责浙江沿海军事行动的伊里布。

8. 伊里布"收复"定海

且说伊里布在定海初失之期，就兴冲冲地赶往宁波筹办进剿，准备动用武力一举收复定海，但在现场目睹了英军的战舰大炮，傻了眼了，悲叹道："其势殊非小弱，且其船只之高大坚厚，炮械之猛烈便利，破此尤非易易，非厚集兵力，亦恐难以制胜。"[1]

以致于在宁波期间，只知以造船炮、奏调闽粤水师以拖延时日。

面对道光帝的催战，他的汇报是：目前浙江只有一万士兵，并且不习水战，仅够防守，必须从内地调集大量军队，绝不能贸然起兵，致留悔恨。

道光帝读了伊里布的汇报，当然不满意，继续下旨催战，措辞越来越严厉。

伊里布只好再次回禀，说收复定海必须渡过海峡，所以需要赶造24艘

---

[1] 《筹办夷务始末·道光朝》卷14，中华书局1964年版。

快船，或者雇佣商船，而临时抽调的这些士兵不习海战，必须进行海战演习和操练。

伊里布甚至提议，可以考虑离间美国和英国之间的关系，挑拨美国攻击英国，以夷制夷。

在义律、懿律二人率舰北上白河向清朝政府投递国书，琦善奉道光帝之命在天津大沽口负责接洽会谈时，伊里布找到了不用出兵的理由，说该夷已至天津禀诉，“浙省更不宜冒昧轻进，以致彼此相左”，坐等会谈结果。

期间，驻守在定海的英军上尉安突德（P. Anstruther）外出绘制地图，8名杂役到乡下购买粮食、蔬菜时遭到了乡民的诱擒，同时，英运输船遭遇风浪失事，船上的拿布夫人和28名船员也被乡民擒获。

特拉维斯·黑尼斯三世和弗兰克·萨奈罗在所著的《鸦片战争：一个帝国的沉迷和另一个帝国的堕落》中说：在定海，英国的入侵者变成了商人，他们用钱买牲口（牛20两银、山羊5两银）。当地的农民似乎毫不害怕这些占领者，他们发现英国人很有趣，并且嘲笑他们的翻译说不出当地的方言，这些嘲笑之中暗含着对入侵者的威胁。

显然，定海的人民和入侵的英国人大致维持在一种相安无事的氛围中。

伊里布为了能给道光帝一个交代，就将这些人作为“战俘”身份向上汇报。

实在是无力收复定海，伊里布还想以这些“战俘”作为交换筹码，向英军索还定海。

天津会谈后，道光帝飞示伊里布“如有该夷船只经过，或停泊外洋，不必开放枪炮”。[1]

伊里布顺着道光帝的毛捋，说：“该夷即起碇赴粤，听候查办，是其俯首帖耳，已有响化之忱，浙省更不宜轻于攻击，致误事机。”[2]

借这个机会，他向道光帝大谈什么“抚驭外夷之道，总在示之以诚，倘

[1] 《筹办夷务始末·道光朝》卷6，中华书局1964年版。

[2] 同上。

能先服其心，自可渐就吾范”，从而委婉提出了以释放俘虏作为“交还定海，撤退兵船”的计划。

伊里布是这样计划的，也是这样做的。

义律从天津回到定海，伊里布便派家丁张喜相告，说两国将罢兵修好，“以后好里还要讨好”，并乞求“教我们下得去，教我们奏得大皇帝，教我们大皇帝下得下”[1]，极其顺利地和义律口头上签订了浙江停战协定。

义律等人赴粤与琦善进行广东谈判，伊里布能做的事就是每天烧香求神法求菩萨，求菩萨保佑和议能成，定海可以不战而归。

可是，英国方面的胃口太大，仅割让海岛一项就让道光帝大光其火。

恼恨之余，道光帝要求伊里布“痛加攻剿，无稍示弱”。

伊里布吓了一跳，只得向道光帝奏称“制夷之策，在严守不在力战”[2]，拒绝出战。

道光帝不满，再谕：“兵贵神迅，计必万全，务须一鼓作气，聚而歼旃。倘事前不知筹度，临时坐失机宜，朕惟伊里布、裕谦是问，恐不能当此重咎也。”[3]

伊里布明知不战则可，一战必败，而且，战火一开，江浙沿海就会兵祸连结，殃及无辜百姓。

所以，他和琦善一样，硬着头皮抗旨不遵，按兵不动。

1841年1月3日，琦善对义律强索香港岛无可奈何，写信向伊里布诉苦，说：“人心恍惚，战守两难，不得已将该夷所请於外洋寄寓一节，允其代为奏恳。”[4]

伊里布的处境也没比琦善好到哪儿去。

好歹人家琦善的工作只是和英国人谈判，不管谈判结果怎么样，人家都

[1] 张喜：《探夷说帖》，见《中国近代史资料丛刊·鸦片战争》第五册，上海人民出版社2000年版。

[2] 《筹办夷务始末·道光朝》卷18，中华书局1964年版。

[3] 同上。

[4] 同上。

是在认认真真地履行本职工作，而自己的职责是武力收复定海，可是自己无船无炮，没法相机进剿，已经是辜恩渎职了，现在又对圣上百般蒙混敷衍，真是万死不足赎罪啊。

由是，他上了一道奏折给道光帝，既是为琦善也是为自己辩护，说："粤省现在情形，业已万分紧迫，琦善之量为允许，实因无可如何。"对进兵收复定海，他挑明说："江、浙两省之兵，柔脆者多，劲勇者少，潜师进剿，非实在精锐之兵不能集事。若勉强遣用，一有挫衄，则敌气愈骄，人心愈沮，必致愈难措手，是以未便冒昧。"[1]

道光帝没有见过英军，之前林则徐那一系列大捷已给他造成了一个假象，觉得英军的武力不过如此，就算船大一点、火炮猛一点，但其膝头不能弯曲，不可能是天朝大兵的对手，伊里布不肯进兵，解释只有一个：昏庸懦弱，畏葸不堪。

说起来，从定海失陷开始，道光帝已经给伊里布下了22道要其全力进剿的严旨，可伊里布始终没有付诸行动，道光帝恨得后槽牙直痛。

不但道光皇帝被伊里布的畏葸行为气坏了，满朝文武也看不过眼了。

浙江巡抚刘韵珂和新任闽浙总督颜伯焘就联名上奏，强烈请求道光皇帝将林则徐和邓廷桢派往浙江协助伊里布收复定海。

两江总督裕谦，也不断向道光皇帝痛斥伊里布的不作为。

1841年2月，沙角大战的消息传到了北京，恼怒万分的道光皇帝再次下旨催促伊里布收复定海。

伊里布几乎陷入了绝望。

是琦善的一封书信让他看到了曙光。

2月7日，琦善着人送来六百里咨文，告诉他："英夷已遵照缴还定海及该省之沙角，该督允为代恳天恩，准其仍前来粤通商，并请依照西洋夷人寄居澳门之例，将广东外洋之香港地方，给予泊舟之住，业已据情代奏，嘱

[1] 《筹办夷务始末·道光朝》卷18，中华书局1964年版。

即收回定海。”[1]

也就是说，英方已经同意撤离定海。

伊里布惊喜得一颗心差点跳出了胸膛。

他马上命令家人张喜立即出海，前赴定海与英方交涉，商讨归还定海的细节和过程。

不过，留守定海的英军负责人包祖还没有收到义律的书信，而且，他们那边还有一批价值 8 万元的货物没有售出。

英国人说，这批货物尚未售完，万难归还定海。

就在这时候，伊里布收到了道光皇帝对自己的最后判决：“谕内阁，前因逆夷占据定海，特命伊里布为钦差大臣，相机筹办，并因该逆自浙回粤，日肆猖獗，屡经降旨令伊里布迅速进兵，不必俟广东知会，即行攻剿。乃伊里布不遵谕旨，惟知顺从琦善，屡次奏报，始以兵炮未集，藉词缓攻，继以接得缴还定海之札，即信以为实。已有旨令折回本任，命裕谦驰赴浙江，作为钦差大臣，会同提督余步云迅速剿办，伊里布未回任以前，所有两江总督着程矞采暂行兼护矣。本日据裕谦驰奏，逆夷未受惩创，饬兵仍行前进一摺，所奏均是。逆夷攻据定海之后，奸淫抢夺，荼毒生灵，凡我士民，自必志切同仇，人思敌忾。裕谦此次赴浙，以顺讨逆，以主逐客，以众击寡，必当一鼓作气，聚而歼旃。朕伫望该大臣迅奏肤功，懋膺上赏，断不可因该逆现有缴还定海之说，稍有迟回，又堕逆夷诡计，而蹈琦善伊里布辜恩误事之故辙。懔之。至伊里布身膺特简，叠次催令进兵，并不遵旨剿办，株守数月，观望迁延，甚属畏葸不堪。伊里布着交部严加议处。”[2]

显然，道光皇帝已经受够伊里布了。

连同道光皇帝圣旨一起来的，还有伊里布的新上级裕谦发来的谕令，要求伊里布立即停止与英军的接洽，严密看守安突德等战俘，等裕谦赶到宁波

[1] 《中国近代史资料丛刊 · 鸦片战争》第四册，上海人民出版社 2000 年版。

[2] 《筹办夷务始末 · 道光朝》卷 21，中华书局 1964 年版。

之后，亲自提审。

完了！伊里布悲怆无限地闭上了双眼。

不过，他不甘心，他再派张喜出海去打听义律到底有没有书信发回定海，看看能不能在裕谦到来之前收回定海。

如果能，还说得上是将功赎罪，为自己的政治生命再续一口气。

这次，张喜没有让他失望，回来报告说，英军已经收到了义律的书信，近日就可以交还定海。

谢天谢地！

伊里布的心脏又要跳出来了。

可是，张喜补充说，英军要求必须先释放战俘才归还定海。

按说，英军这一要求也不特别过分，问题是，英军明知你无力以武力收复定海，万一他们要诈，等你释放了战俘，他们又不交还定海，那你死定了。

何况，裕谦还特别发来了谕令，要求严密看守战俘，你却将他们交还了英军，你真是死了都没人可惜。

可是，不交还战俘，自己又能怎么办呢？

翻来覆去地思虑了一夜，伊里布咬咬牙，豁出去了！

第二天，他安排张喜先行一步前往定海，而由葛云飞、王锡朋、郑国鸿三位总兵率领3000名士兵押解安突德等人在后面慢慢跟着，如果英军履诺归城就罢，如果英军有诈，就马上处死这些战俘，再和他们拼了算了。

想法是不错。

但张喜到了定海，和包祖还没说上几句话，安突德等人已经平安回到了包祖的身边。

天！原来押解安突德的清军还没到竹山门，就被英军武装轮船击溃了。

也就是说，张喜还没到定海，安突德就已经被人家救走了。

同安突德一起出现在张喜眼前的，还有负责押送安突德等人的清军守备陆昌言和包成，他们已经成了英军的战俘。

陆昌言和包成告诉张喜，由于英军突然袭击，战俘没了，换城的事泡汤了，而三位总兵没能出海，武力强攻也不可能了。

张喜眼角发黑，差点晕倒。

然而，事情的结果并没有张喜所料那么差。

英国人明确告诉张喜，我们的人已经回来了，我们不会失信的，我们现在就还给你定海。

说完，就要带着张喜去办理交接程序。

张喜惊呆了，半天才说得出话来。

2 月 26 日，包祖就带领了全部英国人员离开了定海县城。

出定海南门时，郭士立向张喜交代："城已交还，仓内有谷，文庙内有衣服，县署内有书籍，请先生自去检点。我去后恐被匪人盗去，先生可速派人管理。"[1]

张喜把县城的管理工作交给陆昌言和包成，自己飞快赶回镇海给伊里布报喜。

伊里布喜是喜了，但又余虑不断。

原来，负责押解战俘去接收定海县城的 3 位总兵以及他们所带领的 3000 名官兵，都仿佛人间蒸发，不见了。

天，这都怎么回事呀？

这时候，裕谦的咨文又到，说新任钦差大臣马上就要赶到镇海了，所有事务都必须暂时停止，等钦差大臣上任后一并办理。

伊里布急得不行，只好再次派张喜赶往定海查看情况。

原来，三位总兵已于 26 日赶到了定海，他们谁也不让谁先进城，都在争功，说是自己抢先"攻占"定海县城的。

事情发展到此，总算有惊无险地圆满结束了。

2 月 28 日，伊里布赶在裕谦到来之前向道光皇帝汇报了"收复"定海的经过："我兵丁于初四日（即 24 日）午刻齐抵定海（其实是直到 26 日才

[1] 《中国近代史资料丛刊·鸦片战争》第五册，上海人民出版社 2000 年版。

英军进攻舟山

会合集齐开赴舟山），该夷半在城内，半在船中。是我兵到彼，胞祖（即包祖）即缴纳城池，城内各夷立即纷纷退出。我兵整众入城，登陴看守，并将道头地方该夷所盖草房全行拆毁（其实26日因为三总兵争功，谁都没能进城）。郑国鸿等传宣恩谕，将夷俘晏士打剌打厘（即安突德）等释令领回，并饬赶紧起碇（其实城中并无一个英国人）。胞祖等免冠服礼，声称伊等将城池交献后，即于初五日全数撤退。”

伊里布天真地以为，自己这么“漂亮”地收复了定海，道光皇帝此前再怎么气恼自己，这会儿也应该消气了。

哪料道光皇帝看到他这份奏折，怒火更盛，降下一道圣旨：“逆夷占据定海，已更数月。现因粤省命将出师，声罪致讨，方行缴还定海，全数起碇出洋，可见逆夷并无能为。设使伊里布奉到进兵谕旨，熟审顺逆主客之势，密筹剿防攻取之宜，一鼓作气，四面兜捡，复我故土，歼除丑类，庶足以伸天讨而快人心。乃观望迟延，株守数月，直至该夷闻有大兵，望风远窜，始将定海收回。可谓庸懦无能之至。前将该督交部严议，该部议照渎职例革职，实属咎所应得。姑念一时简用乏人，伊里布着革去协办大学士，拔去双眼花翎，暂留两江总督之任，仍带革职留任处分。八年无过，方准开复，以观后效。”[1]

9. 老将杨芳是真颟顸还是假糊涂

琦善被罢免了，伊里布也被罢免了。现在，我们再来说广州的事儿。

2 月 26 日虎门横档一线战斗之后，英军于 2 月 27 日攻克清军重兵把守的乌涌炮台，其后，又连克琶洲炮台和琵洲炮台，兵锋直逼广州城。

琦善在被锁拿进京之前做了最后一点努力，派广州知府余保纯前往英舰，面见义律，要求停战。

义律遂开出了一份《约议戢兵条约》，指定要广州将军阿精阿、广东巡抚怡良、前两广总督林则徐、邓廷桢在三天之内“共同当面盖印”。

林则徐等人哪能担负这么大的责任？

大家只好如热锅上的蚂蚁，团团转，却毫无办法。

三天的期限，3 月 6 日到期。

就在这紧急关头，杨芳于 3 月 5 日来了。

杨芳，字诚村，贵州松桃人，嘉庆、道光两朝最为耀眼的将星。

其“少有干略，读书通大义”，15 岁即投身军旅，在平定川楚白莲教起义、河南天理教起义等战争中因“作战甚力”、“功勋卓著”受到清廷赏识重用。32 岁升至宁陕镇总兵，36 岁代理固原提督，嘉庆皇帝先后赐给他“诚果巴图鲁”名号及三品顶戴。新疆张格尔叛乱，陕甘总督杨遇春、固原提督杨芳率兵 4 万，兵分三路向喀什噶尔进军平叛，大获全胜。道光帝高兴之余，赐封杨芳三等果勇侯，赐紫缰、双眼花翎，晋升为御前侍卫。凉山彝民叛乱，杨芳又建奇功，加封为太子太傅，晋升为一等果勇侯，赐紫缰，

[1] 《筹办夷务始末·道光朝》卷 22，中华书局 1964 年版。

准紫禁城骑马。

道光帝命画工在紫光阁绘 40 个功臣像，杨芳名列第二。道光帝还亲笔为杨芳画像题词，“黔省之英，自幼知兵，战功久著，谋而后行”。

在杨芳 60 岁生日时，道光帝还给杨芳赏戴双眼花翎、加太子太保衔，并亲自书写“酬庸锡羡”匾额和“福寿”字赐之。

这年临危受命，杨芳已届 71 岁高龄。

杨芳是在湖南提督任上于 2 月 12 日赴京觐见途中接到担任参赞大臣圣旨的。

接到命令，尽管已是白发飘飘，左膝右臂有旧伤，杨芳仍以国事为重，“兼各驰进”。

到了广东清远，听说虎门炮台失守，关天培战死，杨芳心急如焚，“当即换坐小船，日夜迎风加纤”[1]，终于于 3 月 5 日抵达广州。

因主帅奕山尚未到达，杨芳成为清军前线的最高指挥官。

杨芳刚到，广州百姓“欢呼不绝”，“官亦群倚为长城”。[2]

杨芳先拜见了林则徐。

林公做湖广总督时，杨芳为湖南提督，两人关系非同一般，两人“竟日议事”，共商对敌之策。

但义律留给他们的时间不多了。

3 月 6 日，三天期限已过，义律遂挥军攻陷了猎德、二沙尾炮台。

仗此兵威，义律又发出告示，声称只要中国满足他所提出的条件，可以停战。

可是，作为广州的临时当家人，杨芳仍苦无应对之策。

他看到英军炮火威力强大且落弹准确，自知迎战必败，便诡称英军炮火是邪教妖术，说“夷炮恒中我，而我不能中夷。我居实地，而夷在风波摇荡

[1] 梁廷楠：《夷氛闻记》卷 2，中华书局 1959 年版。

[2] 同上。

中。主客异形，安能操券若此，必有邪教善术伏其内”[1]，命人关闭城门避战。

从 3 月 5 日到 18 日的 14 天之内，他频频会见林则徐，后来，干脆住到了林则徐的寓所，一住就是 8 天。

杨、林两人到底商议了些什么，后人已不可得知。

但想必英人水战、陆战的犀利迅猛已让林则徐大开眼界，对付英人，已经无解，否则，他也不会在乌涌失守前早早准备舟船运载家眷逃命。

事后证明，任福建汀漳龙道的张集馨曾就福建的水师营制征询过林则徐的意见，林则徐的回复是："虽诸葛武侯来，亦只是束手无策。"[2]

林则徐后来也在一封写给朋友的信中坦白地说："逆船倏南倏北，来去自如，我则枝枝节节而防之，濒海大小口门不啻累万，防之可胜防乎？果能亟筹船炮，速募水军，得敢死之士而用之，彼北亦北，彼南亦南，其费虽若甚烦，实比陆路分屯、远途征调所省为多。若誓不与之水上交锋，是彼进可战，而退并不必守，诚有得无失者矣。譬如两人对弈，让人行两步，而我只行一步，其胜负尚待问乎？"说完后嘱对方"勿为异人道也"。[3]

林则徐还在另一封写给朋友的信中称，中国即使"再调数万之客兵，亦不过仅供临敌之一哄"。说完后同样嘱对方"惟祈密之，切勿为外人道也"。[4]

也就是说，林则徐对清朝水师的战斗力，已经有清醒的认识了。

林则徐没有什么好办法，杨芳也只好借装神弄鬼以塞责。他传令当地保甲，遍收民间使用的马桶、溺器，装满女人的粪便、秽物，令载于木筏小船，布满海上江面，要求将马桶、溺器之口对向敌舰炮口，诡称可破其炮火之妖术。又在省河上钉筑木排竹筏，在上面安放马桶，桶内同样装满粪便，或塞进毒药桐油，用来阻挡英舰的前进。

广东士绅笔记中载："杨侯初来，实无经济，惟知购买马桶御炮，纸扎

[1] 梁廷枏：《夷氛闻记》卷 2，中华书局 1959 年版。

[2] 张集馨：《道咸宦海见闻录》，中华书局 1981 年版。

[3] 魏源：《魏源集》上册，中华书局 1976 年版。

[4] 黄德泽：《林则徐信稿》，福建人民出版社 1985 年版。

草人，建道场，祷鬼神。”[1]

杨芳其实也清楚，自己这些布置，当然不能阻挡英军进攻的脚步，但他必须为自己的不战之举找理由，免得落下伊里布的下场，同时又可以拖延时日，等候奕山来接替下进剿的重担。

不过，单单这么布置，没有进剿的战绩，道光追究下来，仍然不好交代。

就在杨芳苦闷之际，机会来了。

义律尚不知琦善已经被押送解京，于 3 月 16 日再给琦善发出一份要求停战谈判的照会，派出一艘打着白旗的小船径往广州。

驻守在凤凰岗炮台的江西兵不知西方白旗规则，发炮轰击，英船仓皇退去。

得，杨芳便将这一场炮火渲染成一场大捷，飞速向道光奏报。

义律大怒，从 3 月 18 日起，发战舰连克凤凰岗、永靖炮台、西炮台、海珠炮台，并于 18 日下午登陆，占领一系列炮台与十三行商馆。

下午四时，义律在时隔两年之后回到了广州的英商商馆，并在那儿升起了英国国旗。

18 日的战斗，天朝丢失 6 座炮台，损失 123 门大炮，200 多名官兵阵亡，而英军无人死亡，仅 6 人受伤。

义律重占商馆，并向广州方面发出照会，要求当天立即与广州的“贵爵大臣”面谈，并限“半辰”答复。

说起来，义律等人又是战舰又是大炮的轰开中国的国门，已经是赤裸裸的侵略行为无疑。

他们完全有能力拿下广州城，却偏偏不拿，只是于 3 月 3 日、3 月 6 日、3 月 16 日一而再，再而三地呼吁停战。

他们对停战的渴望，甚至比天朝更切。

自 1939 年 3 月林则徐封锁商馆算起，中英贸易整整停顿了两年，以贸

[1] 萧一山：《清代通史》，中华书局 1986 年版。

易为主要经济支撑的英国损失惨重。所以，义律虽然打起仗来威风，但他一点儿也不喜欢打仗，满脑子想的都是赶快停战，赶快停战！

他不敢贸然攻击广州城，生怕惊跑了广州城的商人，到时，得到的只是一座空城，没有任何意义。

对于义律这点，广州的平民也看得很清楚。

美国人特拉维斯·黑尼斯三世和弗兰克·萨奈罗在《鸦片战争：一个帝国的沉迷和另一个帝国的堕落》中说："当（英）舰突破虎门要塞，沿江北上，开向马乌勇（炮台时），（珠）江两岸数以万计的当地居民，平静地观看自己的朝廷军队与我军（英军）的战事，好像观看两个不相干的人争斗。"

实际上，在整个战争期间，一些民众还主动向英国人出售粮食、畜禽、淡水，以图获利，甚至还有人为英国人充当苦力，从事运输，以求工值。

这些民众，全被清方文献斥以"汉奸"之名。

之所以会出现这样一个奇怪的现象，除了百姓料到了英军不会随便伤及无辜外，主要是清朝统治者两百多年来都以征服者自居，把人民当成奴隶、压榨的对象，不把人民当成自己人，像康熙、雍正这样的"明君"甚至还保存着在北京待不下去就全身退居关外的想法。

既然不把人民当自己人，就得实施"愚民"政策，时时防着人民。

就连来华访问的马戛尔尼也看出了这一点。他在回国路上写的日记中说："我们的许多书里都把汉族和鞑靼族混淆了，好像他们是一个民族。可是清君却在时刻关注着这权力的诞生地。"又说，鞑靼人说笑话总以汉人为靶子。"不可能不注意到：只要有人拿汉人说笑话，那些年轻的鞑靼王子就会兴高采烈。在取笑女人裹脚时，他们拍手叫好；但听到把鞑靼妇女的木底鞋比作汉人的帆船时，他们就恼火。""圆明园内年轻的王子们谈到汉人时总报以一种极大的蔑视。一位王子见我想学汉文，就竭力使我相信鞑靼语比这要高尚得多。他不仅答应给我识字课本和书籍，而且还要亲自教我。”[1]

也就是说，人民一直是清政府镇压和统治的对象，和清政府并不是共同利益体，当然也就不会共击外敌了。这，与宋末的崖山海战、明末江阴城十万人同心死义的壮烈之举比较起来，真是天壤之别。

这也是林则徐等人幻想的“全民皆兵”，进而把入侵者陷于人民战争的海洋中的想法不切实际的真实原因。

也因为这样，马戛尔尼在出使日记中说：中国“自从北方或满洲鞑靼征服以来，至少在过去 150 年里，没有改善，没有前进，或者更确切地说反而倒退了；当我们每天都在艺术和科学领域前进时，他们实际上正在变成半野蛮人”。进而说清廷“不过是一个泥足巨人，只要轻轻一抵就可以把他打倒在地”。

中华民族是一个包容的民族，本身就不排外，比如南北朝时的前秦、北魏，甚至五代十国时的后唐、后晋，尽管是少数民族人当政，中原民族对这些政权并不排斥。

几千年的封建制度下，中国的老百姓早已习惯逆来顺受，而且，在他们的眼里，清朝的皇帝也不见得比英国人好多少。

清入关两百多年还得不到中原民族的认同，真得好好从自己身上找原因。

现在，省河两岸军事要塞尽失，英军兵临城下。

杨芳再也不敢对战争寄予任何奢望和幻想了，苦于自己只是军事统帅，无权与对方谈判，只能对义律所提面谈要求做出拒绝，但他也没有关闭谈判的大门，提出了书面交涉的方式。

在杨芳、怡良、林则徐等广州三巨头的共同商议下，杨芳于 3 月 20 日和义律签订《停战贸易协定》。

杨芳可真是吃了熊心豹胆了！

道光帝可是有禁止与英通商的严令在先的。

---

[1] 佩雷菲特：《停滞的帝国——两个世界的撞击》，生活·读书·新知三联书店 1993 年版。

琦善奉旨主“抚”，始终不肯与英国人签订条约，最后还落了个锁拿进京的悲惨命运。

杨芳奉旨主“剿”，却擅与英国人达成停战协定，还要不要命了？

要和琦善相比，杨芳没那么实诚。

广州和北京远隔两千公里，只要胆子足够大，对付道光帝，不过是一场笔墨游戏罢了。

杨芳一再向朝廷报捷，说天朝打了一个大胜仗，然后避虚就实，汇报了一句“先通商暂作羁縻”，但等奕山、隆文等大军赶到时，“再设法水陆兜剿”。[1]

本来，道光帝就不认为英夷有多难对付，英夷到了天津，道光帝改剿为抚，主要是担心有英军在陆路吃了亏就往海上跑，自己无法追剿，致使战争无限期拖延。而当他得知英军已由虎门深入到内河，不以为忧，反以为是诱敌深入之机，下旨杨芳等待时机，一举全歼敌人。3 月 28 日，道光皇帝收到杨芳这份奏折，大为赞赏上面所说的“不趋小利而误大局”，认为杨芳已控制住了战场上的主动，收放自如，朱批道：“如能设法羁縻，不令遁去，方合机宜。”批毕，意犹未酣，又在折尾再批：“客兵不满三千，危城立保无虞，若非朕之参赞大臣果勇侯杨芳，其孰能之？可嘉之处，笔难尽述。”表示“朕心实深嘉悦，著（着）交部从优议叙”，并希望他“出其不意，突用奇兵，争先制胜”。[2]

道光皇帝还通过内阁明发上谕，大赞杨芳“晓畅军务”，“著（着）先行交部从优议叙”。

这样，杨芳瞒过了道光，广州恢复了通商。

从 3 月 21 日到 3 月 31 日，双方战事平息，各国商船如织，贸易往来如火如荼。

---

[1] 《筹办夷务始末 · 道光朝》卷 26，中华书局 1964 年版。

[2] 同上。

看到此景，杨芳感慨良多，又想出一计，和怡良一道上奏折，谎称美国商船驶往黄埔引起英国人无比歆羡，而英国人“旬日间无一动静”，从而诱引道光批准恢复中英贸易。

这封奏折，坏事了。

道光帝现在想的是要尽剿英夷。与英夷通商，是什么意思？

道光帝警觉起来了，在杨芳的奏折上朱批道：“朕看汝二人欲蹈琦善之故辙。”“若贸易了事，又何必将帅兵卒如此征调？又何必逮问琦善？”由内阁明归上谕，斥责杨芳、怡良，将其“交部严加议处”。

4 月 23 日，吏部议奏，杨芳、怡良照渎职例革职。

不过，道光帝念在用人之际，改为革职留任，“以观后效”。

革职留任并不是什么大的处分，不过经此一责，杨芳也就不再瞎折腾了，老老实实地等候奕山前来全权总揽“靖逆”事宜。

10. 广州大战

奕山到达广州的时间是 1841 年 4 月 14 日。

奕山，字静轩。满洲镶蓝旗人，爱新觉罗氏。道光帝之侄，侍卫出身。道光七年（1827 年），因参加平定张格尔叛乱，克复喀什噶尔等处，升为头等侍卫。到道光十八年（1838 年），已被提拔为伊犁将军。又因垦荒有成，官至领侍卫内大臣，御前大臣，成为显赫一时的亲贵。

这年正月，奕山出任“靖逆将军”，以隆文、杨芳为参赞大臣，统率川、鄂、湘、滇、黔、桂、赣等省大军 1.7 万人赴粤征剿。时人称其势“真如泰山压卵”[1]。

奕山大言炎炎：称天朝大兵一出，必“使逆夷片帆不返”；道光帝亦谓

---

[1] 《夷匪犯境闻见录》，见《近代史资料》1956 年第 2 期。

“必能迅奏膚（肤）功”。[1]

可是，他尚未到广东梅岭，英军已强占香港、攻破虎门、兵临广州城下。

这时，他才感到英军的可怕，赶紧“令传谕诸夷：代奏仍准其通市”[2]。

行至益江，则奏称若“拒绝通商，夷人必尽力攻城”，势必“欲保广州，反速之失陷”。[3]

到了广州，经过详细了解，奕山更是直观而真切地感受和认识到了中英双方间的军事差距，赞同杨芳等人“待机而动，不可浪战取败”的建议，将进攻的时间无限期推延。

其实，道光帝说的“膚（肤）功”，除了尽歼英夷、擒获夷酋外，又增加了一项新任务：收回香港。

这一点，奕山是想也不敢想了。

不过，英国方面是不会只满足于现状的。

义律正在制订一个计划：留下 7 艘战舰和全部陆军以震慑广州，保证广州通商顺利进行；主力战舰北上，进攻厦门，北犯江、浙，迫使清政府全面屈服。

听说奕山来了，义律当即照会杨芳，询问广州停战通商协议是否有效、奕山是否准备开战。

杨芳的回答言辞闪烁，语焉不详：“前许代恳圣恩，已为陈奏。昨日大将军、参赞到来，亦俟恩旨定局，断不失信，令问好。”

义律对杨芳的回答颇为满意，于 4 月 17 日发布告示，宣称英军不会进攻广州，通商正常进行。

又经过二十多天的观察，义律确认奕山不会破坏现在广州安定的现状，开始启动扬帆北上进攻厦门及长江流域的计划。

然而，道光帝的两道圣旨，间接地使义律改变了主意。

---

[1] 《筹办夷务始末·道光朝》卷 26、28，中华书局 1964 年版。

[2] 梁廷枏：《夷氛闻记》，中华书局 1959 年版。

[3] 《筹办夷务始末·道光朝》卷 26，中华书局 1964 年版。

5月2日，道光帝批斥杨芳、怡良准许“港脚”贸易的谕旨到达广州，责令：“奕山等接奉此旨，著（着）迅速督饬兵弁分路兜剿，务使该夷片帆不返，俾知儆畏。倘该夷船风闻远遁，穿劳兵力，惟该将军是问！”

5月4日，道光帝的另一谕旨又到，严令奕山“抄袭该夷前后路径，并力攻剿，不使逃遁”。

这两道圣旨，让奕山坐立不安，有了拼死一战的想法。

奕山开始调兵遣将，策划向英军进剿。

这时，从湖南、四川、贵州等地调入广东前线的兵弁有1.7万多人，再加上广东原有兵力，总兵力已经2.5万人以上。

奕山这一调度，动作很大，义律有所觉察了。

随军作战的英国士兵奥特隆尼在《对华战争记》中记：在广州，贸易已经恢复，外国来船迅速地卸货之后，又迅速地装上茶叶。4月14日，钦差大臣奕山和隆文抵达。这就带给当地官员更大的斗志，违背休战条款的军事准备显然从各方面都可以清楚地看到，要塞重新武装起来，军队不断地向广州移动，在城外江面上游的火筏据说也正在建造，并且商店老板也惊慌失措。

义律嘴角冷笑，准备先发制人。

5月13日，义律密令英军迅速进入战斗状态，5月17日下午，下令正式进攻。该日，仅留一艘军舰守卫香港，其余海陆军悉数发往广州。

18日，义律赶入广州商馆，秘密部署快速结束通商及时撤退侨民的工作。

21日早晨，义律通告英商必须于当日日落前离开商馆。

当日下午五点，义律本人乘坐商船离开商馆，登上了泊在省河上的英舰。

晚上，商馆一带（包括白鹅潭）水城，泊有英舰“摩底士底”号、“卑拉底士”号、“阿尔吉林”号，轮船“复仇神”号，义律的官船“路易莎”号以及颠地的商船“曙光”号。

深夜十一点钟，驻守在商馆以西的中国西炮台在奕山的命令下向这些英舰开火，同时，又从上游放下百余只火筏。

随军作战的英国士兵柏纳德在《尼米西斯号轮船航行作战记》中描述：“火筏是由装载易燃物的小船所组成，2—8 只船不等，用铁链系在一起。中国方面准备了约 100 只‘筏’，但燃起的只有一打（即 12）之数。”

英舰很轻易地避开了这些火筏，并开炮还击西炮台。

中国的西炮台发出的炮弹曾击中“摩底士底”号、“路易莎”号和“曙光”号，但炮弹的威力弱小，只给这些中弹的英舰造成一点轻微损伤。

相较之下，英舰对西炮台反击的破坏力是惊人的，在“摩底士底”号、“阿尔吉林”号、轮船“复仇神”号上排炮的轮番轰炸下，西炮台被毁。

轮船“复仇神”号还溯江而上，打哑了清军的一系列炮台。

柏纳德在《尼米西斯号轮船航行作战记》中记：“在这样的开始并且继续了几天的全面交战之中，中国方面有 71 艘师船被毁灭，装有六十几门大炮的岸上各炮台被攻陷并且被拆除。”

值得一提的是，清军的火筏未能焚烧英舰，反被冲往岸边，引起岸上大火。

原本，火筏之后，是载运清军兵勇的船只。这些兵勇，是想在焚烧英舰之后，下水捕杀逃命的英军的。现在，计划落空，他们纷纷逃散。

《尼米西斯号轮船航行作战记》还记：“当战事正酣的时候，中国兵丁和乱民拥入商馆劫掠。”

可以说，奕山的这次偷袭，是完全失败的。

不过，奕山报喜不报忧，为了不被道光责骂，他把自己的作战计划当成了作战结果向道光作出了汇报：“四月初一日，令将弁挑选熟习水勇一千七百余名，交都司胡倖伸等带领，分起攻剿，暗藏火器，乘驾快艇，埋伏各处，并督令官兵在沿岸乘势轰击。该弁勇等分为三队，先抄后路，攻其左右，该逆四面受敌，同时火发，弁勇伏身水上，直扑船底，钩住船身，抛掷火器。须臾烧毁西路白鹅潭大兵船二只，大三板船四只，小艇三板船数十余只，东路二沙尾小三板船数只。逆夷被击及溺死者不计其数。总兵张青云等复于西炮台督兵开炮。其逆夷上岸，均被杀毙。”

“捷报”是发出了，战斗还在进行。

这边英舰“摩底士底”号、“卑拉底士”号、“阿尔吉林”号，轮船“复仇神”号还在发威，那边从香港赶来的英军主力战舰及 2300 名陆军于 2 月 23 日抵达，并迅速投入战斗，肆意蹂躏清军的沿河炮台。

24 日晚上九时，英陆军从泥城以北的缯步登岸。清守军闻风先逃，2000 多名英陆军未遇到任何抵抗顺利登陆。

25 日（四月初五日），从缯步登陆的英军直奔广州城北越秀山，攻打护卫广州的拱极、保极、永康（四方炮台）、耆定等 4 座炮台。

驻守这 4 座炮台的 2500 多名贵州兵以血肉之躯进行了英勇的抵抗，付出了 500 名将士殉国、1000 多人负伤的代价，还是没能守住炮台。

这是一场实对实的陆地战，英军有 9 人阵亡，伤 68 人，创造了 1840 年中英开战以来伤亡的最高纪录。

北越秀山制高点四方炮台被占，广州城内的一举一动，均在英军俯瞰之中。

珠江则完全成为英舰可以任意往来的通道。

英军不断从军舰和所占领炮台向城内、城郊各处开炮，“沿珠江二十里间，环东西南三门外，炮声无片刻断”。

5 月 26 日，英军调运来大批火炮和弹药，准备从城北对广州发动总攻。由于倾盆大雨，进攻暂时推迟。

奕山在这场大雨中进行着激烈的思想斗争，雨刚停，立刻下令“在城墙的最显著部分挂起白旗”。同时派广州知府余保纯缒城而出，赴英国商馆向义律乞和。

当天傍晚，义律提出下列停战条件：

一、要求奕山、隆文、杨芳三位钦差大人于六日内同率带各省官兵退到城外二百里外驻扎。

二、赔偿使费（注：英文本写“赎城费”，中文本写“使费”）600 万元，明日先缴 100 万元，七日内全部缴清。

三、英兵拒各处，仍行据守，惟两边军士，不得另行预交战。待至缴清600万元全数，才将城外炮台缴还，连船兵皆可退出外洋。

四、各馆被掠诸件，须于七日内如数赔还。

五、以上须要广州知府奉有三位钦差大人会同驻守广州将军、两广总督部堂、广东巡抚部院六位会衔公文，令其代行议定依议办理，方为妥善。

在枪炮的威胁之下，奕山等人别无选择，只好会衔盖印，委派余保纯再去订约。

可笑的是，时已至此，奕山还在担心道光的责骂，于当晚上了一道奏折，捏造了从23日到25日的虚假战斗过程，说："逆夷两路分攻东西炮台。经总兵段永福、琦忠、长春、张青云等督率将士并力抵御。轰沈（沉）火轮船一只。并被兵勇抛掷火箭火器，焚烧三桅兵船一只。东炮台打折夷船大桅一枝，震落夷人数名落水。次日又复拥至，经游击伊克坦布等督率兵勇，击毙夷匪数名。夷人开炮自炸，轰碎三板船一只。"[1]

也由此可见，从林则徐到伊里布，到琦善、杨芳，再到奕山，胆子一个比一个大，撒谎的本事一个比一个强。

5月27日（四月初七日）中午，余保纯在广州城墙之下，完全按照英方条件，在《广州停战协定》上签字。

这样，广州大战结束了。

11. 发生在三元里的大事件

从27日到31日，奕山等将藩、运、海关三库的贮备全部搬出，凑集价值490万元的白银缴给英军，其余110万元摊派给行商伍浩官等人，由他们

[1] 《筹办夷务始末·道光朝》卷28，中华书局1964年版。

借领英国怡和、颠地等洋行的期票支付。

此外，奕山等还分别付出价值628372元和41248元白银，赔偿商馆的损失。

在这段时间内，奕山仍在不停向朝廷送上捷报，但这些捷报越来越荒唐。

如：“英军自据四方炮台，昼夜轰城，当英兵攻靖海门时，扑近城壁，忽于烟雾中，望见观音神像，遂不敢再击。”又如：“火药库在观音山下，贮火药三万斤，为汉奸抛掷火弹，正将爆炸间，忽有白衣女神，展袖拂火，顿即熄灭，俄而大雨倾盆，逆敌火箭炮弹，无一延烧。”[1]

从28日起，省外清军分批撤出广州，奕山、隆文也于6月5日（四月十六日）乘船移赴广州城西北60里外的金山驻扎。

对于自己撤军的缘由，奕山向道光解释得极其巧妙。他说：“广东天气炎热，病倒之兵甚多，因而移驻于广州城外十余里之白云山，以便居高临下。”[2]

英陆军则于6月1日起陆续撤军，到了6月7日，英海陆军全部退出广州地区，交还了虎门横档以上各炮台，集结于香港。

英军从越秀山撤离时，发生了一件震动天下的历史大事：三元里抗英。

之所以说是大事，主要是其产生的影响大。

前文说过，清朝政府和人民之间，两百年以来，一直是防范和被防范、镇压与被镇压的关系。所以，对于英国军队的侵略，大多数人是抱着中立的态度在旁边围观、看热闹的。

可是，这天，英军在撤军过程中与当地乡民发生了冲突，遭到了乡民的激烈反击，损失惨重——当然，这所谓的惨重，是相对的。

据当事英军陆军司令郭富事后报告：在这场冲突中，英军共有5人死亡，23人受伤。（另一当事人麦华生在回忆录中记：7人死亡，31人受伤）这

[1] 《筹办夷务始末·道光朝》卷30，中华书局1964年版。

[2] 陈舜臣：《鸦片战争实录》，卞立强译，重庆出版社2008年版。

个数字，与前面介绍过的定海之战、虎门之战等相比，确称得上惨重。实际上，在第一次鸦片战争期间，按英方损失人数论，其已经排在第四位了。

但是，对三四千英军来说，仅仅损失几个人，肯定不能影响整体战局。

即使不影响整体战局，对清政府来说，这事儿毕竟太难得了，太值得大书特书了。

所以，经过层层渲染，这场冲突就成了“世纪大事”。

在经过层层渲染的中方文献中，三元里抗英，歼灭英军数目有“十余人”、“百余人”、“二百余人”、“七百四十八人”等诸多说法。其中以广东布政使王廷兰在写给浙江曾望颜的信中所持“二百余人”一说最为流行。而考虑到由未受过任何军事训练、手拿锄头的农民对峙手持现代化武器、荷枪实弹且素经训练的职业士兵，二百余人并不靠谱。

冲突的起因，从各种文献记载来看，大致有三：一是英军开棺暴尸；二是劫掠财物；三是戏辱妇女。

劫掠财物和戏辱妇女之说英方资料查无记录。

至于英军开棺暴尸，具体来说，是在停战后，部分英军开进城北双山寺，他们看到寺中存放了一些棺椁，英军不知这是棺椁，更不知里面放的是什么，出于好奇，打开观望。此举，后来被广州村民误传为刨坟掘墓。

依据中国的传统，这是一种大不敬的行为，只有禽兽才做得出来，人要做出这种事，就应该遭到报应，断子绝孙。英国人的行为，践踏了中国人民的尊严和信仰，民众的怒火被点燃，侵略者遭受到了报复。三元里及各乡群众数千人，手持锄头、铁锹围击英军。时大雨倾盆而下，英军退至牛栏冈一带，穿着皮靴在稻田泥泞中寸步难行，并且火药受潮、枪炮失灵，双方遂展开肉搏。毕竟群众是未受过任何军事训练、手拿锄头的农民，最后被英军杀散了。饶是这样，三元里一仗，英军死 5 人，伤 20 余人，少校毕彻因病猝死。三元里民众死约 20 人，伤者不详。

此后，广州附近佛山、番禺、南海、增城、花县等县 400 余乡义勇数万人，赶来与三元里人民会合，将尚未来得及从四方炮台撤出的英军层层包围。

英军围困广州城

然而，四方炮台及附属设施附近共有英军千余人，有大炮数十门，这几万手拿镰刀、锄头的民众实在难以对英军构成有效的威胁。冲突再往上升级，将是更大面积的死亡流血——主要是中国民众的血。

广州知府余保纯闻讯赶来，苦口婆心，终于将民众劝散。

不错，我们经常说，民众的力量是巨大的。

可是，面对已经武装到了牙齿的敌人，赤手空拳的民众也只有任由宰割的份。

不管怎么样，民众被劝散了，英军也很快撤走了，该向道光汇报了。

怎么汇报呢？就说是天兵大张挞伐，将他们逐走的？

牛皮吹得太大就容易破，这个道理，奕山懂。

他别出心裁地草拟了一个日后可以使自己有活动余地的谎言，奏报道：“夷船攻击省城，督兵保护，幸尚无虞。而体察局势，难期久守。溯自夷船驶入省河，排列多艘，咽喉已为所扼，省城重地，为全省关系，稍有疏失，则各府州县匪徒，必致乘机蜂起，日夜焦思，万分无术。据守垛兵丁探报，城外夷人向城招手，似有所言。当差总兵段永福喝问，该夷目即免冠将兵仗投地，向城作礼，称不准贸易，货物不能流通，资本折耗，负欠无偿，只求照前通商，并将历年商欠清还，即将兵船全数撤出虎门以外。复据居民及众洋商纷纷禀恳，臣等通盘筹划，虎门藩篱既失，内洋无所凭依，与其以全城百万生灵，与之争不可必得之数，似不若俯顺舆情，以保危城。是以公同商酌，派署广州府知府余保纯妥为查办，暂准其与各国一体贸易，先苏民困，俟夷船退出，汉奸解散之后，先从省河以及虎门各处要隘，磊塞河道，增筑炮台，添铸炮位，门户既固，如再鸱张，立杜通商。庶办理有所措手。”[1]

可也真别说，奕山这一谎言还真灵。

之前，他的两道奏报，都哄得道光心花怒放。在 4 月 21 日和 22 日的“捷报”上，道光不但欣然朱批道：“逆夷自去冬猖獗以来，毒焰渐张。经此惩创，足以快人心而励众志。”还下令赏奕山“白玉翎管二个，扳指二个，黄辫珊瑚豆大荷包两对，小荷包四个。”

所以，这次对于奕山试探性的“俯顺舆情，以保危城”，“暂准其与各国一体贸易，先苏民困”的建议，道光帝也难得地同意了，发上谕说：“朕谅汝等不得已之苦衷，准令通商。惟当严谕该夷目立即将各兵船退出外洋，缴还炮台，仍须凛遵前定条例，只准照常贸易，不准夹带违禁烟土。傥敢故违，断不宽恕。”

不过，道光帝并不肯就此放过英国人。在这道上谕中，他还明白告诫：“俟夷船退后，迅将各炮台及防守要隘等处，赶紧修筑坚固，如英夷露有桀骜情形，仍当督兵剿灭。”

不管怎么样，奕山的欺骗算是成功了。

咦？道光一直喊打喊杀，从奕山的奏折看，天朝大兵已经在作战中占据了优势，他怎么这次又能接受奕山的建议，不继续强行要求“尽歼丑类”呢？

---

[1] 《筹办夷务始末·道光朝》卷 29，中华书局 1964 年版。

原来，道光帝一方面觉得奕山已经替他出了一口气；另一方面，以准许通商而结束战争本来就是他处理中英争端的底价。虽然奕山又垫付了商欠 260 万两，但这笔资金只是由行商分年归还，没动用到国库，而且和琦善原先允赔的鸦片款 600 万相比并不多。之前杨芳在奏折中又说英夷“不讨别情，惟求照常贸易”，现在奕山再说英夷“不敢滋事”，好啦，好啦，这些英夷，漂洋过海，万里迢迢来天朝混口吃的也不容易，也就用不着再赶尽杀绝了。

奕山于 6 月 30 日收到道光这一谕旨，窃喜之余，在 7 月 14 日出奏，说：“英夷自惩创之后，兵船退出虎门，乞恩贸易，准令通商。向来恭顺夷商货船，闻风入港，告请验货。英夷额庆欢忭，免冠感伏，声言永不敢在广东滋事。”“粤省夷务大定”，要求撤退外省援军，以节省粮饷。

道光帝是出了名的吝啬鬼，觉得奕山是替大清国着想，点头同意，战争既然已经结束，那就撤兵吧。

他的朱笔一挥，恩准撤兵。

和平是真的到来了吗?

其实，义律和奕山达成停战协议时，义律已经明确发出照会，说：“两国交争诸事，既未善定，仍须向皇上讨要申冤，秉公定事。且未秉公善定以先，仍须强自冤屈，与朝廷交攻。”“所有议定兵之事，止关粤东一省。至于他省，仍旧交战不息。迨至安待皇帝允准，将两国衅端尽解。”

奕山与林则徐、琦善、杨芳等人有大局观不同，他是明知英军仍会北上进攻，但只为撇清自己的关系，丝毫不向道光透露，真真其心可诛!

第七章

战火向北燃烧

1. 厦门之战

英军自广州撤回香港之后，按照义律先前的想法，是准备北上进攻的。

但在香港，痢疾和疟疾在英军军队中流行，病员超过一千多人，战斗力大为下降，北攻计划只能推迟。

等瘟疫过去，又到了南中国海的台风季节。

7月21日和7月26日的台风，英军的船只损坏不少，义律的座船“路易莎”号沉没海底。

值得一提的是，听说了英军沉船的消息，靖逆将军奕山与参赞大臣齐慎、两广总督祁贡、广东巡抚怡良等人不胜欢悦，弹冠相庆，联名上奏说：“海面飓风陡发，海涛山立，大雨倾盆，尖沙嘴（咀）所泊大小夷船，漂泊击碎，汉奸大小华艇，漂出大洋，所存大小四十余船，桅舵俱坏，淹毙夷匪汉奸，不计其数。帐房寮篷，吹卷无存。所筑马头，坍为平地，埽除一空，浮尸满海。”“夷船漂泊无存。所留船只，又皆桅舵俱折，该夷等恶贯满盈，竟遭天谴，从此夷胆震慑，不敢再有觊觎。惟所称义律逃往澳门，着即探明在何处藏匿，其所驾船只，尽已摧坏。各夷又复淹毙，安能只身回国。如竟逃出大洋，自不值穷追远蹑。若查明果在澳门，何难设法生擒，傥罪人斯得，即着迅速奏明请旨。”

上次，奕山报告说观音菩萨显灵，大败英逆，道光就虔诚万分，深信不疑，认为是上天眷顾大清，专门书写了“慈佑靖海”四字匾额，郑重其事地派人送到广州，交奕山送观音庙里悬挂，以答“神庥”。[1]这次阅奏，同样欣喜，朱批道：“朕披览之余，感邀天贶，既深欣幸，更益悚惶。该夷恶贯满盈，肆其荼毒，多行不义，竟伏天诛。此皆冥漠之中，神明默佑，余氛埽荡，绥靖海疆。允宜虔爇瓣香，以伸诚敬。”

道光帝说“允宜虔爇瓣香，以伸诚敬”，也不是只在口头上说说，他真的给奕山发来二十炷大藏香，要奕山等分诣各庙宇敬谨报谢。另外又派惠亲王、睿亲王、瑞郡王、成郡王等亲王择吉日到祖庙祭拜。

台风一过，义律收到了国内的训令，职务被免，新任的全权代表璞鼎查正在前来接任途中。

义律心灰意冷，北攻计划就此搁浅。

义律之所以被免职，是因为英国国会对他在中国的所作所为非常不满意。

前文说过，在广东谈判进程中，其实无论是中国方面的琦善还是英国方面的义律，他们都没有最终决定权。

这样，谈判最终不了了之。天朝方面认为琦善是私许香港，拒绝承认《穿鼻草约》；英国方面认为义律并没有严格按照巴麦尊的训令行事，所签的草约离政府的远征目标太远，也不承认《穿鼻草约》。

1841年4月30日，英国内阁会议议决：

> 一、英国不同意《穿鼻草约》。要求中国政府对于英国人过去所受的损害付出更大数目的赔款，并且对将来的贸易作出更大的安全保证。
>
> 二、舟山必须重新占领。
>
> 三、义律大佐必须召回，派遣璞鼎查爵士前去担任全权公使。

[1] 《筹办夷务始末·道光朝》卷30，中华书局1964年版。

璞鼎查（1789—1856）亦称砵甸查、砵甸乍、波廷杰，爱尔兰人。早年入海军，15 岁随军至印度，两年后获少尉军衔。在印度，他曾在志愿调查印度与波斯边境地区的活动中乔装成当地马贩子，行程 2500 公里，被誉为壮举，名声大噪。1840 年在阿富汗作战中凭战功封男爵。

巴麦尊子爵在 1841 年 5 月 31 日训令璞鼎查爵士，告诉他："你是唯一的全权公使，对于有关和议的每一事项都有权作出决定；但是，如果遇有必要须强迫中国接受你的要求，那么，在中国方面没有完全无条件接受以前，你不得干涉和阻止海陆军的行动。"

巴麦尊子爵还指示璞鼎查爵士："你抵达中国以后，第一步应该将一月间义律协定中规定英军退出的舟山重新占领。和议不可以在广州附近举行，应该在靠近舟山的地方或者在白河口举行，最好是在白河口，因为它邻近北京。"

两天之后，巴麦尊又补充说：如果能够签订一个条约的话，在送请英国女王批准以前，应该先得到中国皇帝的批准；但在双方可以交换批准书以前，中国的批准书不必要先交给璞鼎查爵士。可是条约所载的各款应该立刻付诸实施。

巴麦尊子爵还表示，璞鼎查应该向中国议和代表们指出：禁止鸦片贸易将永远成为双方摩擦的根源，在这个问题上，中国不能希望英国来越俎代庖，而使鸦片贸易合法化会对中国有利的；然而"女王陛下政府对这一点并没有要求，因为他们没有要求的权力。中国政府如果愿意，完全有权力禁止鸦片的输入；英国臣民从事于违禁贸易的，其后果必须由他们自己承担"。

在璞鼎查爵士离开伦敦的前夕，即 6 月 4 日，巴麦尊子爵又指示他：必须保留香港；占领九龙尖沙嘴（咀）或使它中立化，以及坚持条约应由皇帝正式批准。[1]

6 月 5 日，璞鼎查离开伦敦，搭船入地中海，由陆路穿过苏伊士，在孟

[1] 马士：《中华帝国对外关系史》第一卷，张汇文译，上海书店出版社 2000 年版。

买与印度当局协调侵华事宜，停留了10天。而即使加上在孟买停留的这10天，璞鼎查从伦敦到澳门，耗时仅67天。

这一时间比林则徐从北京到广州的63天、琦善的56天、奕山的57天相差并不大，但行程却要高出林则徐等人的五六倍！

这就表明：科学技术的发展，已经大大缩短了空间的距离。

英国召回义律指令是5月3日从伦敦发出的，8月8日义律接了指令，还没完全反应过来，8月10日，新的全权公使璞鼎查爵士偕同巴加（William Parker）海军少将就出现在了他的面前。

义律除了接到国会的指令，还接到了一封巴麦尊写的措辞非常激烈的信，信上说："在交涉的整个过程中，你都把我的指令当成了废纸，或者你认为可以根据自己的幻想来完全自由地处理国家的利益问题而对此毫不理会。"[1]

义律懊恼无限，发牢骚说："如此众多的人指责我太关照中国人。但是我必须澄清，为了维护英国长久的荣誉和实实在在的利益，我们一直都在更加关照这个无助的、友好的民族。"[2]

又说："从1839年3月24日我被中国政府当囚犯拘留于广州时起，一直到1841年8月18日我被自己的政府撤职时止，我们已经扭转一千万金镑以上的贸易，开出五万多吨的英国船舶，运进中国足以使八百万金镑以上的巨款流入英国国库的这样多的货物，从中国库藏里我们取回白银约有一百五十吨，我们挡住了许多外国政府在非常不安的时期可能向英国政府提出的许多微妙问题的急迫申诉，我们已经胜利地显示了女王的兵威，而且更明显地奠定下英人气度宽宏的性质与范围，获益是亘垂久远的。"[3]

和璞鼎查爵士同来的巴加海军少将是英国东印度海军司令，现在来中国亲自统率英国海军，以代替原来的舰队司令伯麦。

[1] 巴麦尊1841年4月21日给义律信件，见英国外交部信件集。

[2] 义律法小册子，见特拉维斯·黑尼斯三世、弗兰克·萨奈罗所著《鸦片战争：一个帝国的沉迷和另一个帝国的堕落》，生活·读书·新知三联书店2005年版。

[3] 马士：《中华帝国对外关系史》第一卷，张汇文译，上海书店出版社2000年版。

璞鼎查到任后的第一件事，就是向英商们宣布：把国家利益置于商务利益之下的时代已经过去。

8 月 12 日，璞鼎查发出通知说："他虽然殷切地盼望能够获悉在中国所有商人的愿望，促进他们的福利与繁荣，并且为他们的安全妥为规划，然而同时他明白告诉大家和每一个人，他的第一个责任是专心致力于那个首要目的，迅速而满意地结束战争，因此，他将不能容许任何有关商业或别种利益的考虑，来阻碍他为了要促成一个荣誉而持久的和平，在认为有必要的时候，对中国政府及其臣民采取强硬的措施。"[1]

璞鼎查提道：各省当局对于停战协定的遵守是有失信的可能的，无论是出于他们自己的意思，或者是出于北京方面的授意。

他觉得有必要"警告英国臣民和一切其他外国人，在我们同帝国的关系还处在没有解决的混乱状态的时期，切不可将自身或财产放在中国当局的势力范围以内；并且宣布，他们如果这样做，就必须明白那是自冒危险"[2]。

璞鼎查的第二件事是要把他的任命通知广东省当局，自己是奉有英国君主"敕书"的新任"公使大臣"，并兼任驻中国"领事"，只与清方的"全权""大宪"谈判。

璞鼎查还照会广州当局，谈判的基础仍是《巴麦尊致中国宰相书》中的各项要求，在该要求得不到满足之前，英军将由粤北上，不会轻易停止进攻。

璞鼎查要求广东官员将以上情况报告朝廷。

奕山当然不肯自打嘴巴将实情跟道光报告，只是含糊其词地说义律因为"连年构兵"获罪，已经被撤，英夷换了"领事"（当时天朝眼中的领事，璞鼎查就是管理来华商船的"驻华商务总监"，和"大班"名异实同），义律因为被换，心生不满，未将中英已获准通商的实情告诉新来领事，则新来领事极有可能北上"恳求马（码）头"，甚至开炮启衅。

[1] 马士：《中华帝国对外关系史》第一卷，张汇文译，上海书店出版社 2000 年版。

[2] 《澳门月报》，1841 年 8 月号；柏纳德：《尼米西斯号轮船航行作战记》第二卷。

人，一旦撒了谎，往往就得用无数个谎言来补圆。

这个奕山，胆子简直可以包天了。

1841 年 8 月 21 日，璞鼎查只把少数陆军及 5 艘军舰留在香港，他本人率领军舰 10 艘（载炮 320 门）、轮船 4 艘（载炮 16 门）以及陆军官兵 2519 人启碇北上，目标是厦门。

此时驻守厦门的是剿夷呼声最高的闽浙总督颜伯焘。

颜伯焘，字鲁舆，号老鲁、载帆，别号小岱，广东连平元善镇人，出身于颇有“政声”的官僚世家，嘉庆十九年（1814 年）殿试入二甲中进士，选庶吉士，授翰林院编修，此后任陕西督粮道、陕西按察使，甘肃、直隶布政使。道光七年（1827 年），颜伯焘随朝廷大军征讨回疆，因转运粮草及兵马辎重有功，得道光皇帝赏赐花翎。道光十七年（1837 年），颜伯焘任云南巡抚，改建滇池石闸，造福一方。

1840 年 9 月，道光帝任颜伯焘为闽浙总督，以代替被罢免的邓廷桢。

颜伯焘进京后，三日之内被道光帝召见五次，宠幸程度不亚于两年前的林则徐。

颜伯焘对待英国人的态度是毫不留情地攻剿和驱逐。

他特别看不惯伊里布在宁波和夷人勾勾搭搭、磨磨叽叽的行为。

也因为这样，他和刘韵珂联名上奏，弹劾伊里布，建议道光帝起用林则徐。

在中国古代官场，要做到这一点，很不简单。

要知道，颜伯焘在云贵任职时，一直是人家伊里布的下属，没少得到伊里布的照顾。

可颜伯焘觉得国事为重，没有情面可讲，就这么大大方方地把伊里布给告倒了，让道光帝改换了裕谦来接管了伊里布的工作。

这么说吧，从福建到江浙这几省，道光帝都交给他和裕谦、刘韵珂这三个主剿派管理了。

颜伯焘到了福建，觉得厦门扼中国东南之要，战略地位突出，而厦门只用沙袋来设置海防线，根本不足以抵御海上强敌。

于是，他二话不说，狮子大开口，向道光帝奏请拨 200 万两白银构建厦门海防设施。

也真亏他开得了口！

要知道，当年邓廷桢在福建任上，好几次伸手向道光帝要银子筹建海防设施，也不过三万五万地要，而小气包道光帝前前后后也不过只给邓廷桢打发过 10 万两。

邓廷桢就算了，就说林则徐吧，林则徐刚刚担任钦差大臣南下广州那会儿，绝对是道光帝座前的红人，恩宠无比，但要增建虎门的防御设施，也只能向行商摊派，不敢向道光帝要一分钱。

现在的颜伯焘，好家伙，一开口就要 200 万两！

除了敢开口要之外，看到道光帝拨款不够爽快，他还敢跟道光帝耍横，扬言户部不给钱就怎样怎样，并且置原先户部、兵部、工部已颁行的《钦定军需则例》于不顾，自己制定了一部《军需章程》，列举出几十条准则。

这样，200 万两银子就到手了。

有了银子，他就花钱如流水，先后建造厦门石壁炮台、白石炮台和金门、大旦、二旦等圆堡，在厦置办两个造船厂，建多个红夷铸炮所，并招募兵勇。

其中最让颜伯焘引以为豪的是在厦港白石头至沙坡尾一带构筑起的号称“厦门海上长城”的石壁炮台。

普通的炮台多半垒沙土围护，但颜伯焘不惜人力、物力、财力，改用坚固的花岗岩代替沙袋。

花岗岩的石材取自盛产石材的福建海沧，由海沧九龙江出海口，直接运到厦门海岸炮台建造地点，愣是打造出一条长约 1.6 公里，高 3.3 米，厚 2.6 米的石壁。石壁上，每隔 16 米留一炮洞，共安设大炮 100 门；石壁的外面护以泥土，可以防止敌军炮弹炸起的飞石伤人。石壁后面建有兵房，还有围墙防护。

这样一条石壁，可说是固若金汤！

鸦片战争后，一名英国军官曾夸张地感叹，石壁炮台之坚固，“从海上看起来，长列炮台像是用沙袋加强的普通城墙。一经检查，乃是最精细的石工，是一座高的、坚强的、大的建筑，是用大的花岗石造成的，有又小又低的炮口，每两炮之间有一层厚厚的泥土。泥层和墙壁一样高，每个炮口上面都有烂泥，以防炮弹击落石片，而使炮手不能坚守炮位。大船的炮弹并没有在墙壁上发生什么效力。炮弹之射入最深者不过 16 寸。就凭所以使炮台坚固的方法，即使战舰放炮到世界末日，对守卫炮台的人，也极可能没有实际的伤害”[1]。

奥塞隆尼在《对华作战记》中记：“虽有两艘载炮各 74 门的战舰对该炮台发射了足足两小时的炮弹，但毫无结果，并未使对方 1 门火炮失去效用。我们的士兵进了炮台之后，发现在炮台内打死的士兵很少。”

的确，当时的石壁炮台“从全国范围来看，工事之坚固，为全国第一，火炮数仅次于虎门，为全国第二，兵弁数仅次于后来的吴淞、宝山地区，为全国第二”[2]。

当然，石壁炮台的设计和建造也存在瑕疵，一是炮洞的开口为方形孔，并非扇形孔，造成火炮只能直击、不能左右转动的尴尬局面，大大限制了射击范围。其次是未造炮车，有人向颜伯焘提议，不装炮车将大炮拉回，兵丁到时不敢出墙装药，该如何是好？

颜伯焘自信地回答道：一炮即可以灭贼，何须再装药也。

原本根据奕山的奏报，道光得知英军已从虎门退出，以为战争已经结束，早早就在 1841 年 7 月 28 日下令让沿海督抚将军酌量裁撤各省官兵，颜伯焘这么大手大脚地花钱，让他心疼死了。

不过，颜伯焘可不信奕山的鬼话。

不但不信，他还上奏折给道光揭穿了奕山的谎言。

他在奏折中说，在广东战役中，“该夷驾火轮船一只，驶至省西泥城，

---

[1] 宾汉：《英军在华作战记》，见《中国近代史资料丛刊·鸦片战争》第五册，上海人民出版社 2000 年版。

[2] 茅海建：《天朝的崩溃——鸦片战争再研究》，生活·读书·新知三联书店 1995 年版。

一路开炮，兵勇望风而逃，烧我船只六十余号。初三、四、五等日，逆夷驾船十余只，开炮攻打上岸，防兵四散遁走，被烧民房甚多，并占去四方炮台。初六日，炮子打入老城，直指贡院。经广州府知府余保纯向逆夷面议息兵，该逆始索洋银千百万元，继定六百万元，又须将军参赞撤退，方肯退出。其银已由藩、运、海关三库凑给，俱各交讫”。

可惜，人性的弱点就是容易接受好消息而难于接受坏消息，道光帝在7月30日见奏之后，只是淡淡地批了一句拉倒，即：“如果属实，是该处情形，所闻与（奕山等）所奏迥异。”

8月13日，颜伯焘收到了道光发来要求福建酌量裁撤防兵的谕令。

颜伯焘料定英军必定北犯厦门，就大着胆子压着圣旨不遵，拖延时间，想利用驻防在厦门的九千名守军好好干一仗。

石壁已经构建好，驻防官兵又面临着裁撤的危险，颜伯焘不担心英军来攻，就担心英军不来。

他等待英军都等得不耐烦了。

他在给道光的奏折中称：“若该夷自投死地，惟有痛加攻击，使其片帆不留，一人不活，以申天讨而快人心！”

8月25日，英军终于来了。

36艘英舰闯入厦门青屿口。

颜伯焘即调金门镇总兵江继芸前来参加厦门防御，督守水操台。

次日清晨，颜伯焘派通晓英语的使者，前往询明英军来意。

英军头目璞鼎查亲自书写照会，声称“如不议定照上年天津所讨各件办理，即应交战”，并要求交出“厦门城池炮台，俱行让给英国军士暂为据守，待诸事善定，仍行缴还”。

什么？交出厦门城池炮台？做梦！你不来便罢，一来，这城池炮台就是你的葬身之地！颜伯焘断然加以拒绝。

8月26日午间，英军发动进攻。

颜伯焘当即会同金厦兵备道刘耀椿，命令弁兵开炮回击，并指挥白石头汛、屿仔尾、鼓浪屿三面兜击，发射万斤至数千斤以下的大炮数百门，一时间，炮火交杂，炮声震天。

双方火炮数量和质量的差距，很快又显示出来了。

经过一小时零二十分钟的炮战，白石头汛、屿仔尾、鼓浪屿上的炮台，全部哑火，英军悍然登陆，占据各炮台。

英舰很快突破青屿、大旦、二旦等岛屿所形成的外围岛链，抵达厦门港。“威厘士厘”号、“伯兰汉”号和“班廷克”号三艘吨位较大、吃水较深的战列舰船开进胡里山炮台至沙坡尾外的深水区（这一水域至今仍然是厦门外港深水锚地），在石壁炮台火炮射程外，舰船对炮台有效射程内，“威厘士厘”号和“伯兰汉”号收帆下锚，一起利用所载的大量重型弦列炮（两舰共148门）齐射，形成密集火力，对石壁炮台猛烈攻击。同时，又为突入内港的舰队和海军陆战队的小艇提供火力支援。

坚固的石壁阵地虽然没被英舰猛烈的炮火所击垮，但英陆军在石壁以东的沙滩登陆，由东而西进行包抄，石壁阵地很快陷落。

坐镇督战的颜伯焘眼睁睁地看着自己的杰作陷于敌手，悲愤和恐怖交集在一起，和金厦兵备道刘耀椿一同放声大哭。

下午四时，英军开始攻击厦门城。

傍晚，颜伯焘与刘耀椿退走，厦门陷落。

整个厦门之战，历时约4个钟头。

清军总兵江继芸在士兵溃逃时投海自杀，副将以下军官7人阵亡，士兵减员324名；而英军仅阵亡1人，伤16人。

厦门之战以清方完败结束。

可恨的是颜伯焘在战后向道光的奏报却是：“逆夷兵船于七月初九日闯进青屿口门，颜伯焘亲自督战，奋力拒敌，开炮击沈（沉）火轮船一只、兵船五只。该夷一面回炮，一面蜂拥而进。是日，南风大作，该逆船只又占上风，我军烟火迷目，以致厦门失守。”

显而易见，颜伯焘不但在奏报中为自己的失败大找客观理由，还刻意夸大了歼敌战果。这些，严重地影响了道光皇帝对英军作战能力的认识和对未来战局的判断。

不过，由于颜伯焘对丢失厦门的事实无法掩饰，在奏折中透露出了英军陆军登陆作战的过程。他这一透露，让道光皇帝大为错愕。

一直以来，道光皇帝的脑海里只知道英军从海上来攻，以为英军只有海军这一兵种，现在读了颜伯焘的奏折才知有误，于是紧急下谕沿海各军事防区说："该夷凶狠异常，行踪诡秘，从前议者，皆谓该夷习于水战，若诱之登陆，便无能为。鼓人人意中，以为只须于海口严防，毋庸计及陆路交战。今福建厦门之役，该夷竟敢登岸，夺据炮台，伤我将兵。又据闽省奏称，该夷有伪称陆路提督名目，是逆夷助恶之具，百计环生。着讷尔经额于各海口分派重兵，严加堵御，傥逆夷竟敢率众登岸，所有火炮及一切设伏机宜，务当先事豫筹，操必胜之权，褫奸夷之胆。该夷即使登陆，各处山冈陂陀，未必遽熟路径，我兵出奇制胜，前后剿击，似不难一鼓歼擒。若只恃沿海火炮攻击，而陆路攻剿，毫无准备，迨至逆夷乘势掩入，我兵全无把握，岂不自紊纪律，何以操胜算而固军心。着该督调集总兵以下大员，面告一切机宜，并令豫将所铸大炮，一一演试。其各岸应如何设兵应接，及逆夷登岸，如何四面兜剿尽杀乃止之处，均着悉心商办，有备无患。"[1]

2. 定海之战

英军攻打厦门，是冲着有"海上长城"之誉的石壁炮台来的，他们认为，攻陷石壁炮台，就可以沉重地打击清朝政府的抵抗意志。

而按照巴麦尊训令，他们要占据的是舟山，即定海。

现在虽然攻陷了厦门，却无力占据。

9 月 5 日，英军留 3 艘军舰、3 艘运输船、陆军 400 名以防守地域较小、

[1] 《筹办夷务始末·道光朝》第二册，中华书局 1964 年版。

且易于防守的鼓浪屿，其余撤出厦门，北上浙江。

这时，主持浙江军务的，是接替了伊里布工作的清钦差大臣、两江总督裕谦。

裕谦，原名裕泰，字鲁山、衣谷，号舒亭。博罗忒氏，蒙古镶黄旗（今锡林郭勒盟商都镶黄旗）人。出身于将门世家。嘉庆二十二年（1817年）进士，选为庶吉士，散馆后任礼部主事、员外郎。道光六年（1826年）出任湖北荆州知府，后调武昌知府、荆宜施道。道光十四年（1834年）升为江苏按察使。道光十九年（1839年）以江苏布政使署理江苏巡抚，不久，由江苏巡抚署理两江总督。

和黄爵滋、林则徐等人一样，裕谦对日益泛滥的鸦片流毒十分关注。他指出："方今最为民害者，惟鸦片烟一项，流毒既广，病民尤烈。""鸦片烟上干国宪，下病民生，数十年来银出外洋，毒流中国，患甚于洪水猛兽。"因而提出严厉查禁鸦片"尤为目前急务"。

裕谦署理江苏巡抚这年，即道光十九年，林则徐在广东雷厉风行开展禁烟，裕谦也在江苏积极配合林则徐的禁烟运动，使江苏成为仅次于广东取得禁烟卓著成效的省份。

道光二十年（1840年）六月，英军强占定海，直接威胁江、浙。裕谦已以江苏巡抚兼署两江总督，值此国难当头，他奏请添铸火炮，建造炮台，加强江苏沿海防御，严密防守，枕戈以待。

七月，道光帝任命伊里布为钦差大臣前往浙江筹办进剿，收复定海，伊里布通过中英双方间的实力对比，审时度势，没有贸然行事。

裕谦极度不满伊里布的行为。他向伊里布提出："兵贵神速，必先收复定海，使之容身无地，水米无资，而后以克制之法，相机堵御，则英人欲进不能，欲守无藉，虽船坚炮利，无能为役矣。"他认为"各省皆可议守，而浙省必应议战，且必应速战"。

看伊里布迟迟没有作战行动，裕谦干脆在道光二十一年（1841年）一月十日向道光帝上奏《急宜乘时收复定海折》，备述定海据七省洋面适中腹地，为江、浙两省门户，强烈要求收复定海，提出乘该夷大号兵船正在与粤省官兵相持、其定海防守尚弛之机，督率乡民，埋伏各澳，配合官兵，登舟潜渡，以出其不意，聚而歼洗。

广东沙角、大角失陷后，裕谦又上奏弹劾琦善，说琦善“张皇欺饰”、“弛备损威”、“违制擅权”、“将就苟且”、“失体招衅”五大罪状，指责其“以抚误战”。

也就是说，和颜伯焘一样，裕谦是个坚定的主剿派。

裕谦说琦善“惟务夸张外夷，以挟制中国”。他向道光帝分析说：“查粤中水师船炮，纵不如该夷之坚猛，至陆路官兵，则省城有驻防，有督标、抚标、提标，又有沿海水勇，以数万计，视贼何啻十倍？而贼之在粤者，不过数千人，其陆路夷兵，只有打央鬼船二只，约计不过千人。琦善果能调兵严防后路，何至夷贼千余，绕出山后，便称众寡不敌耶？”“试思琦善未到任之前，载余以来，即以粤省之兵，剿堵粤洋之夷，连得胜仗，屡烧夷船，贼望风不敢窥伺，并未调兵饷于外省，亦未闻有丧师挫锐之事。”

一通分析下来，裕谦的结论是：只要下定决心进剿，天朝必胜！

至于为什么要进剿，裕谦也说得很明白。

他说，天朝抚有四海，如果在英夷面前就这么忍气吞声算了，那就会失去其他大小西洋各国的敬仰。

裕谦的论调得到了道光的赞赏，因而成了接替伊里布工作的人。

在督办浙江防务工作中，裕谦除了大力加强防务外，主要着重于整饬人心。

1841 年 2 月 27 日，裕谦到达镇海大营，与定海总兵葛云飞、处州镇总兵郑国鸿、寿春镇总兵王锡朋一道视察定海，加固防备体系。

视察完毕，裕谦率文武官员到关帝庙前宣誓，称城存俱存，以尽臣职。

他奏报道光帝说：“臣断不肯以退守为词，离却镇海县城一步，尤不肯以保全民命为词，接受逆夷片纸。”[1]

为了激励军心、民心，他还悬赏杀夷人——不论英国人、美国人、葡萄牙人，统统格杀勿论。

他说：“探闻海外各国，因英逆滋事，贸易平常，无不同深怨恨。如欧罗巴、米利坚、佛郎机诸国，其势力亦与各逆相等。在天朝自不值明降谕旨令其帮助，而悬赏告示内，不妨声叙，无论兵民水勇汉奸及各国夷人，一体准其杀戮请赏字样。再出示晓谕各国，在皇帝君临天下，中外一视同仁，顺者抚之，逆者剿之。英咭唎肆逆犯顺，现已调兵征剿，与尔等各国无干，尔等均准照常贸易。倘英逆胆敢恃强阻拦，致碍尔等生计，准尔等各国在外洋开炮轰击，或另用兵船，捣袭其国。”[2]

这年闰三月，林则徐奉旨以四品卿衔赴浙。

裕谦向来敬重林则徐，当他四月七日接到道光帝密谕时，便奏请起用林则徐。他说：“该员向为兵民所悦服，逆夷所畏惮，其一切设施，亦能体用兼备,奴才素所深知。”力荐由林则徐会同浙江提督余步云筹办浙东沿海防务。

道光听从了裕谦的建议，令林则徐以四品职衔参与浙江战事，与余步云、刘韵珂协办镇海军营事务。

当月下旬，林则徐抵镇海军营，并和裕谦沿海察看地势，查验军营演炮、铸炮和抗英的设防。

见识过英军武力的林则徐对裕谦的防务工程很没有信心，向裕谦“屡言定海孤悬，先朝弃地，重兵良将，守此绝岛非策，请移三镇于内地，用固门户”。

裕谦并不以为然。在定海，他从小竹山至城东青垒头，修筑土城一道，长达一千四百余丈；又在城东南关山，修建镇远城，周一百三十丈，即关山炮台。

[1] 《筹办夷务始末·道光朝》第三册，中华书局 1964 年版。

[2] 同上。

英军舰攻击清军的帆船

和颜伯焘一样，裕谦对自己这项军事工程极其自信。他说："扼险控制，屹若金汤，形胜已握，人心愈固。……该夷倘敢驶近口岸，或冒险登陆，不难大加剿洗，使贼片帆不返。"

6月下旬，受奕山谎言的影响，道光以为战争已经结束，于6月28日下旨将林则徐"发往伊犁"。

8月份，裕谦接到奕山的咨文，得知英军将再犯闽浙，于是要求道光皇上暂停撤退江、浙两省防兵。

道光于8月19日批复如下："如果逆夷别有思逞，断无先行传播透漏之理。著（着）裕谦仍遵前旨，会同刘韵珂、余步云体察情形，于镇海、定海紧要处所，酌量暂留兵弁外，其余调防官兵，即著（着）奏明裁撤归伍……不必为浮言所获，以致縻饷劳师。"[1]

[1] 《筹办夷务始末·道光朝》第二册，中华书局1964年版。

然而，厦门之战结束，道光反应过来了，意识到战事重开，赶紧暂停对沿海各省的裁撤行动，并且根据颜伯焘的奏折中提到“伪陆路提督郭”字样，顿悟到英军也会陆战，发上谕说：“夷人此次到闽，已有陆路提督伪官名目，恐其招集闽、广汉奸，为登陆交战之计……务当激励将士，奋勇攻击，尽杀乃止。”[1]

厦门失守，英舰沿海北上，裕谦得报，便集兵镇海，举行庄严的盟神誓师，申明“受命专讨，义在必克，文武将佐，敢有受夷一纸书，去镇海一步者，明正典刑，幽遭神殛”。言辞慷慨，闻者振奋。

1841 年 9 月 23 日，英舰到达舟山附近。

9 月 27 日，英军开始了侦察行动。

这一侦察行动开展了五天，第六天，也就是 10 月 1 日，英军才开始正式展开战斗。

也许就是这个原因，在中国史料上对定海之战的记录是：中英双方血战了六昼夜。

其实，整个鸦片战争，中国方面关于战斗尤其是战绩的记录是最不可信的。

比如说，这次战斗的记录，裕谦在他的奏折上说英军有“万余人”来犯，并且称“登陆岸逆匪，身穿黑衣黑袴，皆系闽、广亡命”。实际上，这次兵犯定海的英方作战人员，不过二千多人，如果要把英军各舰船上的兵弁水手后勤伙夫全部加起来，也就四五千人。而且，查英方记载，英军在作战中根本就没使用中国人作战。

所以，裕谦之说根本不能为信。

裕谦在奏折中是这样描述“定海大战”的：“八月十二日，逆船二十九只，挂帆起碇，先有火轮船二只，引带大夷船二只，乘潮阑入竹山门，经定海镇总兵葛云飞在半塘土城，看准苗头，开炮击断逆夷头桅一枝。该逆无暇

---

[1] 《筹办夷务始末・道光朝》第二册，中华书局 1964 年版。

拒敌，冒死窜出吉祥门，旋复绕入大梁门，又经镇标左营游击张绍廷在东港浦土城，督率弁兵，迎头轰击。该逆即时退出，我兵一无损伤。”

裕谦的“捷报”哄得道光“览奏欣慰”，明降谕旨厚赏葛云飞等人，并在谕旨中称：“此次大帮直扑，乘其不能开炮之时，先将逆船头桅击断，军威既震，兵气自扬。即日歼丑捡渠，宣威海徼，朕拭目以待捷判之至也。”

实际战况却是这样的：10月1日，英军开始炮轰定海前沿，并于大小五奎山登陆，从大小五奎山炮配合，随后，英军组成左右两个纵队，在炮火掩护下，向定海进攻。

左纵队进攻竹山与晓峰岭，与清方的王锡朋和郑国鸿部遭遇。

这是一场陆军对陆军的对决，但清军的抬枪土炮无法与英军对抗，王锡朋和郑国鸿先后阵亡，部众损失殆尽。

英军右纵队遭遇总兵葛云飞部，葛云飞同样战死。对于葛云飞的英勇顽强，英军参战军官记载说：“他的僚属和我们的军队短兵接战，都英勇地与他同时殉节。高地上的旗手选了一个最显著的地位，站着摇旗，丝毫不怕落在他四旁的从轮船打来的炮弹。最后‘弗莱吉森’号的一颗炮弹把他打倒，另一个人赶紧取其位而代之。”[1]

清军已经惨败至此，到了裕谦的奏报中，却变成了这样：“八月十三日，夷船驶至竹山门，经总兵葛云飞等督兵开炮，击断夷船大桅，当即窜去。十四日逆夷由竹山碶登岸，经总兵郑国鸿督兵开放抬炮，击杀夷匪无数。十五日在五奎山支搭帐房，我兵犹击毙逆夷十余名。十七日进攻定海，葛云飞亲自开炮，击中夷船火药，当即焚烧。该逆分作三路进攻，我兵前队阵亡，后兵继进，所用抬炮，至于红透不能装打，犹舍命轰击。该总兵等苦战六昼夜，连得胜仗，无如连日风逆浪大，逆船梗阻，策应之兵，无从东渡，我兵势难抵敌。十七日，定海失守。”

什么“苦战六昼夜，连得胜仗”，全然是一派胡言。

[1] 宾汉：《英军在华作战记》，见《中国近代史资料丛刊·鸦片战争》第五册，上海人民出版社 2000 年版。

而“风逆浪大，逆船梗阻，策应之兵，无从东渡”云云，同样是为自己的失败找借口。

此外，裕谦还和颜伯焘一样刻意夸大了战果，称“剿杀逆夷一千数百名”。至于失败的原因，除了上述所提到的天气因素，还捏造了一个人为因素：“该逆驱使闽粤汉奸，舍死登岸，众寡不敌，以致失事。”

3. 失镇海

1841 年 10 月 1 日下午二时，英军包围定海县城，英军登云梯入城，定海知县和守军撤离，定海再次落入敌手。

对于这次重占定海，璞鼎查在进驻定海后发布了一道布告，明确宣称：“鉴于以前所发生的事情，全权大臣认为应该通知英国人民以及全体外国人民：在英国的要求不但完全取得同意，而且全部实施以前，无论处于何种情形之下，也决不以定海及其属地交还中国政府。”即英国人是不会再轻易交还定海的。

安排好了占领定海的各种事宜，不日，英军继续北上，目标——镇海。

镇海位于甬江入海口西岸，东濒甬江，北临大海，是宁波的门户。

甬江口西岸之招宝山与东岸之金鸡山夹江对峙，战略位置十分险要。

裕谦对镇海防务也做了大量工作，在招宝山、金鸡山加筑炮台和工事，增设炮位，各炮台共设火炮 86 门，并在甬江口填塞巨石，暗钉木桩。

在人员调配上，裕谦安排狼牙镇总兵谢朝恩驻守金鸡山，游击张从龙驻守在招宝山上，浙江提督余步云带兵驻守招宝山下东岳宫，而东岳宫西及拦口埠炮台，由衢州镇总兵李廷扬驻守，炮台紧扼江口，正对口岸，与金鸡、招宝两山互为犄角。

裕谦还部署两岸密排火攻水勇船只，凡是可爬越偷渡的地方，皆分驻兵勇，排挖暗沟，密布蒺藜，防其水陆并进，并组织一定城乡士民，按户出丁，以协同守御。

裕谦自己，领兵千余坐镇镇海县城。

听说定海失守，裕谦“不禁眦裂发指”。他预料“定海既陷，虏必扬舰深入”，决心“城存与存”，绝不退缩。

他从容召集幕客叮嘱说：“明日将战，今先有言，凡军中谕旨奏疏及他文簿，置行馆中。”又交代将其所存奏稿代为刊刻，与前刊《勉益斋偶存稿》，一并交其弟裕恒，存于祠堂，“朝廷有所推问，以此进”。并且，希望他们临阵时速出城，探听消息，“胜，则代草露布；败，则为办后事；并谕众家人会于馀姚（今余姚），勿殡我”。

10月8日，英军在镇海外海黄牛礁附近集结，9日完成了登陆准备。

10月10日早上，英军分左、中两纵队进犯金鸡、招宝两山。

裕谦“亲援枹鼓”，督战威远城。

英军中纵队在金鸡山东北登陆，左纵队绕金鸡山侧后登陆，清军腹背受敌，总兵谢朝恩受伤落海而死，金鸡山失陷。

与此同时，英军舰队对着招宝山发炮轰击，浙江提督余步云眼见英军欲登招宝山，便丢弃炮台逃走。

上午十一时许，英军右纵队轻松地在招宝山登陆，并占领威远城，以大炮俯轰镇海，掩护军队从东门缘梯攀城。

“隔岸拦江埠炮台俱被击坏，东门炮声尤烈。其招宝山后身，亦被夷炮攻打，城垛营盘，悉被毁坏，药库复被火箭焚烧，我兵犹开炮夺击，讵逆船四面环绕，炮如雨堕，我兵势不能支。……合城鼎沸，兵民之由西门而出者，势如山倾。”

裕谦看到大势已去，知城不可守，便怀着失地辱国义愤，“诣学望北阙叩首，跳沉泮池殉节”[1]。后被抢救，护送出城。

镇海之战，清方死亡数百人，英方死亡3人，受伤16人。

特拉维斯·黑尼斯三世和弗兰克·萨奈罗在所著的《鸦片战争：一个帝

[1] 《夷氛闻记》卷3，中华书局1959年版。

国的沉迷和另一个帝国的堕落》中记：英国缴获了150门大炮，有的非常落后，但也有些很先进，据说有只大炮和英国的一模一样。英方还俘虏了几十人，但是没有兵力看守他们，英军司令郭富只好下令释放他们。但是在释放之前，英国水兵愤怒地威胁俘虏们，要用大刀剪掉他们的辫子——他们已答应家中的女友和妻子，寄回这些辫子以作留念。他们让俘虏集合，准备削发，郭富得知此计划之后，下令禁止这种侮辱行为——多亏了他。

奄奄一息的裕谦在家丁余升和亲将丰伸泰等人的护送下由镇海退入了宁波，丰伸泰等人感到宁波已不可守，又于当夜（10月10日夜）乘黑退走余姚。

到了余姚，裕谦已经咽气。

裕谦一死，余步云便成了宁波的话事人。

余步云已无兵可战，无险可守，只好效法伊里布，发照会给璞鼎查，要求“善议”。

虽说后来人们都把丢失定海、镇海的责任推到余步云的头上，说他作战不力，弃地先走。这多少有些冤枉了他。但他身为一省军事将领，未奉君命，擅与英方联络，从这一点来说，道光将他处斩，倒也不冤了。

璞鼎查按照巴麦尊的训令，只肯与清廷钦派的“全权”大臣会谈，所以，并不理会余步云的和议，指挥舰船，离开镇海，沿大峡江上溯，直逼宁波。

余步云大惊，慌忙窜奔上虞。

这样，英军不费一枪一弹即占领了空城宁波。

当日，英军第18团军乐队在城墙上轻松地奏起了《圣帕特里克日的清晨》。

特拉维斯·黑尼斯三世和弗兰克·萨奈罗在所著的《鸦片战争：一个帝国的沉迷和另一个帝国的堕落》中记：英方从宁波的官库里搜索到白银16万两，宁波居民以财产税及消费税的形式支付了10%的额外补偿金。

在宁波城内，英国人还发现了宁波当局关押英国同胞的监狱和笼子。盛怒之下，他们烧了监狱，但保留下一只笼子，当作可怜的纪念，送往印度公开展出，以此作为野蛮的中国人的证明。

璞鼎查出于战略考虑，理论上绝对禁止英国兵的个人报复行为，但是对于英国兵的实际性的掠夺却没有采取任何措施。

巴加和郭富对此颇有怨言。他们认为，宁波之所以投降，原因就在于英军事先答应不对该城居民进行身体和财产的骚扰，这种坐视不管的政策是在给英国政府抹黑。

4. 奕经的心思

镇海失守、裕谦殉难的消息传入北京，道光沉默了。

原先，国库里好歹还有自己省吃俭用积攒下的1000多万两库银，现在，经过这场战争，已所剩无几。

浙江以及沿海各省发回来的，除了战败的奏折之外，全是请求用于战争的支援银两。

户部方面汇报说，目前沿海各省的军费缺口是1200多万两，东、南两处河工要用银子710万两，江苏、安徽和湖北赈灾还需要159万两，总费用已经高达2100多万两。这些，远远超过了户部的支付能力。

道光终于对英军的武力感到有些害怕了。

但，当杭州将军奇明保请兵保浙的奏折发回时，他还是硬起头皮，授奕经为扬威将军,准备从苏皖赣豫鄂川陕甘八省调集1.2万人,再次征讨“逆夷”。

鉴于奕经的战场经验有限，道光皇帝特别安排了河南巡抚牛鉴为两江总督、广东巡抚怡良为福建巡抚来辅佐他。

牛鉴有魄力，经受得起大风浪，怡良则在广东和英国人打过多年交道，让他们帮助奕经，各方面的处置应该可以周全。

1841年黄河决堤，洪水包围了河南省城开封，河道总督惊慌失措，建议将省城迁往高地。时任河南巡抚的牛鉴巍然不为所动，力主“省城可守不可迁”。他说：“若一闻迁徙，众心涣散，孤城谁与保守？”洪水退去，牛鉴的镇定从容给道光皇帝和河南人民留下了深刻的印象。

为了解决经费问题，道光皇帝只好默许自己向来所厌恶的捐官行为出现，下令各省自己解决军费问题，即让他们实行派捐，强迫富户捐官。

原本，从浙江发起反攻，收复宁波，对道光来说，是刻不容缓的大事。

但浙江的战报没有再来，英军竟然放弃了进攻杭州，道光皇帝又多了一个担心，担心英军从天津甚至山海关向京城发起进攻。于是，他将陕西提督胡超调往天津协助直隶总督讷尔经额防守白河口；将钦差都统哈哴阿调回山海关负责防守直隶海口。

为保天津万无一失，道光皇帝还让自己的心腹大臣——首席军机大臣穆彰阿亲自坐镇天津，另改派文蔚和特依顺为参赞大臣协助奕经。

这次出征，道光再也没有上次那么高调了。

并且，1841 年 10 月 19 日，道光帝又由内阁明发谕旨："琦善著（着）加恩释放，发往浙江军营，效力赎罪。"

原本，琦善经军机大臣审判，已定为斩监候，秋后勾决。

也就是说，琦善的一条腿，已经踏入棺材了。是英军的胜利挽救了他。

从这个角度来说，琦善应该感谢英军。

而道光将名声已臭的琦善拉回来，也表明他已经在为奕经征讨不利做好了与英国人谈判的准备了。

可是，奕经认为琦善已经成了大清朝臭名昭著的汉奸，自己一旦和他腻乎在一起，就会跟着说不清、道不明，搞不好还要落下遗臭万年的名声。

而且，琦善这次犯事，他奕经曾经是审判者之一，而琦善的家被抄，负责抄家的带头人就是他奕经。

奕经觉得，两人同行，将来的日子肯定不会愉快。

所以，奕经坚拒琦善掺和进来。

恰巧，台湾镇总兵达洪阿在这个时候给道光帝发回奏折，称自己在台湾与英军作战，"共计斩获白夷五人，红夷五人，黑夷二十二人；生擒黑夷一百三十三人；捞获夷炮十门；查获夷书等件"，清军方面则是零伤亡！

大捷！这绝对是一场大捷！

达洪阿的捷报和之前林则徐、杨芳、奕山等人的“捷报”不同，在林则徐等人的“捷报”里，总是含糊其词地说什么“歼敌无算”，基本只是纸面上的数字，没有什么战利品可以上呈，而达洪阿上呈的是活生生的战俘！

胜仗可以造假，上呈战俘，那是万万造不了假的。

道光得到这场捷报，又对英军的军事实力产生了怀疑。他欣赏奕经不和必战的决心，于是在10月24日下谕旨，改发琦善去张家口军台充当苦差。

实际上，达洪阿真是获胜了吗？

不是的。

英军这时的兵力都投在浙东，不可能在这个时候去攻打台湾。

那么，达洪阿的战俘是怎么回事呢？

美国人马士所著的《中华帝国对外关系史》替我们揭穿了事件的真相：“1841年9月，英国运输舰‘牛布大’（Nerbudda）号在台湾海岸遇险。舰上的英人，包括舰长、大副、二副及陆军第55团的一位军官和17名士兵，乘了仅有的一只小艇离舰，却可耻地把240名印度人（170名轿夫和70名水手）委弃给他们自己的命运。在这240名印度人当中，2名生还；其余有溺毙的，有因不堪虐待或食物不足而死的，大概有150人被台湾当局在次年8月间斩首。1842年3月，双桅船‘安音’（Ann）号也在台湾海岸遇险。在船上的57个人当中，有11个人在10月间被释放，有2人因困苦而死亡，其余44人在8月13日或是该日前后斩首。应该对这样待遇两条船上的人员负其责任的官吏是台湾总兵，名字叫达洪阿。”

也就是说，达洪阿是在冒领军功。

那么，再来说奕经这边。

奕经真有把握战胜英军吗？

我们先来看一看奕经其人。

爱新觉罗·奕经，字润峰，隶属满洲镶红旗，乾隆皇帝之重孙，成亲王永瑆之孙，贝勒绵懿之子，道光帝之侄。原为京师乾清门侍卫，后任镶蓝旗满洲副都统、正蓝旗护军统领。道光十年（1830年），浩罕国入侵新疆喀什噶尔，奕经随从钦差大臣长龄“驰往剿办”。

可以说，奕经算是有过“统兵”经验的皇族子弟之一。鸦片战争爆发后，他除了任吏部尚书、协办大学士、步军统领外，还兼任正黄旗满洲都统、崇文门监督、正红旗宗室总族长，成了道光帝倚重的人物。

不过，道光帝这次任命奕经为“扬威将军”，奕经本人其实没什么把握。

身为扬威将军，奕经“或战或抚，游移两可”。

他是这年 11 月到达苏州的。

奕经是到了，来自川、陕、甘的劲旅大概还需要 4 个月才能到，而这年冬天特别寒冷，大雪封路，大军集结的日期可能还要往后推延。

既然这样，奕经就没有必要着急了。

他一边安排粮草后援，一边设立军需工厂，大量生产各式各样的新式武器。

不过，这种做法只能是临时抓瞎，所谓新式武器也都是旧式抬枪鸟枪的改良，不能和英军的滑膛枪和野战炮同日而语。

奕经这种漫不经心的态度，急坏了浙江巡抚刘韵珂。

刘韵珂的主要任务是守护杭州。刘韵珂神经紧绷，生怕哪一天英军突然向杭州发起攻击，则杭州就会成为第二个宁波，那时候，自己就算不死，也得脱一层皮。

事实上，在这个冬天，到处都在流传着英军要侵入杭州湾的消息，整个江南，人心惶惶。

刘韵珂不断地派人催促奕经进军。

可奕经的理由很充足：一、陕甘的劲旅还没有抵达；二、军需物品也没有齐备。

真是急惊风遇上了慢郎中。

刘韵珂自己能做的，就是不断带领杭州的军民加强杭州的军事防御，但这些增筑的土城土墙，又哪里能抵挡得住英军的大炮？

道光二十二年（1842 年）一月，从各省调来标兵 1 万余人，募勇 2 万余人，皆已云集浙东。

但奕经仍没有什么心思打仗。

刘韵珂再也受不了了，将奕经故意拖延行动的事儿捅到了道光那里。

从道光二十一年十月出兵，仅仅数月时间，奕经已经花费了近 200 万两白银，沿海各省开支也都超过百万两。

奕经还不知好歹，还在伸手向道光皇帝讨要 200 万两白银的军费。

道光皇帝再也沉不住气了，严词批驳回了奕经的申请。

但不管道光如何驳斥，奕经还是没有什么心思打仗。

当然，世事无绝对。

5. 五虎闹浙东

1 月 16 日，奕经在杭州的西湖关帝庙求签，意外地求得了一支上上签！

签上赫然写："不遇虎头人一唤，全家谁保汝平安。"

奕经灵光一闪，洋人，洋人不就是羊吗？只要老虎出来了，羊就死定了！

奕经认定，要收复宁波，击败洋人，就必须在一个"虎"字上作文章。

说来也巧，当晚，他还做了一个梦，梦见英军"弃陆登舟，联帆出海，宁波三城已绝夷迹"。

如果单单是这样，还不能称奇。[1]

最为吊诡的是，第二天，奕经跟身边的人说起这个吉利无比的梦境时，参赞文蔚举手报告，说自己昨晚也做梦了，梦中所见和将军所说竟然一模一样！

也就是说，两人在同一个晚上梦见了相同的事！

天！这可不是老天显灵了吗？！

如果还不赶紧行动，那就要辜负老天了。

---

[1] 见《中国近代史资料丛刊·鸦片战争》第三册，上海人民出版社 2000 年版。

奕经信心大增，当即着手策划反攻。

奕经别出心裁地把反攻的时间定在道光二十二年正月二十九日晚上四更时分。

定这个时间，那是大有讲究的。

首先，道光二十二年正好是壬寅年；正月是壬寅月；二十九日为戊寅日；晚上四更为甲寅时。

壬寅年壬寅月戊寅日甲寅时进攻，你们洋（羊）人还不得全部死光光？！

三天后，四川援军大金川兵开到，奇的是，兵弁皆戴虎皮帽。

奕经大乐，直叫嚷“收功当在此时”。

为保万无一失，奕经又下令由生肖属虎的贵州安义镇总兵段永福为进攻宁波的主将。

奕经把这次行动称为“四寅佳期，五虎制敌”。

这时聚集在浙江的士兵大约有十二三万，但要用于防守浙江各地，再加上本地的乡勇不愿离乡参战，用于进攻的，只有 3 万人。这 3 万人当中，有 2 万人是乡勇，战斗力不强，一旦参战，可能会影响全军的战斗力。

所以真正用于进攻的，有 1.2 万人。

这 1.2 万人又要安排 1000 人防守杭州，1000 人防守海宁，1000 人防守曹娥江以北，1000 人负责守护粮草，800 人负责驻守乍浦，另配 200 名抬炮士兵，协助防守杭州。

实际上投入到反攻行动中的只有 5000 余人。

其中，由四川发来的援军 1600 人由段永福指挥，负责进攻宁波；由陕甘地区发来的士兵 1200 人由朱贵等人指挥，负责攻击镇海；招募来的水勇 2000 多人由郑鼎臣指挥，负责攻击定海。

另有 1000 人，由参赞大臣文蔚指挥，驻扎在慈溪县西北部的长溪岭。

而河南援军 1000 名，外加 200 名抬炮手，由奕经亲自指挥，驻扎在上虞县的东关镇。

文蔚指挥的 1000 人，和奕经自己指挥的 1200 人，主要是在外围监视，如果前锋得胜，就驱兵杀入，抢功领赏；如果前锋战败，则保护主帅逃跑。

至于具体行动，奕经的计划是：分兵三路，同时反攻三城。

第一路，由段永福率领，自大隐山反攻宁波，分别攻打西门和南门。

第二路，由朱贵率领，从大宝山进攻镇海，分别攻打镇海和招宝山威远城。

第三路，由郑鼎臣率领，从岱山潜渡进击定海。

老天实在是在眷顾奕经。

因为，这时英军总司令璞鼎查、海军司令巴加、陆军司令郭富都没有驻守在宁波和镇海。

璞鼎查这时候在香港，巴加和郭富则都在定海，他们一点儿也不知道清军要反攻。

所以，从正月十六日到正月二十九日，英军方面非常平静，丝毫也没觉察到即将到来的暴风雨。

奕经似乎已经看到了胜利的结局。

为了在胜利真的到来时不至于手忙脚乱，奕经干脆在军营里举行了一场“露布”大赛，提前让幕僚撰写捷报，从 30 多篇中挑选辞藻最华丽的佳作，准备在胜利那天上呈京师。

1842 年 3 月 6 日，奕经还得意扬扬地上了一道长达 4000 余字的奏折，详述反攻浙江三城的计划，并随奏附呈了明攻暗袭兵勇的清单和作战地图。

道光帝读了这份内容丰富的奏折，龙颜大悦，朱批道：“嘉卿等布置妥密，仰仗天祖默佑，必能成此大功。朕引领东南，敬待捷音，立颁懋赏。”

然而，理想是丰满的，现实是骨感的。

1842 年 3 月 10 日夜里一点钟，三城反攻同时开始。

宁波方面：段永福将手里的 1600 人，分为三个梯队，第一梯队是守备王国英率领的驻守在大小金川的 460 人；第二梯队是梁有才带领的 900 人；第三队是段永福亲自率领的 300 人。

总攻开始，段永福命人在甬江之上施放四艘小火船以吸引城内英军的注意力，与此同时，王国英率领 460 人立即从西门和南门发起进攻。

守城的英军人数太少，没做多少抵抗，便弃门退入府衙。

王国英等人顺利进入城中。

王国英抑制不住内心的狂喜，带领兵勇火速冲向了府衙。

英军实在狡猾，他们在府衙门外埋伏了大量地雷，这些地雷被触发了引线，纷纷爆炸，清兵被炸得晕头转向，断臂断腿丢了一地，很多人在稀里糊涂中就告别了人世。

英军等地雷响过，从容打开大门，用排枪轮番扫射，清军士兵死伤无数。

这还不算，英军还拉来了野战炮，对着街道猛轰，第一批入城清兵几乎全部报销。

第二梯队的清兵并不知情，他们眼看第一梯队已经进了南门，便从西门攻入。

但城内英军已经开始反攻，第二梯队还没入城，就遭到了英军的迎头痛击，清军惨呼倒地者不计其数，侥幸躲过一劫的，扭头就往城外走。

而当他们从城内逃出时，却迎头撞上随后攻入的第三梯队。黑暗中，异常混乱，英军从城内杀出，连施枪炮，段永福身受重伤，清军溃不成军，宁波反攻失败。

参战的英军官记录说："他们的尸体厚厚地乱摊在四旁，说明他们是一种魁梧而壮健的人种……据说他们曾经决定不战胜即战死。他们的帽子具有一种特别的不普通的样子，是用老虎面部的皮制的，附有老虎尾巴垂在他们背后，死者随身各有五元至六元。"[1]

特拉维斯·黑尼斯三世和弗兰克·萨奈罗则在所著的《鸦片战争：一个帝国的沉迷和另一个帝国的堕落》中评价说："宁波守军有两样利器，一是先进技术，一是化学武器。仅仅一件简单的武器——榴弹，就能驱走进攻者，并让他们粉身碎骨。被炸死的尸首堆至 15 英尺高，布满整个街道，没有任何逃跑的可能。"

---

[1] 宾汉：《英军在华作战记》，见《中国近代史资料丛刊·鸦片战争》第五册，上海人民出版社 2000 年版。

镇海方面：镇海的反攻与宁波如出一辙，朱贵安排都司刘天保率领士兵 470 人充当第一梯队，守备凌长星带领 335 人充当第二梯队，自己率领 525 人为第三梯队，守备黄泰率领 590 人为第四梯队。英军主动打开了西门，清军第一、第二梯队相继进入，但由于双方武器太过悬殊，清军死伤无数，而总指挥朱贵率领的第三梯队在黑夜中迷了路，镇海反攻很快失败。

定海方面：定海的反攻还没有开始就已经结束了。负责指挥反攻定海的是阵亡总兵郑国鸿之子郑鼎臣。郑鼎臣的队伍才到岱山，就被在这一带侦察的英军“复仇神”号轮船发现了。“复仇神”号不间歇地对这支队伍发炮轰击，并发陆军登陆进攻。清军抵挡不住，只好狼狈不堪地逃离了岱山。

由此，这场声势浩大的大反攻结束了，前后持续时间不过四小时。

该战，清军总计阵亡约 800 人，重伤无数。

英军的伤亡是：宁波 1 人死亡，数人受伤，镇海、岱山无伤亡。

不过，在奕经的奏报中，据郑鼎臣报告：此役共烧大洋船 4 只，舢板船数十只，焚溺洋人三四百人。奕经因此得赏双眼花翎，文蔚头品顶戴，郑鼎臣以下各有赏赐。[1]

不管奕经怎么吹嘘，清军的反攻都是失败了。

接下来，轮到英军反攻了。

英军海军司令巴加和陆军司令郭富得悉清军同时向三城发起偷袭，大光其火，于 3 月 13 日下令向清军发起反攻。

该日，英军 600 人在轮船“西索梯斯”号的掩护之下，攻进奉化。

负责驻守奉化的余步云曾在镇海见识过英军的厉害，不敢抵挡，早早弃城逃遁。

3 月 15 日，英军向清军大本营慈溪发起进攻。

下午三点，英军经过慈溪县城北面的大宝山，守在大宝山左侧的是刘天保部的 500 人，守在大宝山右侧的是朱贵部的 400 人。

[1] 《夷氛闻记》卷 4，中华书局 1959 年版。

刘天保部吃过英军武器的亏，才一交火，就败下阵来。

朱贵恨攻打镇海之夜迷路没能打上仗，憋足了气与英军死拼。

结果，朱贵所部清军共400人，阵亡340余人，随部征战的乡勇也伤亡了近300人，军官死亡殆尽。朱贵和他的儿子朱昭南均血洒战场，为国捐躯。另有1名游击、3名守备、1名千总、4名把总、10名外委都在这场战役中阵亡。

朱贵的殉国过程极为壮烈：朱贵"亲执大旗，麾所部迎击，枪炮齐发"，"适火药既竭，贵右臂为夷炮击断，犹以左臂掣红旗，招其下以短兵接战，及咽喉为火箭所中，始坠马而亡"。[1]

战斗如此激烈，英军不过战死3人，受伤22人。

驻守在长溪岭的文蔚得知朱贵部已全军覆灭，没有太多的犹豫，马上逃往东关镇。

守在东关镇的奕经大惊，命令文蔚撤往绍兴，自己则撤往杭州。

遥想奕经出京当日，道光帝对奕经寄以"一鼓作气，扬我国威"厚望，再三叮嘱"朕惟卿等是望，亦惟卿等是赖也"。

现在，奕经反攻三城之役失败，大清的财政、军力、人员、士气全面受创，道光皇帝再也没有能力组织起反攻了，也就再也不可能扭转战局。史称浙东大反攻的失败，"遂致全局损失，军威大挫，亡国之由，基于此役"。

6. 十可虑

看着扬威将军奕经灰头土脸地从前线回来，守在杭州城的刘韵珂心情复杂极了。

曾几何时，刘韵珂是一个坚定的主剿派。

他与闽浙总督颜伯焘、两江总督裕谦三个人彼此唱和，力挺林则徐，鄙视琦善和伊里布。

[1] 《中国近代史资料丛刊·鸦片战争》第三册，上海人民出版社2000年版。

定海初次失守那会儿，刘韵珂与伊里布、余步云一起负责收复定海。刘韵珂主要工作是安抚难民，筹备军需，但他除了做好这些，还发布汉奸令，组织人员进入定海刺探军情，积极招回定海居民，一度搞得英军很狼狈。

听说伊里布和英国人眉来眼去玩暧昧，他非常生气，和颜伯焘一起联名上奏，搞得伊里布声名狼藉，最后黯淡下台。

此外，刘韵珂还向道光皇帝建议重新起用林则徐，使已经革职的林则徐得以来浙江协助防守。

林则徐到了宁波，刘韵珂和他，再加上两江总督裕谦，三人一起大力发展定海、镇海的防御事业。

然而，刘韵珂万万想不到的是，他们三人呕心沥血打造成的镇海防线在英军的枪炮之下竟然尽皆化为飞灰！

自道光二十一年（1841 年）八月定海再陷，镇海、宁波相继失守，总兵葛云飞、郑国鸿、王锡朋和钦差大臣裕谦先后死去……刘韵珂主剿的立场动摇了。

这次奕经到浙江统兵，他还抱着一丝幻想，指望奕经能够打一场胜仗扭转大局——即使打不了胜仗，至少也应该跟英国人呈分庭抗礼之势，稳定住时局。

然而，奕经竟然败得如此彻底！

他失望到了极点。

可以说，他对剿敌已经没有任何信心了。

看到奕经出现在杭州城外时，他下令紧闭杭州城门，只准让奕经一个人进来，严阻溃兵溃勇包括幕僚师爷进城。

关闭了城门，刘韵珂开始反省自己，他开始明白伊里布当日忍辱负重和英国人议和的苦心了。

原来，伊里布是早就看出了两国之间的军事差距，算准了天朝开战必败，才不得不向英国人积极求和的。

想到这一点，刘韵珂后悔极了。

他后悔自己那一纸奏折破坏了伊里布的和议大计，导致出现了今天的糜烂局面。

他觉得，现在能拯救江南的就只有伊里布一人了。

在这种愧疚、忧虑、懊悔、伤感等等情绪无穷尽的折磨下，刘韵珂再也坐不住了，他提笔写下了《十可虑》，上奏给道光皇帝。

正是这篇《十可虑》，改变了鸦片战争的发展轨道。

在这封奏折里，刘韵珂写道：

浙江巡抚刘韵珂跪奏吾皇万岁，盖由于大军在慈溪失利，事势深可危虑，臣不得不把实情详细密奏，仰祈圣鉴事。

经过调查，此次调集各省兵勇，连遭挫败，锐气全消。即便驻防在其他地方未参与战斗的兵马，亦皆闻败气沮，如若强行鼓勇再战，也难振士气，这是臣所要陈说的焦虑之一。

现在集结在浙江的大军，既然难以与敌人相持，本应另调他用，但要从西北各省重新调兵入浙，则非四五月之后不能到齐。目下形势，英夷气焰嚣张，骄纵至极，与之前蛰伏不动已不可同日而语，事情迫切，近于燃眉，必须尽快解决，岂能坐等到四五月以后？何况自各省现有的兵员全都强弱参半，譬如这次由浙江省初次集结起的寿春兵极为精勇，但第二次再行集结，兵员素质差了好一大截，其他各省军力情形也应该是这样。所以，即使再从各省调兵，其第二次集结的兵员恐怕无济于用。这是臣所要陈说的焦虑之二。

英夷火器犀利，并不局限于大炮一项，其他火箭火弹，也猛烈异常，无可抵御。我军以血肉之躯根本抵挡不了枪炮火药。每次临阵应战，英夷总是先在远处施放火炮，我军只要有数十百人死伤，军心便会涣散瓦解。也就是说，我军虽不乏战略和勇气，却无处可施。这是臣所要陈说的焦虑之三。

大家都议论说英夷不擅长陆战，但这两年之中，其攻城略地，全在陆路展开，而且能爬越山岭，原因就在于有汉奸代为导引，其对地形地势的熟悉，反胜于我军；其所施展的阴谋诡计，又全出乎我军意料之外，使我军难于防备。这是臣所要陈说的焦虑之四。

水战本来就是英夷的长项，我军要制英夷于死命，就必须筹划出水战海战的制胜之策。如果仅仅停留在单一进攻的陆路之上，先不说现在屡战屡败、难有胜，即使日后有幸获胜，英夷也登舟遁去，想我军既无精炼之舟师，又无坚大之战舰，只能望洋兴叹。则逆焰未息，后患无穷。这是臣所要陈说的焦虑之五。

英夷占据了定海已有大半年，现在又在宁波等地经营了好几个月，用小恩小惠收买人心。尽管有钱人家不至于被这些小恩小惠所诱，但很多无赖之徒往往被英夷收买而充当了汉奸，为英夷所用。即使有不甘顺从英夷的平头百姓，也因为未遭到英夷的欺凌和虐待，彼此相安无事。本次兴大军进剿，在宁波、慈溪一带屯扎兵勇，被英夷侦知，其用炮火将我兵勇所歇住过的房屋悉数击毁，各地人民凡表现出急公好义的，全都横罹摧残。从此，百姓人人畏祸，不再敢为朝廷效命。长此以往，臣担心成为英夷耳目的人，远不止于甘心卖身事贼的汉奸了。这是臣所要陈说的焦虑之六。

我大军屡遭战败，现在的情形是敌骄我馁，我军不但难于攻剿，而且防守也极为不易。只恐英夷所到之处，再无完好的城池。乍浦作为江浙的咽喉，也是防守省城的根本重地。现在驻守在乍浦的兵勇六千余名，但本省的兵力和福建的兵力一样，都是不可以依靠的力量，陕、甘各处的兵勇又少得可怜，一旦被英夷逐杀，乍浦将守无可守。从省城到尖山一百余里的距离中，道路绵长，所安排防守的兵员远少于驻守在乍浦的人数。有人认为，尖山港口之内，水浅沙淤，英夷的船舰不能到达。却不知道英夷的杉船不论水深水浅，随处可见到。何况现在春潮日长，积水越来越深，又不仅仅局限于杉板船可以驶入了。现在人情震动，士气不扬，即便督臣率文武竭力镇抚，但仍是风声鹤唳，一日数惊，再无半点以前的安定祥和。如果有几条英夷的战船窜入，一定会招致全城鼎沸，不战自溃。臣又听闻近来无业游民，希图浑水摸鱼，趁机抢掠，他们不以英夷内犯为惧，反以该逆内犯为喜。绍兴、嘉兴等府全是这种情况，即使杭州各地也不能免。人心堕落，一至于此，又怎么能指望他们与朝廷同心协力共防敌人呢？这是臣所要陈说的焦虑之七。

浙江省近十年的收成都不好，但没有经受兵灾的地方作物长势还是不错的。现在由于英夷作乱，大半人家都逃难到外地去了，没有逃难的也在心怀观望，人心溃散。一旦乍浦有警，则苏松二府难免震惊，政府不但无法收粮，而且船行不通。这是臣所要陈说的焦虑之八。

去年冬，杭州、湖州、绍兴等府所属各县，匪徒聚众抢掠势猖狂，暴乱的缘由虽是因十一月的雪灾引起，实际上是英夷滋事，各地盗匪明知地方官无暇他顾，这才藐视逞凶。此事经过臣带领文武官员多方弹压，威惠兼施，已经解散，但首要各犯尚未捕心，当此人心震扰之时，难保不潜相煽惑，散而复聚。且上年雪灾之后，春稻并未布种，现存米麦蔬菜的价格日日飙升，小民度日艰难。就算先前的奸民没有再次集合，谁又能保证没有别的不法之徒乘机而起？这是臣所要陈说的焦虑之九。

自从英夷以逆犯顺以来，沿海七省的经济负担沉重，英夷又时时散布进攻天津、上海的滋扰之谣，难保他们不会真的窜突到天津、上海。各在职的将军督抚臣都应该早做预防，尽职尽责。但以浙江省的败状推演，臣不敢保证其他省份万无一失，假若真的再有丢城失地之事发生，那真是大亏国体。即令英夷不再侵犯其他省份，只要浙江省一日不能罢兵，其他省份就一日不能放松戒备。七个省份每一个月投入军备设防的费用就是一笔不小的数目，而且这种设防的结束没有限期，则糜饷劳师，国库将难以支撑。这是臣所要陈说的焦虑之十。

上面所说的十项都属于必然之患，也属无可破解之忧，如果不早为筹划，则国家大事就会被耽误。臣病躯楮柱，心急如焚，寝食俱废，辗转思维，并无良策。扬威将军奕经现赶赴海宁州查勘海口形势，参赞大臣文蔚在绍兴府城调度前线防守事宜。究竟今后应有什么应对敌人的计划和措施，扬威将军等人似乎还没定画。臣受恩深重，若不将实在情形汇报于圣主之前，日后杭州失守，臣就算粉身碎骨，也是千古罪人。臣伏乞皇上俯念浙江省战事危在旦夕，独操乾断，敕令扬威将军等随机应变，妥协办理。他日浙省危而复安，即是天下之福。”[1]

7. 耆英出山

七天之后，刘韵珂的《浙江巡抚刘韵珂奏报官兵在慈失利事势深可危虑折》呈到了道光皇帝的龙案之上。

刘韵珂说的与之前林则徐的大言、杨芳的谎言、奕山的空言、奕经的呓言完全不同，奏折上说的是大实话，一字一句，深沉又诚挚，恳切又悲凉。

读完刘韵珂的奏折，道光皇帝沉默了。

其实，早在三天前，道光皇帝已经收到了浙东战败的消息了。他在奕经汇报败绩的奏折上朱批了“愤恨何堪，笔难宣述”八个字。也就是说，对帝国前景的忧虑，道光帝岂止在刘韵珂十倍百倍之上？！

反攻已经失败，大清帝国对远渡而来的英夷再无还手之力，接下来，该如何是好？

三天以来，这个问题一直苦苦缠绕着道光帝。

现在，刘韵珂说的每一条、每一项，无不戳到了道光帝的痛处。

到这时，他才大致明白天朝与英夷的军事实力存在着那么大的差距。

而在《浙江巡抚刘韵珂奏报官兵在慈失利事势深可危虑折》之后，刘韵珂随后又上了一道《浙江巡抚刘韵珂奏请将伊里布改发浙江军营片》，奏称伊里布“公忠体国”，没有“急功近名之心”，并且其“为夷所感戴”，恳

[1] 《浙江巡抚刘韵珂奏报官兵在慈失利事势深可危虑折》，原文见《筹办夷务始末·道光朝》第四册，中华书局1964年版。此处有译改。

请道光帝重新起用伊里布，以使英军“不复内犯”。[1]

道光帝的神色凝重，目光呆滞，嘴角微微抽搐着，最后，颤抖着手在一份起用伊里布的附片的末尾一笔一画地写道：“所奏不为无见。另有旨，钦此。”[2]

鸦片战争由此重新回到了议和的轨道。

不过道光皇帝没有把议和的重任全权委托给伊里布。毕竟，伊里布之前的罪名已经凿凿在案，现在又要出尔反尔地重新起用，朝野一定会舆论大起。

道光帝把议和的大任交给了自己的重臣耆英。

爱新觉罗・耆英，字介春，隶满洲正蓝旗，跟伊里布一样，也是爱新觉罗的子孙，其祖上为多罗勇壮贝勒穆尔哈齐。耆英以荫生授宗人府主事，迁理事官，历官内阁学士、护军统领、内务府大臣、礼部尚书、户部尚书等。在道光十五年，得加封为太子少保。道光十七年，因犯事一度被降为兵部侍郎，但很快就升为热河都统、盛京将军。

现在，奕经在浙江战败，该是耆英出场的时候了。

4月，耆英被任命为钦差大臣，同伊里布一起赴浙江向英军求和。

目送耆英和伊里布两人离开了京城，道光帝突然有要了解英夷的强烈的欲望。

5月1日，他收到奕经的奏折，得知可以审讯俘虏，立即下谕旨：

著（着）奕经等详细询以英咭唎距内地水程，据称有七万里，其至内地，所经过者几国？

克食米尔（即今克什米尔地区）距该国若干路程？是否有水路可通？该国向与英咭唎有无往来？此次何以相从至浙？

其余来浙之孟加拉国、大吕宋、小吕宋（大吕宋，今西班牙；小吕宋，

[1] 《筹办夷务始末・道光朝》第四册，中华书局1964年版。

[2] 同上。

西属菲律宾）、双英（鹰）国（双鹰国，奥匈帝国）夷众，系带兵头目私相号召，抑由该国王招之使来？是否被其裹胁，抑或许以重利？

该女主年甫二十二岁，何以推为一国之主？有无匹配？其夫何名何处人？在该国现居何职？

又所称钦差、提督各名号是否系女主所授，抑系该头目人等私立名色？至逆夷在浙鸱张，所有一切调动伪兵及占据郡县，搜刮民财，系何人主持其事？

义律现已回国，果否确实？回国后作何营谋？有无信息到浙？

该国制造鸦片烟卖与中国，其意但欲图财，抑或另有诡谋？”

该国地方周围几许？所属国共有若干？其最为强大不受该国统治者共有若干？又英咭唎至回疆各部有无旱路可通？平素有无往来？俄罗斯是否接壤？有无贸易想通？”[1]

道光皇帝根本不知道，他最为困惑的地理问题的答案，就藏匿在紫禁城的库房里——传教士南怀仁曾为他的高祖父康熙皇帝制作了一幅当时中国最精美的世界地图——《坤舆全图》，可惜，这幅地图却被束之高阁，无人问津。

反观英国那边，英国人对大清的了解，可谓知根知底。

孙子兵法说，知己知彼，百战不殆。

大清帝国要打赢这场战争，除了要缩小双方武器上的差距，还有很多工作要做。这时候，英军的反攻虽然胜利了，但璞鼎查还在香港，有限的兵力被分散在宁波、镇海、定海三处，既不利于防御，也难于组织大型的进攻。

巴加和郭富通过商议，最后决定放弃宁波和镇海，集结所有的力量去攻击新的地区。

选择来选择去，他们把攻击的目标锁定为海防重镇——乍浦。

乍浦位于钱塘江的入海口，杭州湾的北侧，一旦拿下乍浦，就可以顺着

[1] 中国第一历史档案馆编：《鸦片战争档案史料》第5册，天津古籍出版社1992年版。

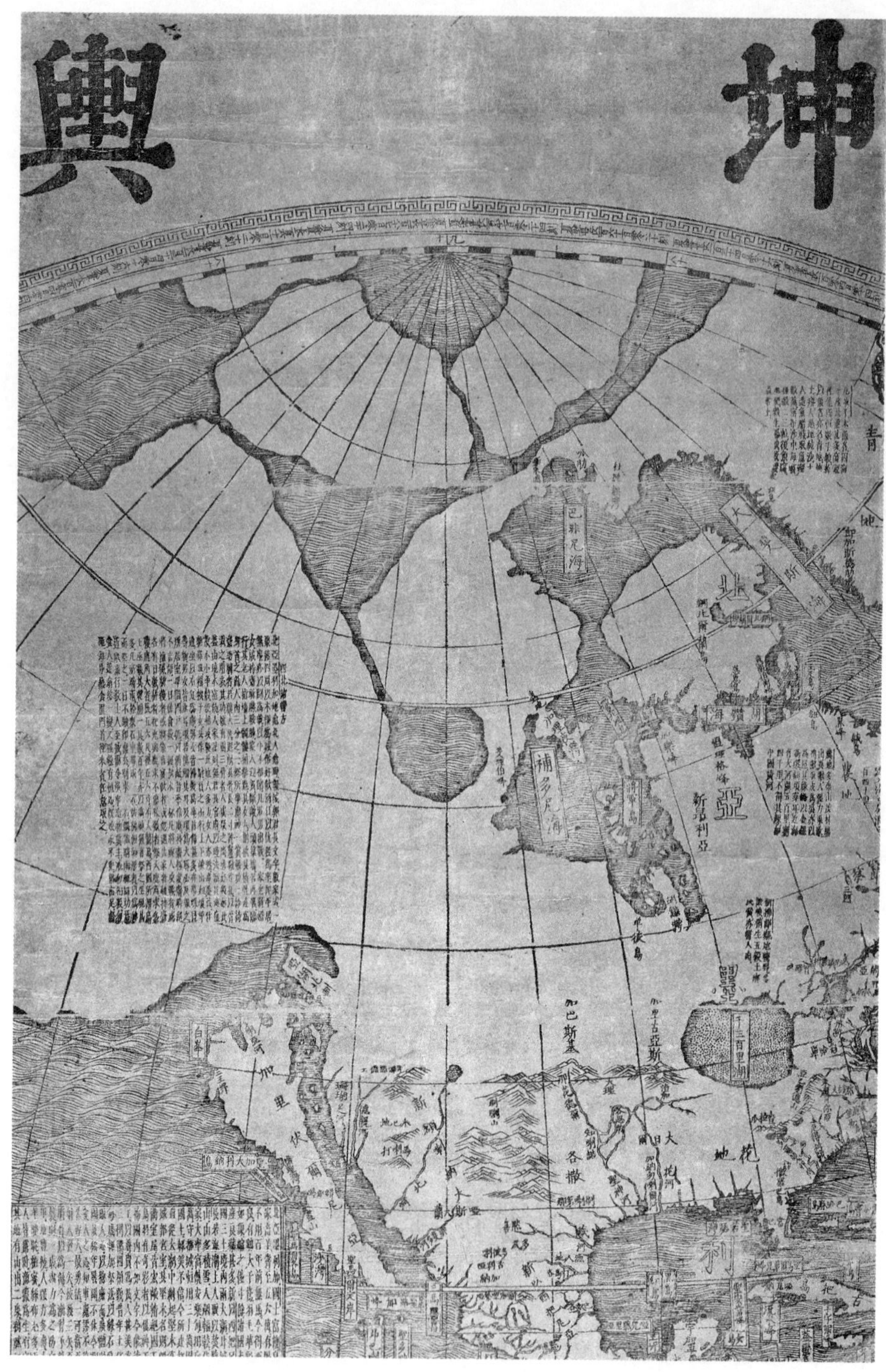

南怀仁《坤舆全图》局部

钱塘江直取杭州了。

1842 年 5 月 7 日，英军主动撤出了宁波，在镇海仅保留了 200 人防守招宝山。

2000 多名陆军及 7 艘军舰、4 艘轮船在巴加和郭富的指挥之下，浩浩荡荡直扑乍浦。

5 月 18 日，英军发起了进攻。

驻守在乍浦城的清军数目约为 8000 人，其中 1700 人为驻防旗的八旗军，这些八旗军的家全都安在了乍浦城里。

家既然安置在城里，那就不能逃了，逃走，就相当于抛弃家人。

所以，这支八旗军抵抗得相当顽强，全部军官战死，士兵阵亡 679 人。

而英军也遭遇到了鸦片战争爆发以来伤亡的最高记录：死 9 人，受伤 55 人，英陆军中校汤林森阵亡（上次伤亡的最高记录是在广州三元里，死 5 人，伤 32 人）。

一名参战英国士兵事后追忆，说，这些八旗兵“以最毅然决然的勇气自卫了相当之久，炮兵加以驱逐，然而无效。以寥寥几个人而阻止了全军，是不能忍受的。我军几次冲撞，想撞开门进去，混在他们中间，然而无效。第十八团的勇敢的汤林森陆军上校在某次率领冲撞时颈部被弹射穿，还有几位别的军官士兵在此阵亡。最后，用火箭来射击这个地方，用火药将它毁坏”[1]。

马士在《中华帝国对外关系史》中说：“这是英国人和满洲人以干戈相见的第一次，满洲兵的顽强抵抗很使英军惊异，这是他们在中国从来没有看到的；他们对于满洲兵的那种不是死在敌人手里，就是自裁的甘心情愿的精神也很惊异。”

柏纳德在《尼米西斯号轮船航行作战记》中则说：“当他们不再能战斗时，他们能够死；疯狂自戮的事例是十分可怕的。”“妇女们杀死她们的子

[1] 《中国近代史资料丛刊·鸦片战争》第五册，上海人民出版社 2000 年版。

女，先把他们溺毙在井里，然后自己也跳下去；丈夫们勒毙或毒死他们的妻子，然后从容自刎。”

随军作战的英军士兵也记：英军俘获了一名受伤的清将，“当他被抬到后方时，我军翻译官看到他淌眼泪，就劝他不要惧怕，并说，他将受到我们的怜悯和善待。他说，‘怜悯，我不要怜悯。我到此是为皇上而战的，不要你们的怜悯；如果你愿意得到我的感谢的话，请你写信告诉我的皇上，说我已战死在前线，流尽最后一滴血了！’”[1]

英国人占领了乍浦后，掩埋清军将士和这些家眷的尸体大致有 1200—1500 具。

并且，根据乍浦人沈筠所著《壬寅乍浦殉难录》一书记载，杀红了眼的英军在占领了乍浦的五天期间，军纪大坏，没有一刻停止过掠夺、淫虐。

接下来，英军本来可以轻松占领杭州的，但他们为了给清廷更大的震慑，将进攻的下一站定在了长江的入海口——吴淞（今属上海市）。

负责驻防吴淞的是两江总督牛鉴和江南提督陈化成。

陈化成在吴淞口修筑有一道土城，而吴淞到宝山县城之间则开设了一道将近七里长的土塘，在土塘之上筑建了 26 座“土牛”，安设大炮 154 门，统称为西炮台。在土塘的南端，建设了一座新月堰炮台，安设了 10 门铜炮。在吴淞的东岸，建设了一座东炮台，安炮 27 门。在土塘的后面，设立了军营，防止英军包抄。

陈化成认为，有了这些防御工事，英国人不可能攻打得下吴淞。

然而，6 月 16 日清晨，当英军的炮弹如猛雨一般射来的时候，吴淞两岸的防御工事顿时被打成了筛子，千疮百孔，目不忍睹。

不过，吴淞守军的大炮在陈化成的大力整改下，已经得到了极大的提升，火炮上安装了瞄准器，有些大炮也已经架设了炮车，可以左右移动。

所以，清军的炮火非常准确，英军旗舰“皋华丽”号多次被击中，后樯

[1] 《英军在华作战末期记事》，见《鸦片战争末期英军在长江下游的侵略罪行》，上海人民出版社 1958 年版。

被击中三炮；“布朗底”号被击中了 14 次；“西索梯斯”号被击中 11 次。许多战舰都被打中，有些还被打穿，战舰上的水手，被打死打伤数人，“布朗底”号战舰上的 1 名军官，也死在清军炮火之下。

英国人认为“与中国军队作战以来，以这次的炮火为最厉害”，“火力不但猛烈，而且也很准确”。[1]

正因为清军炮火命中率的大幅度提高，使得双方的炮战持续了两个半小时之久。

但清军火药的威力还是不够，无法对英军的战舰造成大的杀伤；而英舰发出的炮弹，却使清军的炮台一座接连一座毁坏，清军士兵也伤死不少。

最终，陈化成战死，牛鉴逃之夭夭，清军大败。

英军攻下吴淞的当晚，璞鼎查带着从香港集结起来的援军赶到了这里。

这一次，英军开赴前线的战舰达到了空前的 25 艘，载炮 668 门，轮船 14 艘，载炮 56 门，运输船 60 艘，运兵船 6 艘，另外还有医护船、测量船等，士兵更是达到了空前的 2 万多人。除了委派一个团驻守香港，一个团增援厦门、定海之外，所有主力全部在吴淞集结。

吴淞失守，上海的百姓逃遁一空。英军兵不血刃地占领了这座商业名城。

璞鼎查派人向苏州兵备道发来照会，要求上海支付 100 万元的赎城费。

但是这个时候的上海秩序混乱，到处是劫匪和强盗，人心惶惶，没有人敢与英军打交道。

鉴于上海只是一个小县城，英军在这里驻守了四天后，离开了。

璞鼎查接下来的进攻目标是扬州、镇江和南京。

南京是两江总督的驻地，中南方最大的城市，同时也是中国的经济中心。

而扬州和镇江则是南京的门户。

三座城市一同控制着长江沿线和运河沿线，这两条交通线是中国经济的大动脉，一旦被掐断，向北的漕运以及同北方各省的商品交换就会完全停顿，

[1] 《鸦片战争末期英军在长江下游的侵略罪行》，上海人民出版社 1958 年版。

包括京师在内的北中国将陷入瘫痪。

早在上一年（即1841年）9月底的时候，英国政府已经决定让全权公使握有较大的武力，因此训令印度政府“在4月间集中他们一切可能调度的海陆军于新加坡”，这样才可以尽可能快地将压力加在“足以割断中华帝国主要内陆交通线的一个据点”，并且强迫中国政府签订一个令人满意的条约。[1]璞鼎查打算充分使用自己的权力，从速从快地攻取下这三座城市，迫使清政府乖乖就范。

不过，璞鼎查最终没有攻占扬州。

没有攻占的原因，无关清军。事实上，听说英军来了，扬州的清朝守军已经做好了逃跑的准备。

使英军放弃攻打扬州的人，是扬州盐商颜崇礼。

在清代中期以前，中国的土地上有两大商业集团，一个是广州的行商集团，另一个就是扬州的盐商集团。这两个集团都是富甲天下。颜崇礼在盐商当中的地位，就相当于行商里的伍浩官。

颜崇礼为了自己的身家和满城的百姓，主动向英军交纳50万元的赎城费，另代为采购“小牛”和“新鲜蔬菜”[2]。

这样，扬州保住了。

接下来，璞鼎查把枪炮对准了镇江。

驻守镇江的是满洲副都统海龄和他领导下的本地1185名旗兵及来自青州增援的400名旗兵。

和驻守乍浦的八旗兵一样，本地的八旗兵祖祖辈辈已经在镇江生活了两百多年，家业在镇江、眷属在镇江、祖坟在镇江，他们逃无可逃。

镇江之战，八旗军激烈抵挡入侵者，给予了入侵者沉重的打击。

---

[1] 《维多利亚女王书牍》，所载爱伦伯利子爵（Lord Ellenborough，监察委员会主席 Pres. Board of Control）上女王书，引自马士：《中华帝国对外关系史》第一卷，张汇文译，上海书店出版社2000年版。

[2] 《清朝野史大观》，中央编译出版社2009年版。

《鸦片战争末期英军在长江下游的侵略罪行》一书记："我军在城内遭到敌军最顽强的抵抗，在许多场合都寸土必争的，当我军占领城垒后，满兵以庭院墙壁为掩护，继续向我军射击。""如果满军和我军一样，用同样武器装备，即使没经训练，也能同我们打上几个回合。"

该战，英军阵亡 37 人，受伤 128 人，失踪 3 人，损失达到了鸦片战争期间之前历次战斗的总和。

当然，八旗军损失更惨重，共战死 239 人，受伤 263 人，失踪 156 人。[1]

马士在《中华帝国对外关系史》中说："5 月里在乍浦所看见的那些百折不挠，英勇地自我牺牲，和残酷地杀死妻子儿女的情景，7 月里又在镇江变本加厉地重演了。驻防军的满洲人当中，幸存的大概没有几个人；副都海龄在他自己的寓所里从容地烧死在临时搭成的火葬堆上。这是从满洲弓手们昔日战无不胜的英武气概中射出的，在消逝中的最后闪光；他们的威武是摧毁了，从此以后他们就再也不能在战斗中称雄了。可是就在镇江一役，他们没有明智的领导，人数只及敌人的三分之一，而且装备只是古旧的火绳枪，弓和矛，也使敌人阵亡 37 人，受伤 129 人。"

镇江人杨棨（甦庵道人）在《出围城记》一书中记，英军把镇江变为了淫掠的地狱："夷鬼沓来，不移时，妇女尸满道上，无不散发赤体，未死者多被拥抱而去，生死离散，目不忍睹。"

尽管英军陆军司令郭富曾极力试图制止英士兵任意奸淫掳掠，甚至枪毙过一些违纪的士兵，但并不能阻止事态的恶化。而且，除英国士兵作恶外，还有相当数量的中国那些住在长江三角洲的无赖，他们尾随英军进入被征服的城市，把自己同胞的家抢掠一空，继之放火焚烧。

郭富在发出阵阵恶臭的死尸堆中写道："我从内心深处厌恶战争。"[2]

---

[1] 宾汉：《英军在华作战记》，见《中国近代史资料丛刊·鸦片战争》第五册，上海人民出版社 2000 年版。

[2] 贺尔特：《在中国进行的鸦片战争》，引自特拉维斯·黑尼斯三世．弗兰克·萨奈罗·《鸦片战争：一个帝国的沉迷和另一个帝国的堕落》，生活·读书·新知三联书店 2005 年版。

如果再任由事态发展下去，则南京失守在即，南中国将彻底陷入糜烂。

8.《南京条约》签订

就在这时，耆英和伊里布的议和活动开展了。

其实，早在乍浦开战之前，耆英一行就到达浙江了，但议和活动却迟迟未能开展。

究其原因，是英军主动撤出宁波后，奕经为了将功赎罪，竟然虚构出一出“收复宁波”的“大捷”汇报给了道光皇帝。

一直期盼着“东南捷报”的道光被这场“大捷”所蒙蔽，以为战争的局势可以扭转，叫停了耆英的议和进程。

就因为道光帝的反复无常，使得乍浦、吴淞、镇江等城相继陷落，军民饱受兵火，死伤无数。

为了阻止局势进一步恶化，耆英只好冒着性命的危险捏造了一份英军的告示上呈道光皇帝，该告示全文为：

> 大英国元帅吴夏密谕尔吴淞口居民知悉。因本国商船误伤广东商人三名，故清国不许通商，致经五载。为此我国命我求和，只因诈我不肯保奏朝廷，因我主发员叩阙杀尽奸徒，非干尔百姓，勿得惊慌乱窜，仍可安居耕种勿惧。倘我黑鬼私行横掠，尔民众便可杀之，无以为罪。十日内本帅整顿三军，再叩北阙，直抵京师，自行讲话，尔百姓其勿扰。特示。

耆英称，这张伪示是英夷粘贴在宝山县城外的，“情词尚属恭顺，无非意在通商”，请皇上圣裁。

英军的统帅以前是义律，现在是璞鼎查，并不是什么吴夏密。而且，广州的通商正在如火如荼地开展，英军也并不是来求和的……这些，道光皇帝都是清楚的。

也就是说，耆英所伪造的这份文告，道光皇帝一眼就看穿了。但道光皇帝并不打算治耆英的罪。

仗打到这个程度上，已经根本打不下去了。

道光皇帝这时迫切需要的是一个台阶，一个放弃打下去的台阶。

耆英呈上的这份告示不就是一个台阶吗？虽然这份英夷的“告示”是假的，但只要自己把它当作真的来看待，装作什么都不知道，就沿着这台阶往下走，问题不就解决了吗？

道光皇帝不但没有责怪耆英，反而非常感激耆英，感激他善解人意。

他给耆英等人下了一道圣旨，说：“钦差大臣广州将军耆英等奏，夷人于宝山地方，张贴伪示，无非意在通商，情词尚属恭顺。谕军机大臣等，逆英犯顺以来，屡肆猖获，贪黩凶很，难以理喻，惟该逆肇衅，究不外牟利之心。此朕所深知。本日阅耆英等呈递照钞伪示，内有因该逆商船误伤广东商人三名，故中国不许通商，该国求和，不肯保奏朝廷等语，该逆如果真心求和，于通商而外，别无妄求，朕岂不思保全沿海生灵，聊为羁縻外夷之术。着耆英即作为己意，谕以大皇帝恩威并用，大度包容，未有因误伤人命不许尔国通商之事，尔国妄行滋扰，占我城池，伤我百姓，天道好还，众怒难犯。似此行为，揆之天理人情，顺乎逆乎，亦安能常享贸易之利乎。今汝既有悔罪之意，如将各船全数退回广东，我必奏明大皇帝，降旨允和，同享太平之福。耆英得有覆（复）信，即着据实密奏，断不准走漏消息，致懈军心。傥该逆执迷不司，妄肆要求，出于情理之外，朕亦惟有一面防堵，一面攻剿而已。将此由六百里加紧密谕知之。”[1]

这样，和议又被提上议程了。

而7月18日和7月21日这两天，璞鼎查就先后收到了伊里布于7月4日发出的照会及耆英以个人名义发来的私函。但由于伊里布和耆英当时还没

[1] 《中国近代史资料丛刊·鸦片战争》第四册，上海人民出版社2000年版。

得到道光帝明确议和的指示，对和谈也就没能作出具体的允诺，因而没能阻止英国于 7 月 21 日对镇江的攻击。

7 月 24 日，道光答应和议的谕旨才传到耆英的手上。耆英乐坏了，赶紧派人去跟璞鼎查商洽和谈具体事宜。

璞鼎查很快给耆英发来答复，并附上一份他在吴淞发布过的告示，该告示上有他对和谈的三条基本要求：

第一，赔偿我们的货物损失，以及开战以来的军费。

第二，从今往后，两国平等外交，不准再欺凌英国官员。

《南京条约》是中国近代史上与外国签订的第一个不平等条约。图为《南京条约》签订现场版画（约翰·普拉特绘，约翰·伯内特刻）

第三，为了避免再起争执，割让一处海岛给英国商人居住贸易。

璞鼎查的答复是：“得此三者，其余事端，不难善定也。”

耆英不敢把璞鼎查的真公告上达天听。

救了扬州一城市民的盐商颜崇礼却毅然决然地将之上报给常镇道周项，周项再往上传递，经过一番辗转上递，终于还是传到了道光皇帝的手上。

璞鼎查的前三项要求并没有逾越《巴麦尊致中国宰相书》的内容，道光皇帝心理上早有准备，他读了告示，异常平静地给耆英又下了一道圣旨，说：“广东给过银两，烟价碍难再议；战费彼此均有，不能议给，其平行礼可以通融；贸易之所，前已谕知耆英将香港地方暂行赏借，并许以闽浙沿海，暂准通市。该逆既来诉冤，经此次推诚晓谕，当可就我范围。"

这道谕旨才堪堪发出，道光皇帝又接到了牛鉴关于英军围攻镇江的飞奏，于是又下一旨："著（着）耆英、伊里布遵照前奉谕旨，开诚晓谕，设法羁縻，有应便宜从事之处，即著（着）从权办理。此事但期有成，朕亦不为遥制。"

这就相当于是让耆英全权处理和议大事了。也就是说，有了这道圣旨，耆英就成为了璞鼎查所要求的那个拥有全权大臣头衔的人了。

7月27日，镇江沦陷，道光感到和议之事不能再有延误，再发谕令："著（着）耆英、伊里布仍遵昨旨，便宜行事，务须妥速办理，不可稍涉游移！"

事情到了这步，接下来的议和活动就顺理成章了。

原本，英军准备在8月11日攻打南京，得了道光皇帝首肯和议的耆英等人并不慌乱，同意支付英军赎城费三百万两，提出要与璞鼎查缔结和约。

璞鼎查喜出望外，回答说：如果能够缔结条约，南京的三百万赎城费就不要了。

他的解释是：如果能够缔结和约，今后就要在中国做生意了，怎么可以得罪中国人？

谈判先后在8月12日、8月13日、8月14日举行了三次，在英军大炮的恐吓之下，中英《南京条约》出炉了。

8月26日，璞鼎查来到南京，正式交付条约文本。

8月29日，在"康华里士"（Cornwallis）号军舰上，璞鼎查爵士代表英国，钦差大臣耆英和伊里布及管辖当地的两江总督牛鉴代表中国，在南京条约上签字，中英《南京条约》正式生效，南京得以保全，英军退出，战争结束。

英国国内的媒体得知中国已经签订了条约，发表了连篇累牍的欢呼："（条约）确定了千百万的赔款和源源不断的新鲜的茶叶供应，刺激了我们的贸易，永久割让给我们一座岛屿。总之，它让战争到达顶点，让我们获得的比想要的还多，让荣耀和利益不可阻挡地到来。”[1]

当然，也并不是每一个英国人都对这个结果感到高兴。一直指责鸦片贸易的《伦敦时报》对这个条约就没有像大众一样欢欣鼓舞，而是给胜利者取了一个具有嘲讽意味的绰号——“维多利亚早期的海盗”。

9. 解读中英《南京条约》（一）

《南京条约》签订了。

战争结束了。

毫无疑问，英国人得到了他们想要得到的东西。

他们想得到的主要有三点：五口通商、割地、赔款。

早在英国正式对中国宣战之前，英国人就在《巴麦尊致中国宰相书》中着重围绕这三点做文章了。

五口通商，在马戛尔尼时代，英国人就一直梦寐以求了。至于割地，英国人则一直羡慕葡萄牙人，渴望中国政府能依据澳门成例给自己租借一处商人集居地；而赔款，则是林则徐在虎门销烟后，英国国会为解决这笔烂账诉之于战争的一件大事。

现在，在枪炮的威胁下，目的达到了。

但是，从马戛尔尼时代到《南京条约》的签订，中英之间又发生了许许多多难忘的、不愉快的经历。这些经历，使得英国人在强迫中国政府在签订条约的时候，除了五口通商、割地、赔款三项，又添加了许多东西。

下面，我们来解读一下《南京条约》全文，先看看五口通商、割地、赔款的详细内容和具体要求是什么。通商的五口是哪五口？他们为什么看中了这五个口岸？这五个口岸对他们的主要吸引力在哪儿？割地，按照巴麦尊训令，英国人原先看中的是舟山群岛，后来为什么又改成了香港岛？赔款，除

[1] 引自《伦敦新闻画报》。《伦敦新闻画报》创刊于1842年，初为周刊，后改月刊，双月刊。

了赔偿被毁鸦片价外，英国人还从哪些方面向清政府索要了赔偿？另外，除了五口通商、割地、赔款三项，条约中到底又添加了什么东西？英国人为什么要郑重其事地加入这些东西？

《南京条约》涉及的方面很广，内涵深藏其中，但款项却不多，只有十三款。

十三条款项之前，是立约双方的声明：

兹因大清大皇帝、大英君主，欲以近来之不和之端解释，止肇衅，为此议定设立永久和约。是以大清大皇帝特派钦差便宜行事大臣太子少保镇守广东广州将军宗室耆英，头品顶戴花翎前阁督部堂乍浦副都统红带子伊里布；大英伊耳兰等国君主特派全权公使大臣英国所属印度等处三等将军世袭男爵璞鼎查；公同各将所奉之上谕便宜行事及敕赐全权之命，互相较阅，俱属善当，即便议拟各条，陈列于左：

一、嗣后大清大皇帝、大英国君主永存平和，所属华英人民彼此友睦，各住他国者必受该国保佑身家全安。

二、自今以后，大皇帝恩准英国人民带同所属家眷，寄居大清沿海之广州、福州、厦门、宁波、上海等五处港口，贸易通商无碍；且大英国君主派设领事、管事等官住该五处城邑，专理商贾事宜，与各该地方官公文往来；令英人按照下条开叙之列，清楚交纳货税、钞饷等费。

三、因大英商船远路涉洋，往往有损坏须修补者，自应给予沿海一处，以便修船及存守所用物料。今大皇帝准将香港一岛给予大英国君主暨嗣后世袭主位者常远据守主掌，任便立法治理。

四、因大清钦差大宪等于道光十九年二月间经将大英国领事官及民人等强留粤省，吓以死罪，索出鸦片以为赎命，今大皇帝准以洋银六百万银圆偿补原价。

五、凡大英商民在粤贸易，向例全归额设行商，亦称公行者承办，今大皇帝准以嗣后不必仍照向例，乃凡有英商等赴各该口贸易者，勿论与何商交易，均听其便；且向例额设行商等内有累欠英商甚多无措清还者，今酌定洋银三百万银圆，作为商欠之数，准明由中国官为偿还。

六、因大清钦命大臣等向大英官民人等不公强办，致须拨发军士讨求伸理，今酌定水陆军费洋银一千二百万银圆，大皇帝准为偿补，惟自道光二十一年六月十五日以后，英国因赎各城收过银两之数，大英全权公使大臣为君主准可，按数扣除。

七、以上三条酌定银数共二千一百万银圆应如何分期交清开列于左：

此时交银六百万银圆；

癸卯年六月间交银三百万银圆，十二月间交银三百万银圆，共银六百万银圆；

甲辰年六月间交银二百五十万银圆，十二月间交银二百五十万银圆，共银五百万银圆；

乙巳年六月间交银二百万银圆，十二月间交银二百万银圆，共银四百万银圆；

自壬寅年起至乙巳年止，四年共交银二千一百万银圆。

倘有按期未能交足之数，则酌定每年每百员加息五银圆。

八、凡系大英国人，无论本国、属国军民等，今在中国所管辖各地方被禁者，大清大皇帝准即释放。

九、凡系中国人，前在英人所据之邑居住者，或与英人有来往者，或有跟随及俟候英国官人者，均由大皇帝俯降御旨，誊录天下，恩准全然免罪；且凡系中国人，为英国事被拿监禁受难者，亦加恩释放。

十、前第二条内言明开关俾英国商民居住通商之广州等五处，应纳进口、出口货税、饷费，均宜秉公议定则例，由部颁发晓示，以便英商按例交纳；今又议定，英国货物自在某港按例纳税后，即准由中国商人遍运天下，而路所经过税关不得加重税例，只可按估价则例若干，每两加税不过分。

十一、议定英国住中国之总管大员，与大清大臣无论京内、京外者，有文书来往，用照会字样；英国属员，用申陈字样；大臣批复用札行字样；两国属员往来，必当平行照会。若两国商贾上达官宪，不在议内，仍用禀明字样为着。

十二、俟奉大清大皇帝允准和约各条施行，并以此时准交之六百万银圆交清，大英水陆军士当即退出江宁、京口等处江面，并不再行拦阻中国各省商贾贸易。至镇海之招宝山，亦将退让。惟有定海县之舟山海岛、厦门厅之古浪屿小岛，仍归英兵暂为驻守；迨及所议洋银全数交清，而前议各海口均已开辟俾英人通商后，即将驻守二处军士退出，不复占据。

十三、以上各条均关议和要约，应候大臣等分别奏明大清大皇帝、大英君主各用亲笔批准后，即速行相交，俾两国分执一册，以昭信守；惟两国相离遥远，不得一旦而到，是以另缮二册，先由大清钦差便宜行事大臣等、大英钦奉全权公使大臣各为君上定事，盖用关防印信，各执一册为据，俾即日按照和约开载之条，施行妥办无碍矣。要至和约者。

道光二十二年七月二十四日即英国记年之一千八百四十二年八月二十九日

《南京条约》的原件之一由英国政府保存，另一份正本现寄存于台北故宫博物院。

首先，五口通商集中体现在第二项条款上。这是英国发动鸦片战争的主要目标之一。早在 1832 年，广州口岸英国商馆高级职员胡夏米和德籍传教士“中国通”郭士立就曾专门乘船从澳门出发，沿中国海岸线北上考察新的通商地点。通过考察研究，胡夏米觉得长江以北地区的富庶程度难与江南地区比拟，商业活动也远没有江南地区活跃，所以，他把通商口岸的设立点全都定位在长江以南，其中又以宁波和厦门为要，福州和上海次之。

宁波地处中国最为繁荣的浙江省，曾经又是开放口岸，所以成了首选。厦门呢，主要是福建盛产茶叶，从厦门运输茶叶出口，比较便利。

基于同样原因，并且福州又是福建的省会，因此福州也进入了英国人所选开放口岸之一。

至于上海，其在地理上依托长江，面向大海，航运也很便捷。不过，和宁波、厦门、福州相比，上海还只是一个小县城，并不起眼，所以名列最后。

广州是清朝单口贸易时代的唯一通商口岸，当然也在《南京条约》中列入了五口通商之中。

考虑到在单口贸易时代英国人并不能进入广州城，除了开放口岸之外，英国人特别要求在这五个通商口岸设立领事，并要求清政府允许英国商人携带家眷居住在这些口岸。

割地一项，体现在第三款上。

外交大臣（巴麦尊子爵）原先看中的是舟山，即定海。多年以来东印度公司代理人和其他研究过对华贸易情形的人也一再推荐过这个地方。在地图上，这也是一个理想的地方。它所居的位置很适合开辟扬子江流域的贸易并且可以作为北方诸省的货仓（1906年中国对外贸易，华北、华中各口岸占70%，华南沿海各口岸占28%，华南边界各商埠占2%）；但是义律却另有决定，他宁可选择香港。香港的港口广阔、隐蔽，而且是深水的；在那仅用帆船的时代，它具有东西两面各有一入口的那种不可估量的便利，不拘风雨如何，船只都可进出，而且外面的进路也比较开阔。定海港就小了，深度不大，进出困难，而且外面的进路必须经过许多迁延曲折的水道。在那时期，显然要保持的贸易乃是广州的贸易，虽然北方的贸易有光辉的前途；但不拘对于未知的事情要怎样预先安排，对于这个已知的事情最好的安排办法却是香港的占领。事实上，在义律对香港的经营管理及各大洋行的积极参与下，香港也已在短时间内爆发出巨大的能量，让人难以割舍。璞鼎查最终放弃了定海，选择了香港。

赔款问题最复杂，散布于第四、六、七、十二款和第五款后半部分。其中涉及鸦片走私犯的鸦片损失、中国商会商欠、英国远征军的军费等几方面，规定了清政府交付赔款的具体期限及英军退出江宁、京口、镇海招宝山、定海和鼓浪屿等地的时间次序。

除了上面三项主要内容外，英国人在对中国贸易过程中，损失巨大的是行商制度的垄断，所以在第五款上明确要求废除行商制度，并在第十款上增设了新定税则。而在第一、第八、第九款提出了治外法权。这显然是受到了林维禧案的刺激。

这十三项条款中，让清政府最难以接受的是第一、二、八、九、十一款。清政府认为，割地是赏赐；赔款也可以接受。但第一、二、八、九、十一这五款内容是赤裸裸的丧权辱国。是可忍，孰不可忍？

那么，我们再来解读一下这五项条款，看看它们是怎样挑战到清政府容忍底线的。

10. 解读中英《南京条约》（二）

先说第一款："嗣后大清大皇帝、大英国君主永存平和，所属华英人民彼此友睦，各往他国者，必受该国保佑，身家全安。"

这一款，以现在的目光来看，并无任何不妥，甚至曾以 65 万字的宏大篇幅"对《南京条约》及附约的每一款项的来龙去脉进行逐次的考辨"的专著——《转折：以早期中英关系和〈南京条约〉为考察中心》[1] 一书也因为忽略了当时的时代背景，竟误以为"《南京条约》第一款是礼节性的和好关照，停战宣布"。

其实，《南京条约》签订后，最让道光皇帝和清廷大小臣子气愤难平的就是这第一款！

时任江苏布政使李星沅看到条约第一眼，就愤恨填膺，顿足大叫道："阅江南钞寄合同（指条约），令人气短。我朝金瓯无缺，忽有此蹉跌，至夷妇与大皇帝并书！"

[1] 郭卫东：《转折：以早期中英关系和〈南京条约〉为考察中心》，河北人民出版社 2003 年版。

看到了吧?

在清廷君臣的眼里，道光皇帝抚有四海，乃是天下共主，任何人都是没有资格和他并列的！马士在《中华帝国对外关系史》一书中也不无揶揄地说:“在中国人的眼睛里只有一个‘大’帝国，其他一切国家都臣服于它，并且也只有一位‘大皇帝’，正如18世纪末欧洲只有一个帝国和一个皇帝，其使节要求比别的君主们的代表处处占先一样。中文里‘大’这个字相当于欧洲皇家称谓里的‘邀天之福（Deigratia）’。”

现在，这《南京条约》的第一款竟然将英国女王视作可以与道光皇帝平起平坐的人了，怎能不“令人气短”，又怎能不让清廷君臣视如奇耻大辱？！不过，还好，在条约的中文版里，道光皇帝好歹是写在英国女王的前面了，如果让清廷君臣得知英文版里道光皇帝竟是写在英国女王之后的，还不气得要上吊？！

而且，第一款的后一句：“各往他国者，必受该国保佑，身家全安。”这“各往他国者”其实只指英国商人。因为，在清朝，政府并不支持本国百姓到“他国”谋生，不但不支持，甚至把那些到“他国”谋生的人视同叛国者，非但不肯提供“保佑”以让他们“身家全安”，反倒是一有机会，就将他们严惩致死。想想当年追随马戛尔尼访华的李雅各等人的恐惧，就不难理解了。

相对而言，英国人对英侨在外国他邦的生存情况、生活情况是比较关心和重视的。

中文本的“身家全安”，在英文本中是“shall enjoy full security and protection for their persons and property”，其意思是说人身（persons）和财产（property）要得到完全（full）的安全（security）和保护（protection）。它的内涵是公民的人身权和财产权要受到政府的保护。

英国对于人身权和财产权的重视，可以追溯到1215年的《大宪章》，那一年的6月15日，英国国王约翰在一份被称为《大宪章》的文件上盖了玉玺，从而确立了人身权和财产权作为两项最重要的人权的地位。

《大宪章》的第三十九条明确规定："任何自由人，如未经其同等地位之人依据这块土地上的法律做出合法裁判，皆不得被逮捕、监禁、没收财产、剥夺法律保护权、流放，或加以任何其他形式的损害。"《大宪章》第二十八条还规定："余等之巡察吏或管家吏，除立即支付价款外，不得自任何人之处擅取谷物或其他动产，但依出售者之意志允予延期付款者不在此限。"

正是由于对人身权利和个人财产权的尊重，1840 年 2 月 20 日，英国外交大臣巴麦尊在给侵华英军正副全权代表懿律与义律的训令的第 3 号附件——《对华条约草案》中就要求："第一条，自今以往大不列颠·爱尔兰联合王国女王陛下与中国皇帝陛下以及两方臣民之间和平敦睦，两方臣民各在对方疆土之内得享人身、财产之完全的保障与维护。"[1]

所以，英国人将这一内容郑重其事地列入《南京条约》第一条。

这款以今天眼光来看还比较平等的内容，由于东西方文化的巨大差异，造成了当时现实中的不平等。

第二款的五口通商，要求清政府在原先广州单口通商的基础上一下子就增设了四个通商口岸，这等于是要求中国自给自足的小农经济在一夜之间就转向市场交换的工商经济，将对中国经济结构产生巨大冲击。读过叶圣陶短篇小说《多收了三五斗》的读者，相信会对这个变化有着比较形象而直观的感受。事实上，就因为通商口岸的突然增加，中国的经济结构遭破坏，中国市场被动地卷入世界资本主义市场，进而沦为半殖民地半封建社会。

当然，增设口岸也不一定是坏事。比如说，新中国成立以后，我国政府高举改革开放大旗，有计划、有步骤地在中国沿边城市增设口岸，不但极大地促进了商贸活动，增加了政府的财政收入，还使许许多多地区迅速迈进了繁荣昌盛的高生活水平。

所以说，以现代的目光来看，我们不应该反对增设口岸，但必须反对在

[1] 《中国近代史参考资料》第一编第一分册，中华书局 1960 年版。

中国尚未做好任何准备的情况下突然增设口岸。

话说回来，对于口岸的增设，清廷政要所感到恐慌的，并不是对中国未来经济所造成的影响，而在于华夷杂处，难于管理。特别是条款中加设的“大英国君主派设领事、管事等官住该五处城邑”更让天朝君臣觉得天快要塌了。那些碧眼金发、袒胸露背的夷妇不但伤风败俗，污染到中国纯朴的民风，而且夷人在这些地方长相居住，必将会搞得大清国国将不国！

《南京条约》属于城下之盟，不得不签。可是被迫开放五口，以后华夷杂处，真让大清朝上上下下脸上无光，天下士子引以为辱。

前江苏巡抚梁章钜是福州人，条约签订之日，他听说福州成了开放口岸，心伤气沮，说：“江南（指江苏）、浙江、广东省只准设一马头，而福建一省独必添一马头以媚之，此又何说以处之。且江南之上海、浙江之宁波、福建之厦门、广东之澳门，本为番舶交易之区，而福州则开国以来并无此举。”

第八款，英国人要求释放英方的战俘。本来嘛，条约已签订，和平已经到来，提出这个要求也没有什么不妥。但是，前文提到，1841 年 9 月，英国运输船“纳尔不达”号在基隆附近遇风沉没，船上 274 人当中，有 141 人葬身海底，另有 133 人被当地百姓抓捕，扭送到了台湾镇军营。1842 年 3 月，另一艘运输船“安音”号，在台中一带遭遇飓风沉没，船上 57 人有 49 人被俘。这些被台湾俘获的英国人，全被台湾镇总兵达洪阿、台湾道姚莹当成战利品向道光皇帝上呈邀功了。偏偏，1842 年 5 月 14 日，浙东反攻全面失败，道光皇帝在积愤之下，下旨将台湾的“战俘”，除头目 11 人之外，其余 139 人全部斩首示众（部分俘虏在关押期间死亡）了。虽然道光皇帝解释说：台湾两次抓获的战俘，是在议和之前斩首的。两军打仗，各有死伤，战后是不能偿还的！但英国人不依不饶，一定要讨个说法，道光皇帝最后不得不将达洪阿、姚莹革职，交刑部治罪。

这件事，是外夷逼迫天朝皇帝去做的，不但让天朝皇帝丢尽了面子，也让天朝众大臣脸上无光。

第九款要求“凡系中国人，前在英国所据之邑居住者，或与英人有来往者，或有跟随及伺候英国官人者，均由大皇帝俯降谕旨，誊录天下，恩准免罪”。说穿了，就是要清廷释放所有的“汉奸”！“汉奸”，亦即中国的“国贼”，真是岂有此理！中国政府竟然不得对中国的“国贼”治罪，这对道光君臣来说，不是“丧权辱国”又是什么？！

说实在话，在这次战争中，英方的参战人员并没有中国人，但清廷的督抚将军为了推卸失败的责任，总是以“汉奸”为由，说英国人本不是自己的对手，只是遭到了“汉奸”的出卖，致使功败垂成。《剑桥中国晚清史》也说："在传统的中国军事历史中，要攻陷一座设防的城市的标准方法之一就是向‘内应’行贿或进行说服，使他们从城内打开城门。由于很多官员已上奏清帝，把许多失败完全归咎于‘奸细’，因此，满洲的将军们就倾向于相信英军主要依靠的是第五纵队。”所以说，按照中国人固有的思维定式，有英雄就必须有败类，有正面人物保家卫国就有反面人物从中捣鬼。比如说，关天培战死了，为什么战死。人们不肯从战场上总结失败的原因，都认为是因为琦善卖国，关天培才兵败身死；同样，定海葛云飞等三总兵和裕谦败亡，人们也认定是余步云坏事；江南提督陈化成壮烈殉国，则是牛鉴等人的责任。也就是说，琦善、余步云、牛鉴和耆英、伊里布等人，都被定性成了汉奸，而且还是大汉奸。

旅日作家陈舜臣在他的《鸦片战争实录》中提及一件趣事，说：中国曾经摄制过一部电影，片名叫《林则徐》，其主题当然是鸦片战争。有篇文章记载了在拍制这部片子时，有关人士曾作过种种的讨论。读了这篇文章，可以了解在选择与主角林则徐对立的人物上所煞费的苦心。为了让观众明白易懂，可以明确地区分好人和坏人。好人当然是主角林则徐，但问题是在设定谁是坏人上，据说最初有人主张设定为公行总商伍绍荣。但是，有人认为把一个民间人士伍绍荣作为享有兵部尚书待遇的钦差大臣林则徐的对立面，很不相称，因此没有采纳。摄制影片的有关人士放弃了伍绍荣，一度曾考虑把水师副将韩肇庆当作坏人——即所谓的投降派代表，后来又把公行的监督机构——广东海关监督豫厚庵当作坏人，但这些人的级别都不够格……

所以说，所谓“汉奸”，很大程度上是人们在失衡、扭曲的心态下所臆造出来的。

麦天枢、王先明在《昨天——中英鸦片战争纪实》一书中就说：最早的汉奸压根儿没有如此确定的意思。源于广州对外交往中的“汉奸”，是这样一类的人物，你在外国人商馆里作仆役吗？汉奸！你被请去给英国商人的儿子教中文吗？汉奸！你驾着小船给停在河口的夷船送水、送粮、送瓜菜吗（当然是物去钱来的小买卖）？汉奸！你是常去商馆里给夷人诊病的大夫吗？汉奸……更不用说专事吃商馆饭的买办、通事之类。总之，在汉奸一词产生的时候，一切为外国商人做事的人都是汉奸。

从英军一方来说，他们远道而来，在中国所有的衣食行住，很大程度上不得不求助于当地的百姓，而这些百姓，诸如挑夫、菜农之类，为了能填饱一家老小的肚子，并不关心战争的胜败，也不追求什么民族大义，如果英国人雇他们挑担、向他们买菜，他们是不会拒绝的。而这些人，在清朝政府的追究之下，都戴上了“汉奸”的大帽子，往往会家破人亡。

英国人因此觉得，如果不把这股妖风刹住，长此以往，中国百姓都不敢和英国人打交道，那英国人在中国哪还有生意可做？

这不，英国人就郑重其事地在条约中明确提出了这一项。

第十一款要求中英两国平等交往，这对清廷君臣来说，又是一项咽不下气的奇耻大辱。

在清廷君臣看来，英国不过是化外之邦，英国人都是未开化的蛮夷之人，怎么配与天朝臣民平起平坐？当年，马戛尔尼和阿美士德就是在这个问题上认识不够，访华碰壁了；律劳卑没有理清自己和卢坤的地位关系，投书遭拒了……英国人觉得，如果双方地位不对等，就根本不可能心平气和地开展公平交易，所以，他们就在条约上加上了这一条。

虽然，时至今天，我们用现代人的眼光重新审视《南京条约》，觉得反倒是割地、赔款两项难以接受，其余条款并没有特别苛刻之处——有人通过研究，还认为因为这份条约的签订，行商制度被废除，广州十三行被取消，五口通商，使得后来清朝政府的财政收入大增，觉得签订这份条约反倒是件好事。甚至，还有人自我安慰，说割让香港岛也是一件好事，香港在英国政府的管理下，经济蒸蒸日上，一跃成了现在的“东方之珠”，而中国也通过“东方之珠”来了解世界，迅速与西方接轨，终于成为了现代化强国。因此，他们的结论是：《南京条约》的签订，对中国而言是因祸得福。

可是，不管国人如何安慰自己，谁都无法改变《南京条约》所包含的丧权辱国的事实。

何况，《南京条约》已经迫使中国的主权完整遭到了破坏，外国侵略者利用侵略特权，疯狂向中国倾销商品和掠夺原料，逐渐把中国市场卷入世界资本主义市场，中国自给自足的封建经济逐步解体，中国的社会性质发生了严重变化，沦为半殖民地半封建社会，百姓生活在水深火热的困苦生活当中。

以旁观者姿态看待鸦片战争的美国学者特拉维斯·黑尼斯三世和弗兰克·萨奈罗对于《南京条约》的签订，也感慨万千地说：“我想象着这样一幅场景：哥伦比亚麦德林可卡因垄断集团成功地发动一起对美国的军事袭击，迫使美国允许可卡因合法化，并允许该垄断组织将毒品出口到美国五个主要城市，不受美国监督并免予征税；美国政府还被迫同意贩卖毒品的官员管理在这些城市活动的所有哥伦比亚人。此外，美国还必须支付战争赔偿 1000 亿美元——这是哥伦比亚向美国输出可卡因所发动战争的花费。这幅场景当然荒谬绝伦，就连最出格的科幻小说作家也无法做出如此狂热的想象。然而，类似的事件在19世纪的中国确曾发生过，而且不止一次，而是两次。但是，两次战争的挑起者都不是蛮横无理的哥伦比亚毒品销售商，而是当时世界上科技最发达的国家大不列颠，它把类似的条件强加给了中国。”[1]

[1] 特拉维斯·黑尼斯三世、弗兰克·萨奈罗：《鸦片战争：一个帝国的沉迷和另一个帝国的堕落》，生活·读书·新知三联书店 2005 年版。

11. 追订中英《虎门条约》

《南京条约》的签订，让清廷上下陷入了一场新的忧患之中。

浙江巡抚刘韵珂就自己的担心提出了一连串的问题，发给了南京的耆英、伊里布和牛鉴。

其文为：

浙江省自军兴以来，商民助饷为数已多，宁波为全省精华，被英夷搜括一空。上年秋季歉收，饥民滋事，集资赈济，库府已穷竭。如果将赔偿给英夷的银两摊派到商民头上，势必不肯交缴。如若一味增加粮赋，又会使忠义之心变为怨怒之气。也就是说，进剿夷人的银两可以劝捐，而贿赂赔偿夷人的银两不可劝捐。

刘某只有据实陈奏，不敢稍有欺瞒。刘某的言论愚笨戆直，希望有大智慧的君子含有包容之不吝赐教。

就如今天下大势而论，文官爱钱而惜死，武官惜死而又爱钱，再加上兵无斗志，民有乱心，国库空虚，脂膏竭尽，战固是败，守亦是败，和更是败。不过，战守之败，败于空有天时地利而无人和，败于失策。

英夷是否反复无常，姑且不论，就目前善后的办法，已有辱国屈己不可终日之势。协助夷人为非作歹的，全是汉奸。这些汉奸，除了干那些寻常的侦探、放火之事，还为英夷主谋并向我执戈相向，且止万人之数。现在夷人虽然息兵停战，但这些汉奸依然混迹于夷人之间，并借夷人的声势，作奸犯科以谋衣食，官不能责、吏不能捕，这是第一大隐患。

夷人既然以兵要挟而得逞，其又夜郎自大，则各通商港口的码头清道，文武官吏皆因害怕妒忌而避不见面，这是第二大隐患。

夷人取人财货，掠人子女，出入苏杭街市，谁能禁止？这是第三大隐患。

那些不法刁民干犯国法，一经逮问，便窜身夷馆，即属乾城，这是第四大隐患。

百姓冒犯了夷人，官府势必担心因为包容百姓而触怒夷人；而夷人侵犯了百姓，官府又势必会捉拿百姓以讨好夷人。到时，地方政府只知有夷人而不知有百姓了。这是第五大隐患。

我朝水师将弁，本来就多有怯懦，洋盗出没，抢劫商旅，或悬一大英国旗号，我水师兵弁虽然查缉，却也只能睁一只眼闭一只眼予而等待事情自行解决。这是第六大隐患。

英夷通过武力来胁迫我大清通商，必定要求免税，而西洋诸国，大半为英夷所降服，此后货船，就会出现我设关卡而英夷取税的现包。这是第七大隐患。

黄岩县内，无论贫富，均嗜烟如命，通商之后，烟禁大开。这是第八大隐患。

近年来兵刀不息，专为禁烟，禁烟专为漏银，鸦片既大行其道，银漏穷尽之期可待。这是第九大隐患。

国家所可以依恃进而用以治天下的，乃是法律；百姓所可以依恃进而纳税课通货物的，乃是银两。如今法乱于夷，银尽于夷，财匮民穷，则会有大变故，即使息兵停战又能解决什么事情？这是第十大隐患。

和英夷的停战协定虽然签订，但后患多多。只要计出万全，定必能预防流弊。只是鄙人忧惧之下，不得不将自己的管蠡之见为执事陈说。

英夷船只，大多散布在闽、粤、浙、苏等地，其退出之后，一旦有他国出而效尤，或者干脆就是受英夷所托，再到别省提出过分要求。我不能深察夷情，又怎么能降服此等丑类？此为不可不虑者之一。

英夷在广东当日，本来已经受抚停战，等给他们赔偿了银两，仍然肆意滋扰。此次议定之后，或许会以国王不满意其所谓全权代表为由，调回本国，再别生枝节，此为不可不虑者之二。

英夷多次扬言说要北赴天津，我虽愿给银割地，其终不肯取消北赴天津之意。但这次勒索通商口岸，又置天津于不问，夷情反复诡谲，殊为可疑，能够断绝其北上的念头，方能免去事后之悔，此为不可不虑者之三。

通商之后，各省关税自当明定章程，只是英夷阻勒如故，我势必不能任意摆布，一经追究，必然开启争端，此为不可不虑者之四。

按照澳门定制，百姓与夷人的纠纷狱讼一律听从司法部门进行审判，万一案子牵涉到夷人，而夷人抗不交出凶犯，如广东林维禧之案，何以戢夷暴而平民心？此为不可不虑者之五。

罢兵之后，各省海口，仍须设防，如修造炮台战船、增设兵伍营卡，本意并非进剿夷人，而夷人猜嫌阻挠，致使我海防不能整顿，此为不可不虑者之六。

签订了通商合同，则我朝所要惩治的奸民，应令夷人悉数交出。万一夷人护庇，官法难施，势必生隙，此为不可不虑者之七。

英夷既然已经设立了通商口岸，则通商口岸之外夷人不得上岸，倘若夷人任意闯入，掠取牲畜、妇女，百姓不平，纠合抗拒，夷人必归罪于官，随即起兵兴问罪之师，此为不可不虑者之八。

名为通商，但英夷拆毁定海城垣，建造夷楼，携带家眷居住，倘若各省都像定海一样，则转眼之间，就非我所有，恐非通商体制，此为不可不虑者之九。

中国凋敝的原因，由于漏银出洋，夷船既多，漏银更速。这之后虽然许可贸易通商，但货物查验，必须比之前更加严厉，有漏银分毫出洋，杀必无数，而衅端之开，即在于此，此为不可不虑者之十。[1]

而在《南京条约》签订前，道光皇帝接到耆英呈回的清单奏报，于17日和22日连续发出上谕，要求除“权宜应允”英方所提条款外，必须要就以下问题进一步交涉：

---

[1] 《刘玉坡中丞（韵珂）致伊耆牛人人书稿》，见《中国近代史资料丛刊·鸦片战争》第三册，上海人民出版社2000年版。本处译字有变动。

一、除广州外，英商在其余开放口岸，“只许来往通商，不准久住，据为巢穴”。

二、以后华商欠英商款项，不得援《南京条约》例，由中国官府代交。

三、除开放口岸外，其余中国沿海地面，“不准夷船驶入”。

四、修复战时遭到破坏的布防设施，不是针对英国，“不必妄生疑虑”。

五、离南京较远的沿海各地不知中英“和好消息”，如仍对英军开火，由中方处理，英方“不得借为口实”，另起战端。

六、除舟山、鼓浪屿外的各处英军须全部撤出。

七、暂驻舟山、鼓浪屿的英军不得骚扰当地民众，俟各口开关，两地英军“即著退出，不准久为占据”。[1]

道光皇帝的意思是必须将以上内容“添注”于《南京条约》内。

但中英交涉地点远在南京，且英军限期攻城，中方已经没有时间考虑了。也就是说，道光皇帝的上谕虽然在《南京条约》签订前发出，但耆英等人已经等不及就被迫签字画押了。

所以，道光皇帝只得在9月1日再给耆英下旨，说：“此外一切紧要事件必应筹及者，均著（着）该大臣等一一分晰妥议，不厌反复详明，务须永绝后患。该大臣等既知善后难以措手，他国之不免生心，即应思前顾后，预为筹划，于勉从下策中力求弭患未然之计，倘稍留罅隙，日后有所借口，以致别生枝节，办理掣肘。”

9月6日，道光皇帝还明确下旨：“虽已定有和约十三条，唯一切善后事宜，尚须明晰妥议，立定章程，划一办理，方可期一劳永逸，永杜衅端。”[2]

同样，耆英根本等不及道光后来这两道谕旨的指示，已于南京条约签

[1] 《筹办夷务始末·道光朝》第五册，中华书局1964年版。

[2] 《详议善后事宜折》，见《筹办夷务始末·道光朝》第五册，中华书局1964年版。

订后的第三天，即 1842 年 9 月 1 日，与伊里布、牛鉴紧急向英国全权代表璞鼎查发出了照会，照会分正文和附单。正文提出了交涉的理言：“兹蒙大皇帝解嫌释惑，恩准照旧通商，于广州一处外，又给福州、厦门、宁波、上海四处，俾得广为贸易，实属体恤有加。贵公使所议和约各条，又经本大臣等再三恳奏，仰荷允行……惟贵国所定条款，期于永久遵行；而中国亦有盟言，必须预为要约。盖事定其初，后来可免反复。言归于好，无话不可商量。”

照会所附清单中，提出了十二项交涉内容，前七项就是道光皇帝在《南京条约》签订前于 8 月 17 日和 22 日的指示，后五项是耆英等人补充加入的。

的确，1842 年 8 月 29 日中国与英国缔结的《南京条约》，是中国近代史上第一个不平等条约，也是近代不平等条约制度的奠基石。英国兵临城下，中方被迫签订这城下之盟，过程自然匆忙、急促，除割让香港、战争赔款、五口通商等项外，很多条款只是一些原则性规定，甚至有些条文释义含混不清。一位西方人士曾经说过，《南京条约》词句笼统，因而只能是一个草约，而不是条约，“所有缺漏的地方都需要用以后的文件加以补充”[1]。条约签订后，中方对条约进行追加补充是很有必要的。但耆英这十二项要求，特别是他补充的五项，可真是要了命了。

他的十二项内容如下：

一、通商五口中，除了广州已给英人香港居住外，福州、厦门、宁波、上海允许建立会馆，供英人来港贸易时居住，但贸易结束之后，英国商人要回船归国，不必常年在会馆居住。

二、今后如有中国商人欠英商钱财，止可官为着追，不能官为偿还。

三、通商口岸只准货船来往，未便兵船游奕，五口之外地区，英方货船、军舰皆不得驶入。

[1] 马士：《中华帝国对外关系史》第 1 卷，张汇文译，生活·读书·新知三联书店 1957 年版。

四、大清战后有可能在沿海修筑防御工事，是为了缉拿海盗，英国不要因此疑虑，也不应该进行阻拦。

五、江苏、浙江已经停战，消息还没有传到其他地区，万一各地不知道订立和约，导致攻击英舰，英方不应该以此重启战火。

六、和约订立以后，英军要从长江沿线和镇海撤军，暂时驻守在定海、鼓浪屿的英军士兵，最好住在船上，不要上岸。

七、驻守在定海和鼓浪屿的英军，不应该骚扰百姓，也不应该再向中国商船抽税。

八、英国商人在五个口岸经商，难保与当地百姓发生纠纷，此后英国商人归英国管辖，中国百姓归中国管理，英国商民如有与内地民人交涉事件，应明定章程，英商由英国办理，内民由内地惩办。

九、英方不得保护中国罪犯，中国人犯逃入英国舰船应向中方引渡。

十、除广州外的其他四个通商口岸，只对英国开放，不向别国开放，如果其他国家也要进入这些口岸，应当与英国进行商议。

十一、开放的这五个口岸，税率各不相同，自然应当遵照粤海关税例，由中国户部统一核准。

十二、对《南京条约》，中英两国都应加盖国玺。

耆英补提的第一项内容是要否定南京条约的第二款，英国人根本就不会予以理会；第二项则是想通过条文形式使政府代赔“商欠”的做法不会形成成例。事实上，《南京条约》当中的代偿商欠本来就是特指此次商欠，英国政府只想快刀斩乱麻，尽快了结这件事，以后当然不会再插手民间的贸易纠纷，耆英这一项补充纯属多余；第三、四、五项属于国家主权，南京条约中并没有给予任何英方在这方面的权利，则清方根本就不必征求英方的意见。而第六、七项所针对的英国撤军问题、英军不得抢掠民众问题，《南京条约》第十二款已有明细的规定，耆英的再次提出，除了显示出清方对这件事的担心，并没有什么别的作用；至于不得向中国商船抽税的这条交涉，也没有多少意义，因为英军本来就没有这种权力。

前面这一至七项为贯彻前述道光皇帝的指令，着眼点是“一劳永逸，永杜衅端”，问题出在第八条以后。

12. 解读中英《虎门条约》

耆英所补充的第八条至第十一条都是卖国条款。第八条最为严重。

第八条：“英国商人在五个口岸经商，难保与当地百姓发生纠纷，此后英国商人归英国管辖，中国百姓归中国管理，英国商民如有与内地民人交涉事件，应明定章程，英商由英国办理，内民由内地惩办。”

这是关于英人在华的司法审判权的。

可气的是，耆英还担心英国人看不明白，特别另附言对此条的解释：“曲在内地商民，由地方官究治；曲在英人，由领事馆究治，此系为杜绝衅端，永远息争结好起见，两无偏枯，亦两无窒碍。”[1] 他竟然不知道，他是在将在华英人的审判权从中国完整的司法主权中割裂出去，拱手交给英国。

原本，在耆英奏报送达朝廷之前，清廷曾指示耆英坚持“倘该民人等别经犯法，我国自当照例办理，与该国无涉”的传统司法原则。[2]

因为耆英在南京条约上补充上了这条，列强在华享有领事裁判权从此开了先例。

而且，按照国际公法，所有进入他国的商人，都要遵守当地的法律。当年义律在林维禧案件中，就是因为缺乏国际公法的支持，所以被林则徐扣紧脉门，一直陷于被动，现在耆英就这么大大方方地将治外法权拱手相让，今后中国再也管不了外国人了，神州大地从此多事了。

也由此看出，耆英的眼光比林则徐差的不是一点半点，而是十万八千里。

---

[1] 佐佐木正哉编：《鸦片战争之研究（资料篇）》，台北：文海出版社 1983 年版。

[2] 《筹办夷务始末 · 道光朝》第五册，中华书局 1964 年版。

同样，第九条也补充得莫名其妙。

第九条："英方不得保护中国罪犯，中国人犯逃入英国舰船应向中方引渡。"

本来，英国船只到了中国境内就得接受中国的搜查，因为这一条补充，以后，中国对英国舰船是万万搜查不得了，且中国的罪犯一旦逃入这些船只，中国政府能不能将这些人治罪，那就得看英国人的心情了。

第十条呢?

第十条："除广州外的其他四个通商口岸，只对英国开放，不向别国开放，如果其他国家也要进入这些口岸，应当与英国进行商议。"

五个通商口岸虽然是在英国人的枪炮威胁下打开的，但并不意味着它们从此就成为了英国人的自留地，对不对其他国家开放，那是中国自己的权利，英国哪有什么权利去阻止？又哪有什么权利去干涉？可是，这一补充是把对自己国土的管理权让给了英国人了。

第十一条的补充，也很要命。

第十一条："开放的这五个口岸，税率各不相同，自然应当遵照粤海关税例，由中国户部统一核准。"

制订关税是各国政府最重要的主权之一，中国自己制订关税税率，那是天经地义的，但耆英一本正经地与英方交涉、向英国人征求许可意见，等于是说这件事中国自己做不了主，必须要英国人点头同意——这让璞鼎查等人嗅到了里面的可乘之机。

本来，英国政府在《南京条约》签订前曾制定过两套条约草案。第一套草案包括有五口通商、永久割让一个或数个岛屿、赔款、中英官方往来平等、取消公行垄断等要点。此案是英方的第一选择，其中的关键是割让岛屿。在中方拒绝的情况下，则实行第二方案，以同意中国不割让领土来换取英国在华的另几项特权，包括：重新制定税则，英人在五口有长期居住贸易权，片面最惠国待遇，领事裁判权等。[1] 南京谈判的结果是，英国如愿以偿地实现了第一方案，霸占了香港，则后一方案并未列入《南京条约》。

从《南京条约》中攫获的权益已大大超过了英国的原定设想。条约签订后，英方生怕另生枝节，便匆匆发表声明，说：关税、英人在口岸居住、驻华领事权限等项属于“暂时不谈”，留待“将来讨论”的问题[2]，不准备立即再进行什么善后谈判。

现在，看到中方重开善后谈判，并如此“无私”地让出这么大的主权，璞鼎查大喜过望，以全权公使大臣的名义发出复照，邀请耆英转到广东进行细商议，以便重新起草一份新约。

由此，善后谈判转到了广东虎门召开。

在虎门，璞鼎查将其在《南京条约》中未曾提出的第二套方案的若干要求一并提出，与中方照会逐条对应，同为十二条。

表面看来，接受中方大部分建议，明确拒绝的只是个别条款，实则在接受中方建议的同时，又塞进了以下一些极为重要的内容。

1843 年 10 月 8 日，耆英与璞鼎查在虎门签订了《五口通商附粘善后条款》，又称《善后事宜清册附粘和约》，历史上称之为《虎门条约》。同一天，英国又强迫中方将 7 月 22 日公布已经订立并且实施的《五口通商章程：海关税则》作为《虎门条约》的附件，也正式成立。

也就是说，《虎门条约》由《五口通商附粘善后条款》和《五口通商章程：海关税则》两部分组成，共有 31 款内容，小船定例 3 款，另对 26 类货物制定了详细的税率，内容是《南京条约》的四倍。

英方从中获得了领事裁判权、片面最惠国待遇、口岸租地画界权、军舰进驻口岸权等，中国放弃了对关税的自主权等。

关于领事裁判权，英方对耆英等人将在华英人的司法审判权拱手相让表

---

[1] 马士：《中华帝国对外关系史》第 1 卷，张汇文译，生活 · 读书 · 新知三联书店 1957 年版。

[2] 利洛：《缔约日记》，见《中国近代史资料丛刊 · 鸦片战争》第五册，上海人民出版社 2000 年版。

示"甚属妥协"，规定"英人华民交涉词讼，其英人如何科罪，由英国议定章程、法律，发给管事官照办"。并在此基础上，添加了倘若中国人和英国人"相讼"，由中国"地方官"与英国"管事官会同查办"的字句。英国对领事裁判权的获得，使中国独立自主的司法主权受到严重损害。

可是，在这项条款签订之时，耆英无比高兴。他认为，今后出现了华夷纠纷，夷人都交还给英国人管了，我们就再也不用为审判外国罪犯而头痛了。

关于片面最惠国待遇，耆英最初是担心新开口岸对其他国家开放会招致英国的不满，而一旦拒绝其他国家进入口岸说不准这些国家又会效仿英国对自己动武，事情太难办，干脆交给英国人来主持办理就可以了。英方因此极其隐蔽地提出：如果中国准许他国在新开口岸"一体贸易，系英国毫无靳惜"。谈判过后，最终形成了这样的文字："有新恩施及各国，应准英人一体均沾"。

关于口岸租地画界权，璞鼎查不仅断然否定了耆英照会中所提英商不得在除广州外的四口常年居住的建议，要求在所有通商口岸对英商"来往不必限以时季"，"寄居不必界以一所"，并且给予"自行买地、建屋、租房"的特权。而在耆英的反复交涉下，《虎门条约》最终规定，英国人有权在开放的口岸租地建屋，或者经常居住，或者不时往来，均不允许到乡村游玩，更不能深入内地贸易。中国官府应当根据各地情况，议定界址，不许逾越，以求彼此永久相安无事。耆英的意思是，英国人居住就居住吧，但得和中国百姓保持距离，避免双方引起纠纷。他万万没有想到，这项条款后来会使租界演变成各个口岸里的国中之国，中国地方官员竟然无权进入租界。

关于英国军舰常驻中国港口权，璞鼎查在"协同"中国政府维持通商秩序的堂皇旗号下声称"必有小等数艘水师之船，随时来往各口管押"。

在《五口通商章程：海关税则》中，耆英还与璞鼎查议定了统一的五分税率，即肯定了无论何种货物，一律值百抽五。此举，使清政府失了独自改变税率的权力，将制订中国国税税率的权力无私让出。

耆英认为，百分之五的税率，已经大大超过了原先值百抽二、值百抽四的税率，从此国税将比以往更加充盈。他并不知道，百分之五的税率是全世界最低的进出口关税。

不仅如此，《虎门条约》还规定进出口货物免征子口税，耆英连带将内地的运销税也一并拱手让给了外国人。

颇具讽刺意味的是，这场由于严禁鸦片而引发的战争虽然因《南京条约》和《虎门条约》的签订宣告结束了，但无论是《南京条约》还是《虎门条约》，都对鸦片的事只字不提。

当然，条约没有提及鸦片并不意味着中英双方对鸦片的存在视而不见。

事实上，条约签字以后，两国全权大臣之间对于这个问题和其他未经解决的事项都曾有讨论和函件的往来。

璞鼎查曾经向耆英等人提出建议，并且提出理由来辩护说：中国既然禁止不了鸦片，倒不如让鸦片贸易合法化，这样，不但可以比较好地控制它，同时又可以为国库获得一项丰厚的税收。

璞鼎查这个建议让耆英等人吓了一大跳，异口同声地说，我们万万不敢把这个想法作为自己的主张跟大皇帝提出。

璞鼎查看着他们惊慌失措的表情，笑了，拉倒说，英政府只训令我提出这建议，并不要强求它的实行。[1]

1843 年 12 月 28 日，璞鼎查却对英商们说，我抱有一种希望，虽然我承认是一个淡薄的希望，但我将会有力量使鸦片交易借物物交换的方法为中国皇帝所允准。[2]

而到了 1844 年 7 月，璞鼎查却又对英商们说，鸦片一项并不如中国人所建议的那样，包括在未列入税则而按 5% 缴纳关税的品目之内；所以鸦片

[1] 见 1857 年 5 月 8 日英国上议院报告书第 1 页。

[2] 《澳门月报》，1843 年 1 月号。

交易仍然是违法而受禁的；英国臣民从事于此项交易将不受英国官员的支持或保护。[1]

也在这个时候，璞鼎查告诉广州的钦差大臣伊里布，说，他已接获命令不许鸦片带至香港，甚至进入香港海面。但是他深感不得不提出警告，就是此项限制的结果势必使贸易走入秘密的途径。[2]不过，他也提醒伊里布说：钦差大臣不能期望英国官员对英国臣民和船只施行中国法律内关于任何违禁贸易的规定，再则英国臣民即使有任何走私行为，身体也不得受到侵害，补偿只能求之于船只和所装载的货物。

附一：中英《虎门条约》原文

一八四三年十月八日，道光二十三年八月十五日，虎门。

按照前在江南省城经大清钦差便宜行事大臣、大英钦奉全权公使大臣议结两国万年和好，缮写成册，于道光二十二年七月二十四日，即一千八百四十二年八月二十九日，在英国干华丽士船上书名画押；旋将和约二册分送两国君上御览，既奉恩准钤盖御宝，批准施行，嗣于道光二十三年五月二十九日，即一千八百四十三年六月二十六日，两国大臣在香港以和约敬谨互换，永远遵守；其和约所载各事宜内，有广州、福州、厦门、宁波、上海五港口，准英船赴彼通商，须议定进、出口货物税饷则例一款，业经会议条例，通行遵照；又和约议定后另有紧要数款，必须议明酌定，以为万年和好之确据，兹钦差大臣、公使大臣商议悉臻妥协，彼此所见皆同，为此谨立条款，作为善后事宜附粘和约一册，凡此条款实与原缮万年和约无异，两国均须专一奉行，切不可稍有乖违，致背成约。

[1] 《澳门月报》，1843 年 8 月号所载 1843 年 8 月 1 日的公告。

[2] 1857 年 5 月 8 日英国上议院报告书第 9 页。

计开：

一、所有钦差大臣、公使大臣画押钤印进、出口货物税则例附粘之册，嗣后广州、福州、厦门、宁波、上海五港口均奉以为式。

一、所有钦差大臣、公使大臣画押钤印新定贸易章程附粘之件，嗣后五港口均奉以为式。

一、新定贸易章程第三条货船进口报送一款内所言罚银若干员及货物查抄入官等语，此银连货皆归中华国帑，以充公项。

一、广州、福州、厦门、宁波、上海五港口开辟之后，其英商贸易处所只准在五港口，不准赴他处港口，亦不许华民在他处港口串通私相贸易。将来英国公使有谕示明不许他往，而英商如或背约不服禁令，及将公使告示置若罔闻，擅往他处港口游奕贩卖，任凭中国员弁连船连货一并抄取入官，英官不得争论；倘华民在他处港口与英商私串贸易，则国法俱在，应照例办理。

一、前在江南业经议定，以后商欠断不可官为保交，又新定贸易章程第四条英商与华商交易一款内，复将不能报洋行代赔之旧例呈请着赔切实声明在案，嗣后不拘华商欠英商及英商欠华商之债，如果账据确凿，人在产存，均应由华、英该管官一体从公处结，以昭平允，仍照原约，彼此代为着追，均不代为保偿。

一、广州等五港口英商或常川居住，或不时来往，均不可妄到乡间任意游行，更不可远入内地贸易，中华地方官应与英国管事官各就地方民情地势，议定界址，不许逾越，以期永久彼此相安。凡系水手及船上人等，候管事官与地方官先行立定禁约之后，方准上岸。倘有英人违背此条禁约，擅到内地远游者，不论系何品级，即听该地方民人捉拿，交英国管事官依情处罪，但该民人等不得擅自殴打伤害，致伤和好。

一、在万年和约内言明，允准英人携眷赴广州、福州、厦门、宁波、上海五港口居住，不相欺侮，不加拘制。但中华地方官必须与英国管事官各就地方民情，议定于何地方，用何房屋或基地，系准英人租赁；其租价必照五港口之现在所值高低为准，务求平允，华民不许勒索，英商不许强租。英国管事官每年以英人或建屋若干间，或租屋若干所，通报地方官，转报立案；惟房屋之增减，视乎商人之多寡，而商人之多寡视乎贸易之衰旺，难以预定额数。

一、向来各外国商人止准在广州一港口贸易，上年在江南曾经议明，如蒙大皇帝恩准西洋各外国商人一体赴福州、厦门、宁波、上海四港口贸易，英国毫无靳惜，但各国既与英人无异，设将来大皇帝有新恩施及各国，亦应准英人一体均沾，用示平允；但英人及各国均不得藉有此条，任意妄有请求，以昭信守。

一、倘有不法华民，因犯法逃在香港，或潜住英国官船、货船避匿者，一经英官查出，即应交与华官按法处治；倘华官或探闻在先，或查出形迹可疑，而英官尚未查出，则华官当为照会英官，以便访查严拿，若已经罪人供认，或查有证据知其人实系犯罪逃匿者，英官必即交出，断无异言。其英国水手、兵丁或别项英人，不论本国、属国，黑、白之类，无论何故，倘有逃至中国地方藏匿者，华官亦必严行捉拿监禁，交给近地英官收办，均不可庇护隐匿，有乖和好。

一、凡通商五港口，必有英国官船一只在彼湾泊，以便将各货船上水手严行约束，该管事官亦即藉（借）以约束英商及属国商人。其官船之水手人等悉听驻船英官约束，所有议定不许进内地远游之章程，官船水手及货船水手一体奉行。其官船将去之时，必另有一只接代，该港口之管事官或领事官必先具报中国地方官，以免生疑；凡有此等接代官船到中国时，中国兵船不得拦阻，至于英国官船既不载货，又不贸易，自可免纳船钞，前已于贸易章程第十四条内议明在案。

一、万年和约内言明，俟将议定之银数交清，其定海、古浪屿驻守英兵必即退出，以地退回中国，为此预行议明，于退地之后，凡有英官居住房屋及所用之栈房、兵房等，无论系英人造建或曾经修整，均不得拆毁，即交还华官，转交各业户管理，亦不请追修造价值，庶免致迟延不退，以及口角争论之事，以敦和好。

一、则例船钞各费既议定平允数目，所有向来英商串合华商偷漏税饷与海关衙役私自庇护分肥诸弊，俱可剔除，英国公使曾有告示发出，严禁英商，不许稍有偷漏，并严饬所属管事官等，将凡系英国在各港口来往贸易之商人，加意约束，四面察查，以杜弊端。倘访闻有偷漏走私之案，该管事官即时通报中华地方官，以便本地方官捉拿，其偷漏之货，无论价值、品类全数查抄入官，并将偷漏之商船，或不许贸易，或俟其账目清后即严行驱出，均不稍为袒护。本地方官亦应将串通偷漏之华商及庇护分肥之衙役，一并查明，照例处办。

一、嗣后凡华民等欲带货往香港销售者，先在广州、福州、厦门、宁波、上海各关口，遵照新例，完纳税银，由海关将牌照发给，俾得前往无阻。若华民欲赴香港置货者，亦准其赴广州、福州、厦门、宁波、上海华官衙门请牌来往，于运货进口之日完税。但华民既经置货，必须用华船运载带回，其华船亦在香港请牌照出口，与在广州、福州、厦门、宁波、上海各港口给牌赴香港者无异。凡商船商人领有此等牌照者，每来往一次，必须将原领牌照呈缴华官，以便查销，免滋影射之弊。其余各省及粤、闽、江、浙四省内，如乍浦等处，均非互市之处，不准华商擅请牌照往来香港，仍责成九龙巡检会同英官，随时稽查通报。

一、香港必须特派英官一员，凡遇华船赴彼售货、置货者，将牌照严行稽查。倘有商船、商人并未带有牌照，或虽有牌照而非广州、福州、厦门、宁波、上海所给者，即视为偷漏乱行之船，不许其在香港通商贸易，并将情由具报华官，以便备案。如此办理不惟洋盗无可混迹，即走私偷漏各弊，亦可杜绝矣。

一、香港本非五处码头可比，并未设有华官，如有华商在彼拖欠各国商人债项，由英官就近清理。倘欠债之华商逃出香港，实在潜回原籍，确有家资产业者，英国管事官将情由备文报知华官，勒限严追；但中华客商出海贸易，必有行保，若英商不查明白，被其假托诓骗，华官无从过问。至英商有在五港口欠各华商账目，而逃赴香港者，华官若以清单及各凭据通报英官，英官必须查照上文第五条办理，以归划一。

一、前条载明，凡系华民带货往香港销售，或由香港带货至各港口者，必由各关发给牌照等语。今议定，各港口海关按月以所发给之牌照若干张，船只系何字号，商人系何姓名，货物系何品类、若干数目，或由香港运至各港口，或由各港口运至香港，每月逐一具报粤海关，粤海关转为通知香港管理之英官，以便查明稽核。该英官亦应将来往各商之船号、商名、货物数目，每月照式具报粤海关，而粤海关即便通行各海关，查明稽核，如此互相查察，庶可杜绝假用牌单、影射偷漏等弊，而事亦不致两歧。

一、英国之各小船，如二枝桅或一枝桅、三板、划艇等名目，向不输钞。今议定，各船由香港赴省、由省赴澳，除仅只搭客，附带书信、行李，仍照旧例免其纳钞外，倘载有货物，无论出、入口及已、未满载，但使有一担之货，其船即应按吨输纳船钞，以昭核实；惟此等小船，非大洋船可比，且不时往来，进口每月数次不等，亦与大洋船之进口后即停泊黄浦者不同，若与大洋船一例纳钞，未免偏枯。嗣后此等小船，最小者以七十五吨为率，最大者以一百五十吨为率，每进口一次，按吨纳钞一钱；共不及七十五吨者，仍照七十五吨计算；倘已逾一百五十吨者，即作大洋船论，仍按新例，每吨输钞五钱。至福州等口并无此等小船往来，应无庸议。

今将各小船定例，开列于后：

一、凡此等英国二枝桅、一枝桅、划艇等小船，必须领英官牌照，用汉、英字样言明大、小，何等样船只，能载若干吨，以便稽查。

一、此等小船，每到虎门，即必停止通报，与大洋船无异。倘内载有税货物，均应在黄浦关口通报，到省城时，即将牌照缴存管事官收报，以便代请粤海关，准令起货。若未经海关允准，擅自卸货，即按照新定贸易章程之第三段货船进口报关一款办理。

一、容俟进口货既起清，出口货又全下船，其进口、出口税与船钞亦已纳完，驻省管事官即给还牌照，准其开行。

此善后事宜附粘和约其内载十六条款，附入小船则例一条，缮写四册，今由钦差大臣、公使大臣盖印画押，先将二册互换，照依施行，并由两国大臣将二册一面具奏；但两国相距遥远，奉到谕旨，迟速不齐。今议定，一俟奉有大皇帝批允准，既由钦差大臣将原册转交广东黄臬台，赉交公使大臣查照收执。将来奉到君主亲笔准行，寄回香港，再由公使大臣委员送至广东交黄臬台，转送钦差大使查照，俾两国永远遵守，以敦万年和好之谊。须至善后和约者。

道光二十三年八月十五日

一千八百四十三年十月初八日

于虎门寨盖印画押为据

附注：

本条款见《道光条约》卷 3，第 24—30 页。英文本见《海关中外条约》卷 1，第 390—399 页。

本条款原称为《善后事宜清册附粘和约》，又称为《五口通商附粘善后条款》；通常称为《虎门条约》或《虎门附约》。条款本身仅十六款，最后三款系《小船则例》，附在条款后，作为善后条款的一部分。

附二：中英《五口通商章程》

一八四三年十月八日，道光二十三年八月十五日，于虎门。

一、进出口雇用引水一款 凡议准通商之广州、福州、厦门、宁波、上海等五处，每遇英商货船到口准令引水即行带进；迨英商贸易输税全完，欲行回国，亦准引水随时带出，避免滞延。至雇募引水工价若干，应按各口水程远近、平险，分别多寡，即由英国派出管事官秉公议定酌给。

一、口内押船人役一款 凡应严防偷漏之法，悉听中国各口收税官从便办理。凡遇英商货船到口，一经引水带进后，即由各海关拣派妥实丁役一、二人，随同看押，预防走私。或自雇小船乘坐，或竟搭坐英船，均听其便。其所需食用，应由海关按日给银，自行备办，不得需索英商丝毫规费。有犯，计赃论罪。

一、货船进口报关一款 英国商船一经到口停泊，其船主限一日之内，赴英国管事官署中，将船牌、舱口单、报单各件交与管事官查阅收贮；如有不遵，罚银二百元。若投递假单，罚银五百元。若于未奉官准开舱之先，遽行开舱卸货，罚银五百元，并将擅行卸运之货一概查抄入官。管事官既得船牌及舱口报单等件，即行文通知该口海关，将该船大小可载若干吨、运来系何宗货物逐一声明，以凭抽验明确，准予开舱卸货，按例输税。

一、英商与华商交易一款 凡现经议定，英商卸货后自投商贾，无论与何人交易，听从其便。惟中国商人设遇有诓骗货物脱逃及拖欠货价不能归还者，一经控告到官，中国官员自必即为查追；倘诓骗之犯实系逃匿无踪，欠债之人实已身亡产绝者，英商不得执洋行代赔之旧例呈请著赔。

一、货船按吨输钞一款 凡英国进口商船，应查照船牌开明可载若干，定输税之多寡，计每吨输银五钱。所有纳钞旧例及出口、进口日月规各项费用，均行停止。

一、进出口货纳税一款 凡系进口、出口货物，均按新定则例，五口一律纳税，此外各项规费丝毫不能加增。其英国商船运货进口及贩货出口，均须按照则例，将船钞、税银扫数输纳全完，由海关给发完税红单，该商呈送英国管事官验明，方准发还船牌，令行出口。

一、大关秉公验货一款 凡英商运货进口者，即于卸货之日，贩货出口者，即于下货之日，先期通报英官，由英官差自雇通事转报海关，以便公同查验，彼此无亏。英商亦必派人在彼，眼同料理。倘或当时英商无人在场看验，事后另有告诉者，由英国官驳斥，不为查办。至则例内所载按价若干抽税若干各货，倘海关验货人役与英商不能平定其价，即各邀客商二、三人前来验货，其客商内有愿出某价买此货者即以所出最高之价定为此货之价，免致收税有亏。又有连皮过秤除皮核算之货，如茶叶一项，倘海关人役与英商意见或异，即于每百箱内听关役拣出若干箱，英商亦拣出若干箱，先以一箱连皮过秤得若干觔，再秤其皮得若干觔，除皮算之，即可得每箱实在觔数，其余货物但有包皮者，均可准此类推。倘有理论不明者，英商赴管事官报知情由，通知海关酌办，然必于当日禀报，迟则不为准理。凡有此尚须理论之件，海关暂缓填簿，免致填入后碍难更易，须俟秉公核断明晰，再为登填。

一、何时何银偷税一款 英商进口，必须钞税全完，方准出口。海关应择殷实铺户、设立银号数处发给执照，注明准某号代纳英商税银字样，作为凭据，以便英商按期前往。交纳均准用洋钱输征，惟此等洋钱，色有不足，即应随时随地由该口英官及海关议定，某类洋钱应加纳补水若干，公商妥办。

一、秤码丈尺一款 嗣后各口秤货之大秤、兑银之砝码、量物之丈尺均须按粤海关向用之式制造数副，镌刻图印为凭，每口每件发交二副，以一副交海关，以一副交英国管事官查收，以便按查轻重、长短，计货计银，遵例输税。倘验货人役与英商理论长短、较量轻重，悉凭此秤码、丈尺为准，以杜争端。

一、剥货小船一款 每遇卸货、下货，任从英商自雇小船剥运，不论西瓜扁及各项艇只，其雇价银两若干，听英商与船户自行议定，不必官为经理，亦不必限定何船揽载。倘有走私漏税情弊查出，将该船户自必照例惩办。至此等小船，倘有因剥运货物诓骗逃走者，中国官员即应严行查拏，而英商亦应各自留心防范，免贻后累。

一、禁止剥货过船一款 凡英商进口船只，不准互相剥货；倘有必须将货剥过别船者，须先将实在情节，禀请英官察夺给牌，并移请海关委员查验明确，方准剥运。倘有不先禀明候验，私行剥货者，即将剥运之货一概查抄入官。

一、设立属员约束水手一款　英国货船湾泊处所，由管事官分设妥善属员一员，就近约束水手人等，先须竭力禁止英稍免致与内地民人词讼争论为要。倘不幸遇有此等事件，英国属员即应竭力设法解释。若英国水手上岸，属员必须派船内伙长一名，伴同行走，倘有吵闹争论等事，俱惟该伙长是问。凡系船中水手应用衣食等物，内地官员不得拦阻小民傍船买卖。

一、英人华民交涉词讼一款　凡英商禀告华民者，必先赴管事官处投禀，候管事官先行查察谁是谁非，勉力劝息，使不成讼。间有华民赴英官处控告英人者，管事官均应听诉，一例劝息，免致小事酿成大案。其英商欲行投禀大宪，均应由管事官投递，禀内倘有不合之语，管事官即驳斥另换，不为代递。倘遇有交涉词讼，管事官不能劝息，又不能将就，即移请华官公同查明其事，既得实情，即为秉公定断，免滋讼端。其英人如何科罪，由英国议定章程、法律发给管事官照办。华民如何科罪，应治以中国之法，均应照前在江南原定善后条款办理。

一、英国官船口内停泊一款　所有通商五口，每口内准英国官船停泊一只，俾管事官及属员严行约束水手人等，免致滋事。惟官船非货船可比，即不载货又非为贸易而来，其钞税等费均应豁免。至官船进口、出口，英国管事官应先期通报海关，以凭查照。

一、英商货船担保一款　向例英国商船进口，投行认保，所有出、入口货税均由保商代纳。现经裁撤保商，则进口货船即由英官担保。

附注：

本章程及海关税则均见《道光条约》卷2，第12—27页。英文本见《海关中外条约》卷1，第369—389页。

本章程原称《议定广州、福州、厦门、宁波、上海五港通商章程》，或称《五口通商章程》。

本章程及税则实际上于一八四三年七月二十二日已在香港公布，但在签订《五口通商附粘善后条款》时，本章程及税则均视为该善后条款的部分，因而以善后条款的签订日期为本章程及税则的签订日期。

参考文献

1. 斯当东 . 英使谒见乾隆纪实 . 叶笃义，译 . 北京：商务印书馆，1963.

2. 故宫博物院 . 掌故丛编：第 1 辑 . 北京：和济印刷局，1928.

3. 马戛尔尼 . 一七九三乾隆英使觐见记 . 刘半农，原译，林延清，解读 . 天津人民出版社，2006.

4. 佩雷菲特 . 停滞的帝国：两个世界的撞击 . 北京：生活 · 读书 · 新知三联书店，1993.

5. 中国第一历史档案馆 . 英使马戛尔尼访华档案史料汇编 . 北京：国际文化出版公司，1996.

6. 佐佐木正哉 . 鸦片战争之研究（资料篇）. 台北：文海出版社，1983.

7. 特拉维斯 · 黑尼斯三世，弗兰克 · 萨奈罗 . 鸦片战争：一个帝国的沉迷和另一个帝国的堕落 . 周辉荣，译 . 北京：生活 · 读书 · 新知三联书店，2005.

8. 萧一山 . 清代通史 . 北京：中华书局，1986.

9. 费正清 . 剑桥中国晚清史 . 刘广京，编，中国社会科学院历史研究所编译室，译 . 北京：中国社会科学出版社，1985.

10. 梁廷楠 . 粤海关志 . 广州：广东人民出版社，2014.

11. 马士 . 中华帝国对外关系史 . 张汇文，译 . 上海书店出版社，2000.

12. 清朝野史大观 . 北京：中央编译出版社，2009.

13. 鸦片战争末期英军在长江下游的侵略罪行 . 上海人民出版社，1958.

14. 黄德泽 . 林则徐信稿 . 福州：福建人民出版社，1985.

15. 林则徐集 . 北京：中华书局，1962—1965.

16. 英国蓝皮书 . 湖北洋务译书局，1875—1908.

17. 中国近代史资料丛刊 . 上海人民出版社，2000.

18. 郭卫东 . 转折：以早期中英关系和《南京条约》为考察中心 . 石家庄：河北人民出版社，2003.

19. 东莞县志 . 东莞养和印务局，1927.

20. 威廉·亨德 . 广州番鬼录 . 冯树铁，沈正邦，译 . 广州：广东人民出版社，2009.

21. 张馨保 . 林钦差与鸦片战争 . 福州：福建人民出版社，1989.

22. 麦天枢，王先明 . 昨天：中英鸦片战争纪实 . 北京：中央编译出版社，1996.

23. 丁名楠 . 帝国主义侵华史 . 北京：人民出版社，1992.

24. 林则徐奏稿 · 公牍 · 日记补编 . 广州：中山大学出版社，1985.

25. 梁廷楠 . 夷氛闻记 . 北京：中华书局，1959.

26. 黄爵滋奏疏许乃济奏议合刊 . 北京：中华书局，1959.

27. 筹办夷务始末 . 北京：中华书局，1964.

28. 清史列传 . 北京：中华书局，1987.

29. 魏源 . 魏源集 . 北京：中华书局，1976.

30. 中国第一历史档案馆编 . 鸦片战争档案史料 . 天津古籍出版社，1992.

31. 张集馨 . 道咸宦海见闻录 . 北京：中华书局，1981.

32. 鸦片战争前中英交涉文书 . 台北：文海出版社，1977.

33. 鸦片战争史料选译 . 北京：中华书局，1983.

34. 萧致治 . 西风拂夕阳：鸦片战争前夕中西关系 . 武汉：湖北人民出版社，2005.

35. 佩雷菲特 . 停滞的帝国：两个世界的撞击 . 北京：生活 · 读书 · 新知三联书店，1993.

36. 陈舜臣 . 鸦片战争实录 . 卞立强，译 . 重庆出版社，2008.